A LÓGICA DA FUNDAMENTAÇÃO DAS DECISÕES JUDICIAIS
A DINÂMICA ENTRE ARGUMENTAÇÃO JURÍDICA E A VALORAÇÃO PROBATÓRIA

FABRÍCIO SIMÃO DA CUNHA ARAÚJO

Prefácio
Ronaldo Brêtas de Carvalho Dias

A LÓGICA DA FUNDAMENTAÇÃO DAS DECISÕES JUDICIAIS
A DINÂMICA ENTRE ARGUMENTAÇÃO JURÍDICA E A VALORAÇÃO PROBATÓRIA

Belo Horizonte

2021

© 2021 Editora Fórum Ltda.

É proibida a reprodução total ou parcial desta obra, por qualquer meio eletrônico, inclusive por processos xerográficos, sem autorização expressa do Editor.

Conselho Editorial

Adilson Abreu Dallari
Alécia Paolucci Nogueira Bicalho
Alexandre Coutinho Pagliarini
André Ramos Tavares
Carlos Ayres Britto
Carlos Mário da Silva Velloso
Cármen Lúcia Antunes Rocha
Cesar Augusto Guimarães Pereira
Clovis Beznos
Cristiana Fortini
Dinorá Adelaide Musetti Grotti
Diogo de Figueiredo Moreira Neto (*in memoriam*)
Egon Bockmann Moreira
Emerson Gabardo
Fabrício Motta
Fernando Rossi
Flávio Henrique Unes Pereira

Floriano de Azevedo Marques Neto
Gustavo Justino de Oliveira
Inês Virgínia Prado Soares
Jorge Ulisses Jacoby Fernandes
Juarez Freitas
Luciano Ferraz
Lúcio Delfino
Marcia Carla Pereira Ribeiro
Márcio Cammarosano
Marcos Ehrhardt Jr.
Maria Sylvia Zanella Di Pietro
Ney José de Freitas
Oswaldo Othon de Pontes Saraiva Filho
Paulo Modesto
Romeu Felipe Bacellar Filho
Sérgio Guerra
Walber de Moura Agra

FÓRUM
CONHECIMENTO JURÍDICO

Luís Cláudio Rodrigues Ferreira
Presidente e Editor

Coordenação editorial: Leonardo Eustáquio Siqueira Araújo
Aline Sobreira de Oliveira

Av. Afonso Pena, 2770 – 15º andar – Savassi – CEP 30130-012
Belo Horizonte – Minas Gerais – Tel.: (31) 2121.4900 / 2121.4949
www.editoraforum.com.br – editoraforum@editoraforum.com.br

Técnica. Empenho. Zelo. Esses foram alguns dos cuidados aplicados na edição desta obra. No entanto, podem ocorrer erros de impressão, digitação ou mesmo restar alguma dúvida conceitual. Caso se constate algo assim, solicitamos a gentileza de nos comunicar através do *e-mail* editorial@editoraforum.com.br para que possamos esclarecer, no que couber. A sua contribuição é muito importante para mantermos a excelência editorial. A Editora Fórum agradece a sua contribuição.

Dados Internacionais de Catalogação na Publicação (CIP) de acordo com a AACR2

A663	Araújo, Fabrício Simão da Cunha
	A lógica da fundamentação das decisões judiciais: a dinâmica entre argumentação jurídica e a valoração probatória / Fabrício Simão da Cunha Araújo.– Belo Horizonte : Fórum, 2021.
	236 p.; 14,5x21,5cm
	ISBN: 978-65-5518-168-5
	1. Teoria Geral do Processo. 2. Direito Processual Civil. 3. Direito Processual Penal. I. Título.
	CDD 341.4
	CDU 347.9

Elaborado por Daniela Lopes Duarte - CRB-6/3500

Informação bibliográfica deste livro, conforme a NBR 6023:2018 da Associação Brasileira de Normas Técnicas (ABNT):

ARAÚJO, Fabrício Simão da Cunha. *A lógica da fundamentação das decisões judiciais: a dinâmica entre argumentação jurídica e a valoração probatória*. Belo Horizonte: Fórum, 2021. 236 p. ISBN 978-65-5518-168-5.

À Raquel, ao Pedro e ao André, minha esposa e filhos, por me permitirem realizar, pouco a pouco, as verdades mais básicas da vida, especialmente a presença do que só o amor proporciona.

Sucedeu com a logicidade o mesmo que com outros grandes temas da ciência: foi investigada a fundo. E quando se quis de modo sério construir logicamente a lógica – na logística, na lógica simbólica e na lógica matemática – viu-se que era impossível, descobriu-se que não há conceito último e logicamente idêntico, que não há juízo do qual se possa assegurar que não implica contradição, que há juízos que não são verdadeiros nem falsos, que há verdades das quais se pode demonstrar que são indemonstráveis; portanto, que há verdades ilógicas.

(J. Ortega Y Gasset)

Nunca houve e nunca haverá um juízo de valor radicalmente novo na história do mundo.

(C. S. Lewis)

SUMÁRIO

LISTA DE FIGURAS 13

PREFÁCIO
Ronaldo Brêtas de Carvalho Dias 15

CAPÍTULO 1
INTRODUÇÃO 19

CAPÍTULO 2
LÓGICA 27

2.1 Primeiras considerações sobre a lógica 27

2.1.1 Lógica científica *versus* lógica espontânea 31

2.1.2 Lógica *docens versus* lógica *utens* 32

2.1.3 *Logos versus noûs* 35

2.1.4 Lógica espontânea, lógica *utens* e *noûs* 43

2.2 Fundamentos da lógica clássica 45

2.2.1 Considerações preliminares 45

2.2.2 O ser imutável da lógica clássica e os princípios daí decorrentes 48

2.2.3 A lógica clássica no pensamento científico contemporâneo 50

2.3 A evolução histórica da lógica 53

2.3.1 A proposição de lógicas não aristotélicas 62

2.3.2 Verdade lógica e lógica verdadeira 65

2.4 Lógica deôntica 67

2.4.1 Positivismo jurídico *versus* direito natural ou validade *versus* veracidade 69

2.4.2 Realismo jurídico 74

2.4.3	Lógica jurídica além da lógica das normas	76
2.4.4	Lógica clássica e a justificação interna e externa da decisão	77
2.4.5	Insuficiências da lógica deôntica clássica	80
2.4.6	Lógica jurídica paraconsistente	83

CAPÍTULO 3
PROCESSUALIDADE DEMOCRÁTICA 89

3.1 Do processo como instrumento da jurisdição ao processo cujo instrumento é a jurisdição 92

3.2 O processo como mecanismo de legitimação democrática pelo contraditório 96

CAPÍTULO 4
A METALINGUAGEM PROCESSUAL NA DEMOCRACIA 101

4.1 Linguagem natural e dialética 102

4.2 Linguagem puramente ideal ou precipuamente simbólica 106

4.3 Metalinguagem não aristotélica 109

4.4 A vinculação do texto ao código do discurso 118

4.5 O conceito como encruzilhada e a palavra como instante de um sistema semântico particular 124

CAPÍTULO 5
FUNDAMENTAÇÃO DEMOCRÁTICA 135

5.1 A fundamentação das questões de fato do processo 138

5.2 Lógica *utens* como critério geral de valoração probatória: as regras da experiência comum 147

5.3 *Standards* de prova ou critérios de suficiência probatória 157

5.4 A fundamentação das questões de direito na decisão jurídica 160

5.5 A fundamentação das questões de direito no novo Código de Processo Civil 168

5.6 Ausência de explicitação na decisão jurídica da correlação entre os fundamentos de direito com os específicos fatos constatados no processo 172

5.7	A verdade objetiva como ideal regulador	175
5.8	Linguagem jurídica hermética, vaga ou obscura	184
5.9	Linguagem jurídica precisa e o rigor terminológico	190
5.10	Princípio da identidade e princípio da tautologia	195
5.11	Denotação do discurso jurídico-normativo	199
5.12	Democraticidade como ideal regulador da fundamentação	208

CAPÍTULO 6
CONCLUSÃO 211

REFERÊNCIAS 231

LISTA DE FIGURAS

FIGURA 1 – Conceito de retas não paralelas na geometria euclidiana 129

FIGURA 2 – Aferição de retas como paralelas na geometria euclidiana 130

FIGURA 3 – Triângulo nas geometrias elípticas, hiperbólica e euclidiana. 131

PREFÁCIO

Tive a satisfação de integrar a banca examinadora da tese de doutoramento do Juiz de Direito no Estado de Minas Gerais, Dr. Fabrício Simão da Cunha Araújo, elaborada no Programa de Pós-Graduação em Direito da Pontifícia Universidade Católica de Minas Gerais (PPGD-PUC Minas), orientada pelo Professor Doutor Vicente de Paula Maciel Júnior. A tese logrou justa aprovação pela banca examinadora, com nota máxima atribuída pelos seus membros, após submeter o brilhante trabalho acadêmico à intensa arguição.

Agora, tenho a honra de a mim ter sido atribuída gentil incumbência para escrever o prefácio deste livro, publicado com o título *A lógica da fundamentação das decisões judiciais: a dinâmica entre argumentação jurídica e a valoração probatória*, baseado no texto da referida tese, por meio da qual, brilhante e merecidamente, o autor recebeu o título acadêmico de Doutor em Direito Processual.

Não se pode deslembrar que, anteriormente, o autor já havia recebido do mesmo PPGD-PUC Minas o título de Mestre em Direito Processual, cuja bem elaborada dissertação foi convertida no seu livro *A lealdade na processualidade democrática: escopos fundamentais do processo.*[1]

Inicialmente, cabe-me assinalar que, na literatura jurídica brasileira, não vejo outro livro que disserte sobre o tema fundamentação das decisões jurisdicionais na forma pela qual foi concretizado, ou seja, como o próprio autor registrou, levando em conta "a lógica da fundamentação da decisão jurídica na democracia", que, "mais do que almejar a correção da interpretação do acervo probatório ou das questões jurídicas, a decisão deve objetivar explicitar da forma mais clara e sindicável (refutável) possível os critérios de que se valeu para chegar a determinada conclusão" (Capítulo 6, Conclusão).

Sob tais diretrizes, sobremaneira afeiçoadas ao Estado democrático de direito, pôde o autor concluir, ainda de forma inédita, na sua tese, ora convertida neste magnífico livro, que:

---

[1] ARAÚJO, Fabrício Simão da Cunha. *A lealdade na processualidade democrática*: escopos fundamentais do processo. Rio de Janeiro: Lumen Juris, 2014.

Enfim, [...], pela lógica da fundamentação jurídica na democracia, a denotação do discurso – o conceito jurídico indeterminado, o princípio, a cláusula geral [...], a norma jurídica – deve ser interpretada como um instante de um sistema semântico particular constituído especificamente pelo contexto fático específico provado no processo e, uma vez delineado de forma criteriosa, colocado em encruzilhada com a integridade do direito, especialmente levados em conta como coordenadas de referência os precedentes jurisdicionais, a literatura científica e os elementos da experiência que originariamente conduziram à construção do conceito, tudo na extensão, conforme e desde que tenha sido sustentado pelas partes no específico processo que precedeu a decisão. (Capítulo 6, Conclusão)

Nessa linha teórica, a obra prefaciada tem seu exuberante conteúdo científico desenvolvido em quatro monumentais capítulos, após a introdução, versando a lógica (Capítulo 2), a processualidade democrática (Capítulo 3), a metalinguagem processual na democracia (Capítulo 4) e a fundamentação democrática (Capítulo 5).

Observa-se que, de forma original, a obra se inicia com um extenso capítulo destinado ao estudo da lógica, eis que, como o autor bem justifica:

Efetivamente, a lógica científica como um todo exerce papel fundamental no desenvolvimento técnico-científico, no sentido da expressão conforme atribuída pelo Professor Rosemiro Pereira Leal, para quem, técnica seria o "conjunto de procedimentos numa relação meio-fim, visando resultados úteis" e ciência "a racionalização da técnica. Recriação da técnica [...]. Atividade produtora de esclarecimentos do conhecimento ou conjunto de conhecimentos esclarecidos e fundamentados. (Capítulo 2, Lógica; tópico 2.4.6, Lógica jurídica paraconsistente)

Considero a obra bem oportuna na atualidade, se bem observarmos o que ocorre na malsinada prática forense brasileira. Efetivamente, nota-se que arrazoados das partes e decisões judiciais citam e transcrevem longos acórdãos e um amontoado de ementas jurisprudenciais, mas de forma impertinente, com o objetivo de sustentar as teses jurídicas ali consideradas. Não se nota preocupação, a menor que seja, sobretudo nas decisões judiciais, com a pertinência dos seus conteúdos ou com sua qualidade vinculante ou persuasiva aos casos concretos em julgamento. Misturam-se situações diferenciadas, (1) as dos casos tratados nas transcrições jurisprudenciais, muitas vezes, sob ementa, e (2) as do caso concreto em julgamento, sem comparação analítica entre as transcrições feitas e suas adequações ou correlações lógico-jurídicas aos casos concretos julgados.

A partir dessa conturbada realidade forense, consolida-se espécie execrável de "direito pretoriano prático", que tenho chamado de "manicômio jurisprudencial" em minhas modestas publicações.[2]

É bem verdade que o vigente Código de Processo Civil de 2015, nas disposições normativas de seu art. 489, enumerou situações nas quais a decisão judicial não se considera juridicamente fundamentada, entre elas as mencionadas no anterior parágrafo deste prefácio, disposições tais que ainda estão sendo reiteradamente desobedecidas na realidade do foro, não obstante sua vigência desde março de 2016.

Essa realidade mereceu atenção e grande destaque na obra ora prefaciada, como se observa no trecho seguinte:

> Alhures defendemos que a democraticidade da decisão jurídica estatal depende de que o provimento se abstenha de (I) desconsiderar a reserva legal, não explicitando o suporte na Lei e na Constituição – "princípio da anterioridade e exterioridade normativas" [Rosemiro Pereira Leal]; (II) se valer de argumentos não debatidos pelas partes no espaço processual, privadas, portanto, de sobre eles manifestarem-se; (III) se omitir em apreciar quaisquer dos argumentos da parte vencida ou (IV) utilizar linguagem hermética ou obscura ou que se explicita de forma insuficiente ou incoerente, na medida em que não permite o controle do acerto e da legitimidade democrática da conclusão do juízo.
>
> É necessário destacar que aqui o 1º e o 4º requisitos se entrelaçam – o acatamento ao princípio da reserva legal abrange não só a explicitação pelo provimento estatal do suporte que encontra na Lei e na Constituição, mas também que a consideração da norma se dê em coerência e integridade com os casos anteriormente julgados, de forma que os fatos, as circunstâncias específicas e os princípios que conduziram tais decisões sejam levados em consideração como referências a se contrastarem com as do caso objeto do processo e, conforme for o caso, sejam preservados e reiterados ou, por outro lado, expressamente afastados (*distinguishing*) ou superados (*overruling*). (Capítulo 5, Fundamentação democrática; tópico 5.11, Denotação do discurso jurídico-normativo)

Enfim, por essas razões, cumprimento o autor pela preciosa publicação, agradecendo-lhe o gentil convite formulado para prefaciá-la, evitando alongar-me, muito embora o livro esteja repleto de muitos outros importantes aspectos jurídicos.

---

[2] Ver BRÊTAS, Ronaldo de Carvalho Dias. *Processo constitucional e Estado democrático de direito*. 4. ed. Belo Horizonte: Del Rey, 2018. p. 192-193.

Recomendo a leitura da obra pela comunidade jurídica, pois enriquece sobremaneira a produção literária jurídica da Escola Mineira de Processo, convicto de que as considerações e estudos nela desenvolvidos serão proveitosos na resolução dos casos concretos, quando, por meio do processo, forem levados à apreciação do Estado-Judiciário.

Itaúna-MG, Chácara do Quitão, meu "Lost Horizon" (Shangri-La), fevereiro de 2020.

Ronaldo Brêtas de Carvalho Dias

Advogado. Doutor em Direito Constitucional e Mestre em Direito Civil pela UFMG. Professor Adjunto IV de Direito Processual Civil na Faculdade Mineira de Direito da PUC Minas. Ex-Advogado Chefe Adjunto da Assessoria Jurídica Regional do Banco do Brasil no Estado de Minas Gerais. Membro efetivo do Instituto dos Advogados de Minas Gerais. Membro titular do Instituto Panamericano de Derecho Procesal. Membro do Instituto do Direito de Língua Portuguesa. Membro honorário da Associação Brasileira de Direito Processual. Membro da Academia de Direito Processual de Mato Grosso do Sul.

CAPÍTULO 1

INTRODUÇÃO

Os pressupostos lógico-aristotélicos mais básicos da ciência contemporânea enfraqueceram-se profundamente com as relativamente recentes descobertas da física quântica e das geometrias não euclidianas. A lógica deôntica, espécie de lógica formal clássica, da mesma forma, mostra-se insuficiente para resolver de forma integral, segura e democrática os conflitos sociais a que o direito se propõe a resolver. Diante dos avanços no conhecimento da lógica ocorridos no último século, aproximadamente, deve a lógica deôntica permanecer vigorando como classicamente concebida? Quais são as lições que os avanços da lógica trazem para a forma como se concebe e se realiza o direito? As novas descobertas da lógica impactam a decisão judicial e sua fundamentação? E no caso positivo, como?

Nesse sentido, o que se pretende investigar com a presente obra, mediante pesquisa bibliográfica e análise de alguns casos, é a hipótese de que os mencionados avanços da lógica evidenciam, sobretudo, que a realidade sempre prevalecerá sobre os mecanismos de sua redução à formalização. A percepção da realidade é sempre imperfeita, sendo esta sempre muito mais complexa do que se intui, ainda que se a reduza ao nível mais básico como os axiomas da não contradição, do terceiro excluído e da identidade.

Tais avanços demonstram também que as abstrações formais realizadas a partir das verdades básicas intuídas – até pela falibilidade destas – podem conduzir a erros muito severos e que não se pode elevar o conhecimento formal, axiomatizado, seguro e universalizável sobre as experiências, especialmente quando elas refutam aquele conhecimento.

Protágoras desde os tempos da Grécia antiga já demonstrava a insuficiência da lógica clássica para compreensão do mundo, no entanto, o cientificismo e o dedutivismo-axiomático impuseram sua hegemonia devido à beleza e à segurança de um saber preciso, organizado e universalizável.

Ao mesmo tempo em que a lógica proposicional, científica, nunca será capaz de explicitar a infinidade das hipóteses de interações entre as coisas, tem-se que a lógica deôntica tampouco provê respostas verdadeiras para todos os casos jurídicos. Em um ou outro caso, não se pode privilegiar absolutamente o *logos* e abandonar totalmente o *noûs* – como verdade intuída não discursivamente.

A lógica deôntica clássica – combalida pelo desgaste decorrente dos anseios de que o direito acompanhe a dinamicidade e a complexidade das relações sociais e, ao mesmo tempo, de que decisões judiciais concretas sejam universalizáveis e não contraditórias quando relacionadas a situações semelhantes – não tem se mostrado apta a conferir a segurança e a previsibilidade que se espera.

A lógica, por sua vez, como ciência fundamental que estrutura a construção do conhecimento de todas as outras ciências, passou por mudanças significativas ao decorrer do tempo, desde suas formulações inaugurais até os tempos atuais, quando tem sido objeto de inúmeras mudanças e descobertas. No âmbito do direito, em especial do direito processual, contudo, é imperioso investigar se tais transformações e apuramentos foram incorporados, permitindo também seu aperfeiçoamento.

Supõe-se que os avanços ocorridos na ciência lógica e por consequência na linguagem – como meio primordial de manifestação da lógica do raciocínio – permitam alavancar avanços que encaminham a construção e aplicação do direito na medida em que a lógica clássica de verdades absolutas, universais e estáticas acaba por monopolizar a destinação do sentido.

Mais do que elaborar uma lógica formal não aristotélica que permita operar sistemas que admitem contradições em seu interior, é necessário resgatar ou apontar a importância da realidade constatada processualmente para a condução da fundamentação da decisão jurídica.

Isso ganha ainda mais relevância com as preocupações manifestadas pelo Novo Código de Processo Civil quanto à primordialidade da fundamentação das decisões judiciais como condição de sua validade.

Na tentativa de melhor explicitar e contextualizar a hipótese que delimita o escopo da presente obra, convém registrar que o percurso da lógica, desde sua sistematização inicial por Aristóteles, foi em termos sucintos o seguinte: inicialmente partiu da observação do comportamento dos seres macroscópicos e induziu da interação entre eles uma lógica formal. Assim, da lógica espontânea à lógica científica.

Esta lógica formal orientou a sistematização do conhecimento em todas as áreas científicas, até que se desenvolveu a tecnologia científica suficiente para, utilizando equipamentos avançados para observar a realidade do ser de forma mais aproximada, constatar que as induções realizadas a "olho nu" estavam equivocadas ou ao menos incompletas.

A partir desta observação mais aproximada, portanto, foram propostas novas lógicas formais, não aristotélicas, a partir de juízos e axiomas induzidos da interação entre os seres observados com este novo olhar. Da lógica espontânea à lógica científica.

Os avanços científicos que permitiram enxergar as interações do ser de forma mais aproximada da realidade desconstruíram toda a certeza de que a concatenação de argumentos válidos a partir de premissas verdadeiras implique necessariamente uma solução verdadeira, apesar de válida.

Contudo, permitiram também perceber que, sem prejuízo da importância da lógica formal e das abstrações metodológicas que se procede a partir da observação da interação dos seres na realidade para desenvolver o conhecimento, esta (a realidade) é sempre muito mais dinâmica e complexa do que podemos inferir e o conhecimento não pode se pautar primordialmente em validades racionais abstratas para avançar.

É necessário que a validade lógica em qualquer solução que se adote seja contrastada e oferecida à refutabilidade pela realidade.

A questão que buscamos enfrentar está em saber, portanto, como fazer com que a realidade se imponha como refutação às racionalizações abstratas advindas exclusivamente da dedução teórico-deôntica no âmbito do direito, no espaço processual, mas de forma democrática, ou seja, de forma que respeitada a ampla defesa, o contraditório e a isonomia, em suma, o protagonismo do cidadão na construção da solução.

Em outras palavras, o desafio a que nos propomos é investigar a possibilidade de estabelecer parâmetros ou mecanismos discursivo-democráticos que permitam o controle ou ao menos aprimorem a sindicabilidade de argumentações e fundamentações retóricas, manifestamente descoladas da realidade.

Os avanços da lógica demonstram, sobretudo, que a realidade progressivamente vai refutando, desconstruindo ou pelo menos refinando (*trimming*) os axiomas teóricos que fundamentam a ciência, especialmente considerando que a lógica é aquela que fundamenta todas as outras. Assim, como Popper[1] leciona, a realidade que infirma determinada teoria deve prevalecer sobre ela, implicando sua reformulação ou até mesmo revogação.

Nesse sentido, uma decisão judicial deve necessariamente estar pronta a enfrentar e superar ou reconhecer, caso necessário, contradições que a razão imanente das coisas (lógica em sentido amplo – λόγος) imponha à aplicação axiomático-dedutiva que a teoria científica e a lógica deôntica reclamem.

O que implica outra dificuldade – como compatibilizar a verdade não discursiva com o devido processo como paradigma democrático do Estado democrático de direito, na medida em que isto pressupõe que as decisões estatais sejam decorrência da construção argumentativa das partes e, sobretudo, sejam passíveis de fiscalidade e crítica.

É que a consideração dos fatos no debate, em regra, ao menos no contexto da prática litigiosa brasileira, acaba desbordando para a monopolização da destinação do sentido decorrente não de um discurso sindicável, mas um de-curso, na expressão do professor Rosemiro Pereira Leal,[2] ou seja, pela consideração de experiências particulares da realidade vividas pelo decisor – e não da "realidade pública" – para comprovar hipóteses ou formular premissas, sendo que tal indução não é expressa inteiramente em palavras.

Como destaca Bachelard, a consideração da realidade pela adoração da verdade dos fatos seria decorrência de uma "[...] vontade de ter razão fora de qualquer prova explícita, de escapar à discussão referindo-se a um fato que a pessoa pensa não estar interpretando, mas ao qual está dando um valor declarativo primordial".[3]

Nesta perspectiva a consideração da realidade como parâmetro de aferição da veracidade da solução judicial torna-se problemática porque quando o sujeito simplesmente proclama que "tal coisa é um fato", acaba afastando toda possibilidade de discurso a este respeito, pois, de certa forma está subjugando a percepção do outro à sua própria:

---

[1] POPPER, Karl Raimund. *Conhecimento objetivo*: uma abordagem evolucionária. Tradução de Milton Amado. Belo Horizonte: Itatiaia, 1999. p. 18.

[2] LEAL, Rosemiro Pereira. O paradigma processual ante as sequelas míticas do poder constituinte originário. *Direito Público: Revista Jurídica da Advocacia-Geral do Estado de Minas Gerais*, Belo Horizonte, v. 1, n. 1, jul./dez. 2004. Mais à frente explicitaremos de forma mais detida o sentido da expressão no âmbito da teoria neoinstitucionalista do processo.

[3] BACHELARD, Gaston. *A formação do espírito científico*: contribuição para uma psicanálise do conhecimento. Tradução de Estela dos Santos Abreu. 9. reimpr. Rio de Janeiro: Contraponto, 1996. p. 52.

O método dos fatos, cheio de autoridade e poder, se arroga um ar de divindade que tiraniza nossa fé e constrange nossa razão. Um homem que raciocina, que faz uma demonstração, trata-me como homem; raciocino junto com ele; deixa-me a liberdade de julgar e, se me força, é através da minha própria razão. Mas aquele que grita "é um fato" considera-me como escravo.[4]

Ademais, em se tratando o *noûs* da "expressão não-proposicional de uma identidade", a princípio, qualquer debate a este respeito ou será circular e/ou entregará sua solução de forma insindicável à autoridade decisora. Portanto, o diálogo nesse quadrante não pode ser qual definição é a melhor para determinado objeto, mas sim distanciar de predições de identidade. Como se pode, contudo, evitar predições de identidade sem excluir o próprio pensamento não discursivo e a lógica espontânea?

Seguindo nessa linha de reflexão, é pertinente consignar que os avanços por que passou a lógica foram decorrência do avanço científico que permitiu observar a realidade para além do que se enxergava a olho nu.

Assim, pressupondo correto considerar a realidade como parâmetro da verdade que independe de discurso ou demonstração (conhecimento não discursivo), daí uma outra questão se impõe: a realidade e a lógica que regem o direito devem ser a lógica que decorre da realidade observada pelo homem a olho nu, pelas inferências feitas a partir da observação dos seres como vistos pelo olho humano ou devem considerar a lógica extraída por indução do funcionamento e da interação dos objetos quando analisados do ponto de vista microfísico?

É que, de uma forma de outra, seja pela adoção de juízos pragmáticos explicitamente ou pela adoção da lógica formal (cujas operações racionais são abstrações da lógica espontânea), é a realidade que governará o sistema de operações racionais realizadas na ciência do direito. A questão é só saber qual realidade. A que experimentamos pela experiência comum e que nos é familiar? Ou a revelada pelos estudos mais avançados de física e matemática, que tornaram obsoleta a lógica que governa os objetos macroscópicos?

Isso implicará saber por consequência em qual extensão ou pelo menos de que forma a lógica deôntica permanece regendo o direito.

---

[4] Padre Louis Castel *apud* BACHELARD, Gaston. *A formação do espírito científico*: contribuição para uma psicanálise do conhecimento. Tradução de Estela dos Santos Abreu. 9. reimpr. Rio de Janeiro: Contraponto, 1996. p. 52.

Por convergência das indagações acima, é imperioso saber, de qualquer forma, como fundamentar democraticamente uma decisão do ponto de vista linguístico – o que implica utilizar um discurso que se valha de uma linguagem que se exponha efetivamente à crítica – considerando as inferências que se deve fazer a partir da realidade como fonte a direcionar e/ou condicionar a racionalidade que a conduz. Para Bachelard:

> a ciência instrui a razão. A razão deve obedecer à ciência mais evoluída, à ciência em evolução. A razão não deve sobrevalorizar uma experiência imediata; deve pelo contrário pôr-se em equilíbrio com a experiência mais ricamente estruturada. Em todas as circunstâncias o imediato deve ceder ao construído.[5]

Nessa linha de pensamento, seria necessário desconsiderar toda a lógica clássica aristotélica, uma vez que não mais reflete a "experiência mais ricamente estruturada".

Clive Staples Lewis, por outro lado, defende que o homem sábio deve conformar a alma à realidade e a solução encontrada é o conhecimento, a autodisciplina e a virtude. Referindo-se à ciência aplicada e comparando-a à magia – na especificidade do predicado que se segue –, afirma que se preocupa com o problema central de subjugar a realidade aos desejos do homem e a resposta que encontra a este problema é o uso da técnica.[6]

Lewis critica o reducionismo da ciência moderna (o que acaba abarcando o referido construcionismo de Bachelard), afirmando que ele nada mais é do que a tentativa de conformar a dinamicidade de todos os fenômenos naturais na nossa capacidade de perceber e conceber o mundo. Por outro lado, afirma que "o propósito de perscrutar alguma coisa é de ver a realidade através dela", mas não se deve tentar enxergar por trás do que está por trás, relativizando a própria realidade. Se você tentar enxergar por trás do que está por trás tem que conseguir tornar a realidade transparente e, uma vez transparente, torna-se também invisível. Assim, "perscrutar todas as coisas é o mesmo que não enxergar nada".[7]

---

[5] BACHELARD, Gaston. *A filosofia do não*. 6. ed. Lisboa: Presença, 2009. p. 124.

[6] LEWIS, Clive Staples. *A abolição do homem*. 1. ed. Rio de Janeiro: Thomas Nelson Brasil, 2017. Edição Kindle, posição 787.

[7] LEWIS, Clive Staples. *A abolição do homem*. 1. ed. Rio de Janeiro: Thomas Nelson Brasil, 2017. Edição Kindle, posição 825.

Nessa vereda, ao mesmo tempo em que a lógica clássica conferia ao raciocínio fundamentos de sólida coerência para a construção do conhecimento e o atingimento de certezas absolutas e universais, a contemporânea constatação de suas insuficiências, imperfeições e deficiências não pode significar um mergulho pós-moderno no extremo relativismo, especialmente no campo da ciência do direito, em que é premente a compatibilização da abertura democrático-linguístico--processual para interpretação da norma pelo povo (conjunto de legitimados ao processo) com a segurança jurídica.

Enfim, certamente o escopo do presente trabalho não permitirá abarcar de forma suficiente a questão tão fundamental ao direito sobre quais axiomas e, por consequência, dogmas fundamentais, além da proibição da vedação da liberdade de interpretação e argumentação crítica, devem guiar a construção e aplicação das normas jurídicas. De toda forma, mister aferir se parâmetros empírico-pragmáticos podem ou não prevalecer em prol da segurança jurídica e da restrição à muitas vezes descomedida relativização semântica por que se passa na linguagem jurídica, além de saber se é este o código linguístico que fundamenta a lei legitimamente promulgada pelo Parlamento.

CAPÍTULO 2

LÓGICA

2.1 Primeiras considerações sobre a lógica

A etimologia da palavra *lógica* remete ao grego λόγος (Àόγος), que significa "razão", "palavra", "proposição", "oração" ou "pensamento" e é tão equívoca quanto a noção que encerra.[8]

O primeiro filósofo a proceder um estudo amplo a respeito da disciplina é Aristóteles, no grupo de textos reunidos em seu *Organon*. Em todos os seus textos, não utiliza em qualquer momento a palavra para designar a disciplina. No trabalho *Analíticos*, ainda sem designar a palavra, define a disciplina como a "ciência da demonstração e do saber demonstrativo".[9]

O termo só veio a ser utilizado para se referir à doutrina construída nos *Analíticos* pelos seus comentadores peripatéticos e platônicos.

Deveras, embora não se saiba porque o estagirita nunca tenha se referido à disciplina que desenvolveu assim como ao conjunto de conhecimentos a ela relativos como lógica – λόγος, é curioso e talvez sintomático que assim o seja. Possivelmente tenha sido porque compreendia desde sempre que diante da vastidão semântica de λόγος, o conjunto de estudos que desenvolvera não poderiam ser denominados pelo mesmo signo, visto que de escopo muito inferior.

É que a palavra *lógica* ou *razão* (λόγος) remonta a significados muito mais amplos do que "ciência da demonstração e o saber

---

[8]   ABBAGNANO, Nicola. *Dicionário de filosofia*. São Paulo: Martins Fontes, 2007. p. 624.

[9]   ABBAGNANO, Nicola. *Dicionário de filosofia*. São Paulo: Martins Fontes, 2007. p. 624.

demonstrativo". A Bíblia, por exemplo, vale-se desta palavra para descrever a própria totalidade do cosmos e simultaneamente a ordem universal que precede à própria existência:

> No princípio era o *verbo*, e o *verbo* estava com Deus, e Deus era o *verbo*. Este no princípio estava como Deus. Todas as coisas existiram por ação dele e sem ele existiu nem uma só coisa que existiu. Nele estava a vida, e vida era a luz dos homens. (João 1, 1-4)

Embora a tradução corriqueira para o português seja, ordinariamente, "no princípio era o verbo, e o verbo estava com Deus, e Deus era o verbo". Na versão grega do registro, língua em que o evangelho de João foi originalmente escrito, a expressão utilizada é justamente λόγος (razão) e não ῥῆμα (verbo) ou (λέξη) palavra.

> Ἐν ἀρχῇ ἦν ὁ **Λόγος**, καὶ ὁ **Λόγος** ἦν πρὸς τὸν Θεόν, καὶ Θεὸς ἦν ὁ **Λόγος**. 2 Οὗτος ἦν ἐν ἀρχῇ πρὸς τὸν Θεόν. 3 πάντα δι' αὐτοῦ ἐγένετο, καὶ χωρὶς αὐτοῦ ἐγένετο οὐδὲ ἕν ὃ γέγονεν. 4 ἐν αὐτῷ ζωὴ ἦν, καὶ ἡ ζωὴ ἦν τὸ φῶς τῶν ἀνθρώπων. 5 καὶ τὸ φῶς ἐν τῇ σκοτίᾳ φαίνει, καὶ ἡ σκοτία αὐτὸ οὐ κατέλαβεν. (João 1, 1-4) (Grifos nossos)

Na perspectiva bíblica, portanto, a lógica ou a razão – λόγος – seria o próprio cosmos, como ordem universal em que o ser é, que a tudo antecede e está em tudo, por meio do qual todas as coisas são criadas. Como afirma Thiago Brega de Assis, "O logos, que está no princípio de tudo, e habitou nos homens a partir de Jesus Cristo, ele próprio a encarnação do Logos, como caminho para a Ordem, Verdade, 'adaequatio rei et intellectus', ou correspondência entre realidade e intelecto, e Vida no vivo".[10]

Enfim, o *logos* no sentido bíblico (λόγος) é a própria verdade (divina) que subjaz à existência de todas as coisas, a todas as interações, a todos os fenômenos, a todos os tempos e a todo o universo. Trata-se de um princípio unificador e universal do qual todos os outros princípios decorrem, um axioma da própria realidade a partir do qual se explica toda a complexidade da existência (não só humana) por dedução.

A concepção bíblica de *logos* ou razão ainda se refere, além de verdade fundamental, universal e transcendente, à forma de pensar que

---

[10] ASSIS, Thiago Brega. Logos, pensamento cósmico e objetividade forte. *Empório do Direito – Revista Jurídica Eletrônica*, Florianópolis, 2018. Disponível em: http://emporiododireito. com.br/leitura/logos-pensamento-cosmico-e-objetividade-forte.

constitui a racionalidade do ser humano que permite fazer avaliações e juízos que permitirão viver de forma cristã e virtuosa, no sentido de vida que busca e efetivamente consegue corresponder ao máximo ao λόγος.

Nesse sentido, no mesmo capítulo, no versículo 14, o evangelho assenta: "Καὶ ὁ Λόγος σὰρξ ἐγένετο καὶ ἐσκήνωσεν ἐν ἡμῖν [...]", o que pode ser traduzido como: "E o logos se tornou carne e permaneceu em nós, e contemplamos sua glória, como a glória do unigênito do Pai, cheio de graça e de verdade".

Em suma, na perspectiva bíblica, considerando a etimologia da palavra *lógica*, pode-se traduzir no seguinte sentido esta parte do evangelho: "No princípio era o logos, e o logos estava com Deus, e Deus era o logos. [...] E o logos se tornou carne e permaneceu em nós e contemplamos sua glória, como a glória do unigênito do Pai, cheio de graça e de verdade [...]".

Segundo interpreta o professor canadense Jordan Peterson:

> Na tradição Cristã, Cristo é identificado com o Logos. O Logos é a Palavra de Deus. Esta palavra transformou o caos em ordem no começo do tempo. Em sua forma humana, Cristo sacrificou a si mesmo voluntariamente à verdade, ao bem e a Deus. Em consequência, Ele morreu e foi ressuscitado. A Palavra que produz ordem a partir do caos sacrifica tudo, até a si mesma, para Deus. Esta sentença singular, sábia além da compreensão, resume o cristianismo. Cada pequeno aprendizado é uma pequena morte. Cada pedaço de nova informação desafia uma concepção prévia, forçando-a a dissolver-se no caos antes de poder renascer como algo melhor.[11]

Seja como for, até o tempo em que Aristóteles se dedicou ao estudo da matéria, o termo *lógica* encontrava-se presente apenas nas obras dos estoicos, exclusivamente se referindo à arte do discurso persuasivo, em geral contendo, portanto, a retórica e a dialética, sendo que esta última já era por eles considerada a doutrina do discurso demonstrativo e dos objetos a ela ligados (proposição, termos, silogismo, entre outros).

Por isso que, influenciados pela expressão dos estoicos, os comentadores de Aristóteles denominaram lógica a doutrina desenvolvida não só nos *Analíticos* mas em todo o *Organon*, perpetuando, assim o significado da palavra, em Aristóteles ou não, como a teoria do silogismo e da demonstração.

---

[11] PETERSON, Jordan B. *12 rules for life*: an antidote to chaos. Toronto: Random House Canada, 2018. p. 220 (tradução livre).

Até meados do século XIX a lógica se restringia basicamente ao estudo dos silogismos categóricos aristotélicos, em outros termos, o estudo de sistemas de argumentação compostos de duas premissas e uma conclusão, em que cada uma destas proposições consiste necessariamente em uma de quatro possíveis proposições categóricas: 1) a universal afirmativa (*e.g.* todo homem é mortal); 2) a universal negativa (*e.g.* nenhum homem é puro espírito); 3) a particular afirmativa (*e.g.* algum homem é sábio) e 4) a particular negativa (*e.g.* algum homem não é sábio).

Com estas, Aristóteles construiu o primeiro sistema de lógicas de que se tem notícia e catalogou, entre as variações e combinações possíveis, quais eram formas válidas de raciocínio e quais não eram. Por isso é que se habituou nominar o estudo da lógica como o estudo das inferências válidas.

Deste então, passando pela Idade Antiga e pela Idade Média, praticamente não houve alteração no objeto de estudo da lógica, podendo ser resumido em três grandes grupos: a doutrina dos termos, a doutrina das proposições e a doutrina do raciocínio (categórico ou hipotético, apodítico ou dialético).[12]

É muito comum encontrar livros de lógica classificando-a como o "estudo das formas de inferência válida", ou como o "estudo das formas de raciocínio", ainda "como o estudo da argumentação válida" e também como "a linguagem da razão".

Essa concepção de lógica é a predominante entre os livros clássicos de estudo da lógica e o conteúdo deste estudo era basicamente a teoria aristotélica de silogismos e aspectos elementares de metodologia científica, incorporando alguns avanços alcançados na Idade Média. É o que ocorre por exemplo na lógica de Port Royal[13] e também com as explanações sobre lógica de Régis Jolivet e Louis Liard,[14] entre outros.

Segundo explica o filósofo francês Régis Jolivet, o termo *lógica* vem do grego *logos*, que significa razão. "A lógica é de fato, a ciência das leis das ideias do pensamento e a arte de aplicá-las corretamente à procura da demonstração da verdade".[15]

---

[12] ABBAGNANO, Nicola. *Dicionário de filosofia*. São Paulo: Martins Fontes, 2007. p. 625.
[13] Trata-se de livro clássico de lógica que serviu como livro didático básico de estudo da disciplina por muito tempo, publicado anonimamente em 1662.
[14] LIARD, Louis. *Lógica*. 8. ed. São Paulo: Companhia Editora Nacional, 1979.
[15] JOLIVET, Régis. *Curso de filosofia*. 11. ed. Rio de Janeiro: Livraria Agir Editora, 1972. p. 27.

O filósofo francês divide a lógica em formal ou menor e material ou maior. A primeira estabelece a forma correta das operações intelectuais, ou seja, a conformidade do pensamento consigo mesmo. A segunda, por sua vez, busca perscrutar se determinado pensamento além de correto – conformidade com as prescrições da lógica formal – é também verdadeiro, ou seja, guarda correspondência com a realidade.[16]

Naquela concepção, portanto, a lógica seria o estudo dos métodos e princípios usados para distinguir o raciocínio correto do incorreto. É certo que a concepção formal é a esfera da lógica que mais prosperou e desenvolveu-se, muitas vezes sendo confundida até mesmo como o significado completo da palavra. É certo que ainda hoje guarda aderência com o que se estuda e se pratica na disciplina em cotejo. Entretanto, é insuficiente para englobar todo o escopo da lógica atual, que se desenvolveu em inúmeros sentidos que extrapolam o da lógica menor (formal).

De toda forma, diante das constantes evoluções por que passa a lógica e também pelo caráter fundamental dela para a constituição das demais áreas de conhecimento, é sempre problemático estabelecer um conceito preciso e definitivo de tal ciência, assim como ocorre com as ciências "vivas", como a biologia, a física, a psicologia e até mesmo o direito.

Não sendo este o escopo do presente trabalho, portanto, consideramos suficiente a exposição realizada para o esclarecimento do leitor quanto ao objeto de parte do estudo nesta tese.

Enfim, de forma elementar, conforme afirma Gastón Bachelard, "uma organização lógica, é uma simples distribuição do verdadeiro e do falso".[17] Algumas distinções, contudo, fazem-se necessárias para que possamos explicitar de melhor forma o significado que a palavra pode assumir em diferentes contextos, essenciais para o desenvolvimento da presente tese.

2.1.1 Lógica científica *versus* lógica espontânea

Régis Jolivet defende que a lógica seria uma ciência, já que constitui um "sistema de conhecimentos certos, fundados em princípios universais". Diferencia, portanto, a lógica filosófica que teria *status* de

---

[16] JOLIVET, Régis. *Curso de filosofia*. 11. ed. Rio de Janeiro: Livraria Agir Editora, 1972. p. 28; 63.
[17] BACHELARD, Gaston. *A filosofia do não*. 6. ed. Lisboa: Presença, 2009. p. 110.

ciência da lógica espontânea ou empírica, afirmando que aquela se distingue desta como o que é perfeito difere do imperfeito.[18]

A lógica espontânea não seria mais do que uma aptidão inata do espírito para usar corretamente as faculdades intelectuais, contudo, sem ser capaz de justificá-las racionalmente recorrendo para tanto à lógica como ciência das regras do pensamento correto (lógica filosófica).

Como ciência, a lógica seria normativa, na medida em que não visa definir quais são, mas sim quais devem ser as operações intelectuais para satisfazer as exigências de um pensamento correto.

O fim último da lógica, como ciência, seria a procura e a demonstração da verdade "porque a procura e a demonstração da verdade são o fim da inteligência e, por conseguinte, da Lógica, enquanto define as condições de validade das operações do espírito".[19]

De toda forma, para o autor, pode-se chegar à verdade sem auxílio da lógica científica, especialmente quando as operações intelectuais não demandam maior complexidade, sendo nesse caso suficiente a lógica espontânea ou empírica "da qual a lógica científica é apenas um aperfeiçoamento metódico".

Jolivet, citando Leibiniz, afirma que "as leis da Lógica não são mais do que as regras do bom-senso colocadas em ordem e por escrito". E destaca que, embora o bom senso seja então apto a apontar a verdade em questões menos complexas, não é eficiente em refutar o erro e "os processos sofísticos".

2.1.2 Lógica *docens versus* lógica *utens*

Desde os lógicos medievais discute-se sobre se a lógica se volta a identificar, expor e sistematizar as relações objetivas subsistentes entre seus objetos, por exemplo, entre as premissas de um silogismo e sua conclusão, enfim, sobre quais são e como funcionam as regras de inferência que caracterizam um raciocínio válido ou se se voltaria a permitir, como técnica prática, o desenvolvimento e obtenção de discursos corretos e verdadeiros.

A cada uma das perspectivas, acabou cunhando-se a nomenclatura de lógica *docens* e lógica *utens*, respectivamente, o que pode ser traduzido por lógica que se ensina e lógica que se utiliza. Consideravam

---

[18] JOLIVET, Régis. *Curso de filosofia*. 11. ed. Rio de Janeiro: Livraria Agir Editora, 1972. p. 27.
[19] JOLIVET, Régis. *Curso de filosofia*. 11. ed. Rio de Janeiro: Livraria Agir Editora, 1972. p. 28.

que simultaneamente a lógica tem as duas funções, tanto um preceituário (*docens*) como um "exercício ativo de discurso ou discussão controlado por esses preceitos"[20] (*utens*).

A distinção entre funções lógicas foi depois retomada por Charles Peirce para quem a lógica *utens* seria o juízo intuitivo de validade de argumentos informais, como uma ideia abstrata ou geral do que seria uma boa argumentação. Tratar-se-ia de uma lógica não filosófica que, assim como a matemática, "não tem a mínima necessidade de que a filosofia faça seu trabalho para ela".[21]

Esta lógica, para Peirce, está representada por hábitos de raciocínio de natureza intuitiva, que não demandam aprendizagem, ao contrário ao raciocínio formal o que consistiria na lógica *docens*. Esta, por sua vez, seria uma lógica mais desenvolvida à luz da filosofia.[22]

Com base nas lições de Peirce, Susan Haack denomina lógica *utens* os juízos não refletidos que se têm dos argumentos informais e de lógica *docens* os juízos mais rigorosos e precisos, desenvolvidos enquanto os sistemas formais são concebidos, por meio de reflexões sobre os mesmos juízos.[23]

A autora, ao abordar a distinção entre a lógica *utens* e a lógica *docens*, afirma que se começa a desenvolver sistemas formais com base em juízos intuitivos da validade extrassistemática de argumentos informais, representando-os sintaticamente e concebendo regras de inferência de maneira que as representações formais a partir dos argumentos informais sejam consideradas válidas no sistema, uma vez que estes também o são.

Em trabalho específico sobre a lógica *utens*, os filósofos da Universidade de Radboud, na Holanda, Janos Sarbo e József Farkas explicam que todos temos um raciocínio instintivo, ou hábitos de raciocínio pelos quais formamos opiniões a respeito de várias questões, não só de pequena complexidade e importância, como também de grande.[24]

---

[20] ABBAGNANO, Nicola. *Dicionário de filosofia*. São Paulo: Martins Fontes, 2007. p. 626.

[21] FISCH, Max H.; MOORE, Edward C. *Writings of Charles Peirce*. A chronological edition – 1890-1892. Bloomington: Peirce Edition Project, 1993. v. 8. p. XXXVI.

[22] FISCH, Max H.; MOORE, Edward C. *Writings of Charles Peirce*. A chronological edition – 1890-1892. Bloomington: Peirce Edition Project, 1993. v. 8. p. XXXVI

[23] HAACK, Susan. *Filosofia das lógicas*. São Paulo: Editora Unesp, 2002. p. 43.

[24] SARBO, Janos; FARKAS, József. Logica Utens. *In*: GANTER, Bernhard; MOOR, Aldo de (Ed.). *11th International Conference on Conceptual Structures*: ICCS2003. Holanda: Shaker Verlag, 2003. p. 43-56. Disponível em: http://www.cs.ru.nl/~janos/reas03.pdf. Acesso em: 25 abr. 2018.

Argumentam que não só temos um raciocínio, mas, além disso, temos também uma teoria instintiva do raciocínio, como se percebe ao verificar-se que "todo grande argumentador tem certa ideia geral do que é uma boa argumentação".

Pois bem. Segundo expõem:

> Esta teoria do raciocínio, que antecede qualquer estudo sistemático do assunto, constitui nossa lógica *utens*, a lógica acrítica e implícita do homem comum. Porque não possuímos um estoque de instintos para enfrentar todas as ocasiões, estudamos o processo do raciocínio e investigamos os métodos pelos quais da forma mais eficaz podemos aperfeiçoar nosso conhecimento. O resultado de tal estudo é chamado de lógica *docens*, ou lógica formal, crítica e científica.
>
> Pela nossa lógica *utens* somos capazes de supor corretamente em várias circunstâncias. Como Fann assinalou de forma tão clara, *essa habilidade pode ser compreendida como o resultado da adaptação da mente ao universo*. Mas, onde nossa capacidade de raciocínio instintivo começa a perder sua auto-confiança, como quando somos confrontados com problemas extraordinários ou incomuns, buscamos nos socorrer da ajuda da lógica *docens*.
>
> Apesar de que o raciocínio, propriamente falando, não pode ser executado inconscientemente, vamos argumentar que a lógica *utens* decorre naturalmente do potencial do cérebro pelo reconhecimento do signo e que, por outro lado, a lógica *docens* se sustenta sobre esta lógica implícita do cérebro. Em continuidade com nossa pesquisa anterior, também o resultado deste *"paper"* parece reforçar nossas conjecturas que toda representação do conhecimento humano ou *logos* pode ser baseado em um único princípio de reconhecimento de signos.[25] (Grifos nossos)

Segundo expõe Abbagnano, o interesse pela lógica *utens* torna-se maior na Idade Moderna especialmente em decorrência de uma redução no interesse pelo formalismo lógico em favor de questões psicológicas, gnosiológicas e metodológicas. Por outro lado, adverte que o que denomina "renascimento" da geometria euclidiana no início do século XVI que se propagou por todas as ciências naturais fez com que se desse passo decisivo à constituição da moderna lógica formal pura.

---

[25] SARBO, Janos; FARKAS, József. Logica Utens. *In*: GANTER, Bernhard; MOOR, Aldo de (Ed.). *11th International Conference on Conceptual Structures*: ICCS2003. Holanda: Shaker Verlag, 2003. p. 43-56. Disponível em: http://www.cs.ru.nl/~janos/reas03.pdf. Acesso em: 25 abr. 2018.

CAPÍTULO 2 | 35
LÓGICA

O autor destaca que Hobbes, por exemplo, introduz a ideia do raciocínio como cálculo lógico na perspectiva de combinação e transformação de símbolos segundo certas regras convencionais, no intuito de permitir à lógica se isentar de pressupostos dogmáticos e metafísicos e libertá-la de contaminações psicologizantes. Assim, ela passa a ser organizada como disciplina das estruturas formais do discurso rigoroso segundo modelos ideolinguísticos.

2.1.3 Logos versus noûs

Embora na filosofia grega clássica fosse praticamente unânime a compreensão de que o homem, ao lado do pensamento concatenado em proposições, possui também um pensamento não discursivo, tal concepção passou a ser fortemente rejeitada a partir do advento da filosofia da linguagem, segundo leciona Danilo Marcondes de Souza Filho.[26]

Vale esclarecer previamente que o pensamento, como processo mental interior, relativo ao indivíduo e subjetivo, enquanto constituído de juízos e da capacidade de julgar possui uma estrutura linguística.

Para Platão, contudo, a inteligência e a opinião verdadeira seriam advindas do pensamento não discursivo, ou seja, o *noûs*.[27] Deveras, na Carta VII ele destaca a inadequação do discurso ao pensamento (343c) já que o significado não é fixo por ser convencional, as palavras podendo ter seus significados alternados. As definições (*logoi*), igualmente, estão sujeitas às mesmas limitações.

> Em consequência "nenhum homem inteligente deve procurar expressar aquilo que seu intelecto apreende em palavras" (343a). As palavras e o intelecto possuem natureza distintas, as palavras são inadequadas para expressar o que o intelecto capta, só o intelecto é capaz de captar a coisa ela mesma, chegar ao próprio real, superando por meio da dialética o domínio do sensível que é o domínio do discurso. O discurso e a apreensão sensível são assim parte do processo do conhecimento, mas

---

[26] SOUZA FILHO, Danilo Marcondes. *Noûs vs. Logos*. Disponível em: https://www.academia. edu/13256074/Danilo_Marcondes_-_NO%C3%9BS_VS_L%C3%93GOS?auto=download. Acesso em: 5 maio 2018.

[27] SOUZA FILHO, Danilo Marcondes. *Noûs vs. Logos*. p. 9. Disponível em: https://www. academia.edu/13256074/Danilo_Marcondes_-_NO%C3%9BS_VS_L%C3%93GOS?auto= download. Acesso em: 5 maio 2018.

apenas como etapas a serem vencidas, como um caminho que aponta para a realidade superior das coisas mesmas, que só o intelecto pode conhecer, que são objetos do intelecto.[28]

Em sua *República* (509d-511) Platão também ressalta, ao tratar dos vários modos de contato da mente humana com os mundos sensível e inteligível, que neste último se pode trabalhar com hipóteses, proposições e definições (*logoi*) para delas extrair conclusões ou pode-se também valer-se das hipóteses como pontos de partida, mas abandoná-las para chegar ao princípio não hipotético (*arché anypóthetos*), que seria a própria forma do bem.

A grande questão é que os princípios não hipotéticos não precisam de um postulado existencial, uma vez que são o próprio fundamento ontológico do real. A definição, por sua vez, é apenas uma imagem da coisa, mas não a coisa em si.

> Só através do "*noûs*", do pensamento não-discursivo, podemos captar esta realidade [...]. O acesso ao princípio não hipotético só pode se dar através do pensamento não-discursivo, já que este princípio por sua natureza não pode ser definido por um "logos", nem resulta de um postulado ou pressuposto.[29]

Aristóteles, nos *Segundos Analíticos*, reconhece a existência do pensamento não discursivo, o *noûs*, e o qualifica como a apreensão dos primeiros princípios (*archai*), dos pontos de partida indemonstráveis, dos quais procedem todas as demonstrações e, portanto, o conhecimento científico, que é discursivo e proposicional (II, 19, 100b5). Para Aristóteles, o acesso a estes princípios básicos se dá através de uma apreensão imediata por meio de uma indução a partir da vivência da realidade.

O estagirita, na sua *Ética a Nicômaco* (1104b) defendia que o objetivo da educação é alcançarmos a habilidade de nos deleitarmos ou sofrermos com as coisas que nos devem causar deleite ou sofrimento. Assim, (1095b) o aluno já treinado em "afeições ordenadas"

---

[28] SOUZA FILHO, Danilo Marcondes. *Noûs vs. Logos*. p. 9. Disponível em: https://www.academia.edu/13256074/Danilo_Marcondes_-_NO%C3%9BS_VS_L%C3%93GOS?auto=download. Acesso em: 5 maio 2018.

[29] SOUZA FILHO, Danilo Marcondes. *Noûs vs. Logos*. p. 10. Disponível em: https://www.academia.edu/13256074/Danilo_Marcondes_-_NO%C3%9BS_VS_L%C3%93GOS?auto=download. Acesso em: 5 maio 2018.

ou "sentimentos justos" terá facilidade em descobrir os primeiros princípios da ética; mas, para o homem corrupto, tais princípios jamais serão viáveis e ele não poderá ter progresso algum na ciência.

Marcondes afirma, analisando a obra de Aristóteles, que: "O *'noûs'* significa assim a capacidade de captar o caráter necessário de certas verdades básicas que funcionam como primeiros princípios pressupostos em toda demonstração".[30]

De forma similar à suposição de Aristóteles quanto aos princípios fundamentais, os chineses admitem a existência do Tao: uma realidade que vai além de todas as situações, o caminho pelo qual o universo caminha, do qual emergem as coisas de forma eterna, silenciosa e tranquila para o espaço e o tempo.[31]

Deveras, a suposição do pensamento não discursivo e da existência de certos princípios básicos, de valores e verdades objetivas, como pontos de partida indemonstráveis evita o regresso ao infinito da necessidade de demonstração e, no caminho, dois principais paradoxos: o da definição e o da análise.

O paradoxo da definição decorre da constatação de que toda definição nominal de um conceito é dada através de outros conceitos que servem para definir o primeiro. Estes conceitos preliminares, contudo, carecem de definição intrínseca e só podem ser definidos por outros conceitos, gerando, portanto, uma circularidade infinita. Dessarte, a definição nominal, construída pelo pensamento discursivo, é incapaz de nos revelar a essência das coisas, sua verdadeira natureza.[32]

O paradoxo da análise é derivado da constatação de que para se conhecer um objeto complexo se o decompõe nos elementos simples que o constituem. Estes, contudo, não podendo ser decompostos para análise, restam incognoscíveis.

De uma forma ou de outra, seja pela via da definição ou da análise, o que se verifica é que o conhecimento se funda em uma realidade que não pode ser conhecida, ou seja, no desconhecimento propriamente dito, daí, portanto, a contradição. Por isso Marcondes

---

[30] SOUZA FILHO, Danilo Marcondes. *Noûs vs. Logos.* p. 10. Disponível em: https://www.academia.edu/13256074/Danilo_Marcondes_-_NO%C3%9BS_VS_L%C3%93GOS?auto=download. Acesso em: 5 maio 2018.

[31] LEWIS, Clive Staples. *A abolição do homem.* 1. ed. Rio de Janeiro: Thomas Nelson Brasil, 2017. Edição Kindle, posição 240-244.

[32] SOUZA FILHO, Danilo Marcondes. *Noûs vs. Logos.* p. 8. Disponível em: https://www.academia.edu/13256074/Danilo_Marcondes_-_NO%C3%9BS_VS_L%C3%93GOS?auto=download. Acesso em: 5 maio 2018.

afirma que reconhecer a existência do pensamento não discursivo evitaria a circularidade do discurso e a sua impossibilidade de relação direta com o real.[33]

No livro III do *Tratado da alma*, Aristóteles volta a se dedicar à noção do pensamento não discursivo. Parte da premissa de que só o pensamento discursivo pode ser verdadeiro ou falso, já que a falsidade envolve uma síntese, como combinação inadequada de premissas que acaba não tendo uma correspondência com o real. O pensamento que acessa e apreende diretamente o simples, portanto, não pode ser considerado do ponto de vista apofântico, ou seja, não pode ser classificado como verdadeiro nem falso.

O pensamento não discursivo, portanto, para Aristóteles se trataria da apreensão indivisível e indecomponível da natureza da coisa, da sua essência constitutiva. Portanto, estando no primordial estágio cognoscível não pode ser errônea, uma vez que sequer se dá através da asserção de algo a respeito de algo. "Ou há apreensão, ou não há, mas não pode haver apreensão errônea ou falsa", até porque, para formular determinada crítica a respeito do erro, seria necessário partir da presunção de outra verdade indemonstrável.

O pensamento não discursivo não seria, por exemplo, o pensamento de que a alma é imortal ou de que a justiça é uma virtude, mas sim uma espécie de posse sobre do conceito de alma ou virtude. Assim, pelo *noûs* se tem uma espécie de imbricação entre o pensamento e seu objeto, ou seja, não há qualquer representação mental ou definição conceitual intermediando a compreensão da realidade. Nas palavras de Marcondes:

> O pensamento não-discursivo seria assim uma forma de contemplação, de presença diante da própria realidade da ideia ou do conceito [...] Nosso vocabulário parece inclusive inadequado para caracterizar este tipo de experiência, talvez porque esteja demasiado distante dos paradigmas segundo os quais entendemos o pensamento desde a filosofia moderna.[34]

---

[33] SOUZA FILHO, Danilo Marcondes. *Noûs vs. Logos*. p. 9. Disponível em: https://www. academia.edu/13256074/Danilo_Marcondes_-_NO%C3%9BS_VS_L%C3%93GOS?auto= download. Acesso em: 5 maio 2018.

[34] SOUZA FILHO, Danilo Marcondes. *Noûs vs. Logos*. p. 12. Disponível em: https://www. academia.edu/13256074/Danilo_Marcondes_-_NO%C3%9BS_VS_L%C3%93GOS?auto= download. Acesso em: 5 maio 2018.

CAPÍTULO 2
LÓGICA | 39

Lewis, por sua vez, trabalha com uma espécie de pensamento não discursivo de estados emocionais. Segundo ele, não seriam todos irracionais:

> [...] podem estar em harmonia com a razão (quando sentimos gosto por aquilo que merece aprovação) ou em desarmonia com ela (quando percebemos que deveríamos gostar de algo, mas não conseguimos fazê-lo). Nenhuma emoção é, em si mesma, um juízo; nesse sentido, todas as emoções e sentimentos são alógicas, mas elas podem ser racionais ou irracionais quando se conformam ou deixam de se conformar à razão.[35]

Nesse sentido, mesmo sem desenvolver um pensamento discursivo para tanto, a mente (*noûs*) capta o mundo dos fatos e reage emocionalmente a ele, de forma adequada ou não – conforme o autor considera – uma vez que advoga que o mundo dos fatos em si possuiria valores imanentes, os quais, justamente, são responsáveis pela possibilidade da aferição de verdade ou falsidade do sentimento daí advindo.[36]

A maioria dos filósofos, inclusive Aristóteles, propõe que o pensamento não discursivo seria capaz de apreender apenas o simples – enquanto o complexo dependeria da combinação de proposições pelo *logos* – não sendo, portanto, proposicional, na medida em que meramente "contemplativo", no sentido de não predicar nada sobre determinado objeto.

Clive Staples Lewis busca exemplificar situações em que a percepção da realidade permite constatar a apreensão de princípios básicos inquestionavelmente verdadeiros. Denominando toda esta realidade objetiva subjacente de Tao, afirma:

> Aqueles que conhecem o Tao podem sustentar que chamar as crianças de adoráveis ou os velhinhos de veneráveis não significa simplesmente registrar um fato psicológico sobre nossas próprias emoções parentais ou filiais naquele momento, mas reconhecer certa qualidade que demanda uma resposta, independentemente se a demos ou não. Eu mesmo não aprecio a companhia de crianças pequenas; mas já que falo a partir do interior do Tao, reconheço que esse é um defeito meu – da mesma forma que uma pessoa pode ter que reconhecer que é surda ou daltônica. E porque nossas aprovações e desaprovações são, portanto,

---

[35] LEWIS, Clive Staples. *A abolição do homem*. 1. ed. Rio de Janeiro: Thomas Nelson Brasil, 2017. Edição Kindle, posição 256-259.

[36] LEWIS, Clive Staples. *A abolição do homem*. 1. ed. Rio de Janeiro: Thomas Nelson Brasil, 2017. Edição Kindle, posição 262-265.

reconhecimentos de valores objetivos ou respostas a uma ordem objetiva, os estados emocionais podem estar em harmonia com a razão (quando sentimos gosto por aquilo que merece aprovação) ou em desarmonia com ela (quando percebemos que deveríamos gostar de algo, mas não conseguimos fazê-lo).[37]

Nessa perspectiva, o *noûs*, contudo, ao permitir a realização[38] (assimilação) de que um fato ou circunstância fática comportam determinada reação adequada ou que um objeto tem determinada essência, seria ao menos minimamente proposicional ou, como discorre Marcondes, consistiria em uma espécie de "expressão de identidade, em que não teríamos predicação propriamente dita, mas referência a mesma coisa duas vezes".[39]

De toda forma, é possível supor haver uma noção de verdade no pensamento não discursivo. Tratar-se-ia de uma verdade ontológica na filosofia aristotélica, como manifestação do ser a partir da realização direta de sua essência, e não uma verdade lógica ou epistemológica.

Lewis, por sua vez, defende que a razão que serve de parâmetro para aferir se o sentimento de determinada pessoa ante uma realidade é ou não racional (é ou não válida) seria a vetusta razão prática que constitui a própria racionalidade, sob pena de se desistir da consideração de uma essência à própria racionalidade e à realidade e, por consequência, se admitir a relativização absoluta de todo e qualquer conhecimento, científico ou não. Arremata afirmando que os axiomas são para o mundo da teoria o que esses princípios práticos são para o mundo da ação. Não são conclusões a que se chega, mas são premissas que não exigem demonstração.

---

[37] LEWIS, Clive Staples. *A abolição do homem*. 1. ed. Rio de Janeiro: Thomas Nelson Brasil, 2017. Edição Kindle, posição 251-257.

[38] Conforme afirma Marcondes, nosso vocabulário parece não ter uma palavra que expresse adequadamente esta experiência de apreensão da realidade pelo *noûs*. O verbo *realize* em inglês parece definir de forma mais aproximada a experiência, como se, ao realizar, estivesse tornando-se um com a realidade ou trazendo a realidade para si. Deveras, o verbo em inglês tem por significado "become fully aware of (something) as a fact; understand clearly", ou seja, um altíssimo grau de apreensão da realidade de algo. Não parece ser coincidência, vale registrar, que a língua inglesa consiga expressar de melhor forma essa experiência e que a grande escola do empirismo tenha esta como língua materna, com autores como John Locke, Francis Bacon, Stuart Mill e David Hume, entre outros.

[39] SOUZA FILHO, Danilo Marcondes. *Noûs vs. Logos*. p. 13. Disponível em: https://www.academia.edu/13256074/Danilo_Marcondes_-_NO%C3%9BS_VS_L%C3%93GOS?auto=download. Acesso em: 5 maio 2018.

Da mesma forma que os paradoxos da análise e da definição explicitam que nada se evidencia por si mesmo, "se nada é obrigatório por si mesmo, não há nada que possa ser considerado obrigatório".[40]

A grande questão que Marcondes coloca, referindo-se ao *noûs* grego, que é aplicável também ao de Lewis e que nos é muito cara no âmbito jurídico-processual – para democratização da destinação do sentido normativo no caso concreto e para a densificação do princípio democrático a fim de garantir o protagonismo do cidadão no processo de construção das decisões estatais –, é a dificuldade da passagem daquilo que é realizado pelo *noûs* de forma não discursiva para uma formulação discursiva, ou seja, através de proposições de modo a se permitir suficientemente a aferição de seu acerto.

Marcondes não crê que isso seria possível, uma vez que o pensamento não discursivo não é imediato, direto e se esgota em seu próprio instante, restringindo-se a ser totalmente privado e incomunicável. Sendo não inferencial, a partir dele, então, não seria possível qualquer elaboração ou derivação, mesmo que seja para contraditá-lo.

No caso do Tao de C.S. Lewis, o autor defende que "[...] temos que aceitar as obviedades mais fundamentais da razão prática com tendo validade absoluta", sendo que esta realidade seria "uma única fonte de todos os juízos de valor" e, embora esteja sujeita a críticas, remoção de contradições e desenvolvimento, só seriam legítimos a partir de dentro da mesma razão, admitindo as premissas do Tao, sob pena de se desvirtuar em mera inovação arbitrária, pois não haveria critério legítimo para se resguardar um valor em detrimento do que será relativizado.

Conforme se verifica, o mesmo problema ocorre.

Aqui também há grande dificuldade da passagem daquilo que é realizado pelo *noûs* como verdade imanente ou "primeiros princípios da razão prática e primeiras trivialidades"[41] para o pensamento discursivo, de modo que se o permita justificar-se para além do monopólio de significação daquele que percebe.

Lewis assevera que o pensamento discursivo, especialmente quando busca compreender determinado objeto analiticamente, um material que procuramos abrigar no escopo do nosso conhecimento

---

[40] LEWIS, Clive Staples. *A abolição do homem*. 1. ed. Rio de Janeiro: Thomas Nelson Brasil, 2017. Edição Kindle, posição 449.

[41] LEWIS, Clive Staples. *A abolição do homem*. 1. ed. Rio de Janeiro: Thomas Nelson Brasil, 2017. Edição Kindle, posição 482.

para uso ao nosso alvedrio e de acordo com nossa conveniência utilitarista, suspende os juízos de valor sobre ele (o objeto) e sua essência e interrompemos nossa capacidade de reação emocional adequada (não discursiva), total e racional a ele. O objeto assim considerado, ao contrário do que crê a ciência, é apenas uma abstração artificial daquele ser, uma vez que algo de sua realidade foi perdido na análise.

> Para o homem sábio do passado, o problema crucial havia sido como conformar a alma à realidade, e a solução encontrada foi o conhecimento, a autodisciplina e a virtude. Tanto para a magia, quanto para a ciência aplicada, o problema é como subjugar a realidade aos desejos dos homens: a resposta é a técnica; e ambas, na prática dessa técnica, estão prontas para fazer coisas até agora consideradas nojentas e impiedosas – como desenterrar ou dissecar os mortos. [...]
>
> Seria possível, portanto, imaginar uma nova Filosofia da Natureza, continuamente consciente de que o "objeto natural", produzido por análise e abstração, não é uma realidade, mas apenas uma visão que está constantemente a corrigir essa abstração?

Daí surge uma inevitável contradição: embora o alcance ou a posse da verdade em um sentido absoluto – a contenção das essências últimas – seja a própria finalidade da filosofia, o discurso (*logos*) é incapaz de conduzir até tanto – como vimos pelos exemplos dos paradoxos da análise e da definição.

Enfim, na concepção clássica, a filosofia enfrenta o seguinte dilema: enquanto discurso se encontra inevitavelmente no terreno do *logos*, entretanto almeja sempre realizar-se como *noûs*, como pensamento transcendente, apreensão direta das verdades primeiras, contato direto com o ser; visa assim à superação do discurso em uma realização contemplativa. Neste sentido, como Danilo Marcondes conclui, só a postulação da existência do *noûs* poderá garantir à filosofia a realização de sua própria tarefa assim como evitar o seu desvirtuamento.[42] Da mesma forma, Lewis:

> Você não pode "enxergar o que está por trás" das coisas para sempre. O propósito todo de perscrutar alguma coisa é de ver a realidade através dela. É bom que a janela seja transparente, porque a estrada ou o jardim que está lá fora é opaco. Mas imagine o que aconteceria se

---

[42] SOUZA FILHO, Danilo Marcondes. *Noûs vs. Logos*. p. 14. Disponível em: https://www.academia.edu/13256074/Danilo_Marcondes_-_NO%C3%9BS_VS_L%C3%93GOS?auto=download. Acesso em: 5 maio 2018.

você conseguisse perscrutá-los também? Não há serventia nenhuma em tentar "enxergar o que está por trás" dos primeiros princípios. Se você perscrutasse tudo, então tudo seria transparente, mas um mundo totalmente transparente é um mundo invisível. "Perscrutar" todas as coisas é o mesmo que não enxergar nada.[43]

2.1.4 Lógica espontânea, lógica *utens* e *noûs*

Ainda que não se possa afirmar que as diferentes nomenclaturas se refiram ao mesmo significado, foi possível notar que existem semelhanças entre a lógica espontânea, a lógica *utens* e o *noûs*, especialmente as considerando em relação ao seu contraponto, conforme exposto no presente capítulo.

A primeira é que todos se referem a faculdades inatas ou ao menos não apreendidas a partir do estudo da lógica (formal) em si e que permitem ao ser humano experimentar os fenômenos da realidade diretamente e formular juízos, ainda que desconsiderando por completo ou pelo menos desconhecendo formalmente o método que lhe encaminhou para tanto.

Além disso, todas se caracterizam pela desnecessidade de que os juízos formulados sejam justificados racionalmente, ou seja, pela explicação das operações mentais que conduziram à conclusão.

Todas são formas de raciocínio que permitem ao homem alcançar a verdade, contudo, conforme defende a maioria dos filósofos pesquisados, somente quando diante de questões menos complexas. Para questões mais complexas o homem tem que abdicar de seu acesso intuitivo direto à realidade e valer-se das formalizações que exteriorizam a busca da objetivação das operações do raciocínio e que devem ser aceitas universalmente – o que, em geral, significa que gozaram da aprovação dos especialistas.

A lógica *utens*, o *noûs* ou a lógica espontânea congregam elementos comuns que, de certa forma, como mencionado acima, representam a habilidade da adaptação da mente ao universo, aproximando em termos a concepção da lógica grega à da própria concepção bíblica de razão imanente do universo, como λόγος, ordem universal que a tudo antecede, que em tudo está e que, portanto, rege a interação e a existência de todas as coisas.

---

[43] LEWIS, Clive Staples. *A abolição do homem*. 1. ed. Rio de Janeiro: Thomas Nelson Brasil, 2017. Edição Kindle, posição 826.

Conforme se verifica, a razão (λόγος) sempre trabalha com a suposição de determinados princípios básicos como verdadeiros, embora sejam indemonstráveis. Assim, a indução que se faz da apreensão imediata da realidade é que nos permite captar a necessidade de certas verdades básicas.

Dos trabalhos de Aristóteles em diante, contudo, tem prevalecido a concepção formal da lógica – talvez devido ao recorte epistemológico feito pelos estoicos (que a ela se referiram apenas como doutrina do discurso demonstrativo) – como método de se enfrentar problemas complexos e demonstrar a validade da solução encontrada pela exteriorização das operações mentais realizadas, na esperança da universalização da compreensão para reconfortar o espírito, como almejam os mitos.

A lógica *docens*, científica, e o próprio *logos* (na concepção estoica da palavra) sempre partiram da emulação daquelas (lógica *utens*, espontânea e *noûs*) – ou seja, buscaram retratar em signos, linguagem e discurso a verdade a que só se tem acesso por meio deles –, na esperança de que outros pudessem experimentar (e aceitar) precisamente a mesma verdade que o observador realiza em uma experiência muitas vezes impassível de fragmentação.

Esta prevalência demonstra, entre outras coisas, a maior relevância e importância do ponto de vista epistemológico que se atribui, na ciência como um todo, à demonstração da verdade sobre a própria percepção da verdade; muito embora esta última constantemente evidencie os equívocos das abstrações procedidas por aquela.

Por outro lado, a questão que se coloca é como submeter à testificação teórica discursivo-processual a validade e o acerto da indução destas verdades básicas intuídas pela lógica espontânea.

Em regra, a discussão sobre *hard cases* no direito – partindo da premissa de que estes são aqueles que não permitem solução pela precípua via da lógica deôntica clássica – passará necessariamente, em alguma extensão, por esta questão. Além do mais, como se buscará evidenciar ao longo do presente trabalho, mesmo em casos "não difíceis", a lógica deôntica acaba sendo insuficiente para a denotação integral do discurso normativo.

Contudo, especialmente naqueles casos judiciais – que giram em torno de verdades/princípios pressupostos ou cuja solução não possa ser extraída primordialmente pelos métodos dedutivos da lógica deôntica a partir dos axiomas do sistema normativo –, o pensamento não discursivo pode desempenhar papel de relevância. Contudo, em se tratando o *noûs* da "expressão não-proposicional de uma identidade", qualquer debate a este respeito ou será circular e/ou entregará sua solução de forma insindicável à autoridade decisora.

Daí que é necessário perscrutar nesse quadrante e tentar equacionar no direito qual lógica da fundamentação permitiria considerar a apreensão da realidade pelo *noûs* – ou ao menos não o desconsiderar por completo: uma que discorra sobre qual definição é a melhor para determinado objeto ou um que exclua qualquer predição de identidade, considerando a referida impossibilidade de expressar discursivamente a realidade que se experimenta de forma não discursiva. Como se pode, contudo, excluir qualquer predição de identidade sem excluir o próprio pensamento não discursivo ou, por outro lado, como se pode trabalhar pelo discurso identidades apreendidas de forma não discursiva?

Contudo, antes de tratarmos da fundamentação da decisão jurídica na democracia, para os objetivos desta tese, é necessário nos determos ainda sobre a lógica clássica, seus fundamentos, sua evolução histórica e também sobre a lógica deôntica.

2.2 Fundamentos da lógica clássica

2.2.1 Considerações preliminares

A mais desenvolvida ciência na Grécia antiga era a geometria. A obra de Euclides surgiu depois da morte de Aristóteles, mas aquele se baseou nas pesquisas de seus predecessores para erigir a característica distintiva de sua ciência geométrica: a sua disposição axiomática, no sentido de que a partir de poucos princípios ou axiomas que postula como verdades primárias autoevidentes, por meio de uma série de deduções logicamente inegáveis, derivam todas as verdades da geometria. Nesse sentido, a geometria consistiria "em verdades derivadas, ou teoremas, e verdades primárias, ou axiomas".[44]

A concepção de sistema axiomático sempre foi elegante e esteticamente atraente pelo conforto que traz ao intelecto na medida em que permite crer que toda a realidade desconhecida se organiza de forma harmônica e coerente com aquela ainda não conhecida ou compreendida.

Platão também tinha atração pela concepção e sugeriu que todo o conhecimento humano poderia de alguma forma ser moldado

---

[44] BARNES, Jonathan. *Aristóteles*. 3. ed. São Paulo: Loyola, 2013. p. 43.

como uma única ciência axiomatizada. Assim, a partir de um pequeno conjunto de verdades primárias, todas as outras verdades poderiam ser deduzidas logicamente. Nesse sentido, para o filósofo, todo o conhecimento seria ao mesmo tempo sistemático – porque pode ser apresentado axiomaticamente – e unitário – porque todas as verdades decorreriam de um único conjunto de axiomas.

Aristóteles tinha igual atração pela ideia da organização perfeita do conhecimento em sistemas coerentes que partissem de uma verdade última, axiomática. Não chegava a afirmar, como seu mestre, a unidade do conhecimento humano – uma vez que defendia a independência entre as ciências –, mas reconhecia que "os axiomas da geometria e os princípios da biologia são mutuamente independentes, mas são os mesmos 'por analogia': o aparato conceitual e a estrutura formal das ciências são os mesmos".[45]

O estagirita dividia o conhecimento em três grandes classes: o produtivo, o prático e o teórico. Quanto ao primeiro, abarca as ciências que cuidam da fabricação das coisas, como a cosmética, a agropecuária, a arte e a engenharia. Não se dedicou em grande extensão a estes campos do conhecimento, com exceção da retórica e da poética.

As ciências práticas, por sua vez, ocupam-se da ação, da maneira pela qual os homens devem agir em várias circunstâncias, tendo Aristóteles realizado estudos nesta área especialmente pela ética e pela política.

Quanto ao conhecimento teórico, não tem como objetivo a produção nem a ação, mas simplesmente a verdade. Ele se subdividiria em três principais filosofias teóricas – a matemática, a ciência natural e a teologia.

Entre as ciências naturais, incluía as disciplinas cujos objetos de estudo são capazes de mudança e existem separadamente ou têm existência independente, por exemplo: a botânica, a zoologia, a psicologia, a meteorologia, a química e a física.

Embora a maioria do seu trabalho que sobreviveu até os dias atuais se refira ao estudo das ciências naturais, ele acreditava que, "se não houver as substâncias afora as naturais, a ciência natural seria a primeira; mas se houver substâncias imutáveis a ciência delas terá precedência e será a ciência primeira".[46]

---

[45]   BARNES, Jonathan. *Aristóteles*. 3. ed. São Paulo: Loyola, 2013. p. 44.
[46]   BARNES, Jonathan. *Aristóteles*. 3. ed. São Paulo: Loyola, 2013. p. 45.

Aristóteles considera que tais substâncias existem e, inclusive, segue uma longa tradição grega que considera terem natureza divina, dadas sua universalidade e perpetuidade. Por isso, ele considera que é a teologia a ciência que precede todas as outras na construção do conhecimento, na medida em que tem como objeto o estudo teórico dos princípios e causas primeiras das coisas.

Segundo Barnes, Aristóteles insere dentro do campo da teologia os estudos metafísicos e lógicos, uma vez que são teóricos e os trata como idênticos à teologia,[47] contudo, assim como o faz com a lógica, nunca utiliza efetivamente a palavra (metafísica) para designar a disciplina pela qual estuda o ser *qua* ser e os atributos que lhe pertencem essencialmente.

Aqui vale fazer breve digressão a respeito da metafísica aristotélica porque relevante posteriormente para compreensão mais abrangente de um dos princípios estruturantes da lógica clássica, o princípio da identidade. Barnes explica que, ao valer-se da expressão "ser *qua* ser", Aristóteles não propõe que exista um ser específico *qua* ser que se diferencia do ser puro e simples. Na realidade o filósofo quer significar que a disciplina não se dedica ao estudo do ser abstratamente, mas sim do ser existente, na qualidade como existe – ou seja, o estudo das características da coisa que são relevantes para sua existência.[48]

No que tange à lógica, vários especialistas e os próprios sucessores de Aristóteles se contradizem quanto à sua estatura no sistema geral do conhecimento aristotélico. Alguns afirmavam que seria uma parte da ciência teórica, ao lado da matemática e da ciência natural. Outros, inclusive os próprios seguidores de Aristóteles, afirmavam que se restringia a um instrumento da filosofia – ou seja, algo usado pelos cientistas, mas que não era objeto de seus estudos.[49] Jonathan Barnes, por sua vez, defende que ela seria ambos, tanto uma parte da ciência teórica de Aristóteles, como o instrumento de sua realização.[50]

Deveras, segundo afirma Barnes, Aristóteles explicita em seus trabalhos que o estudioso do ser *qua* ser estuda "as coisas chamadas axiomas da matemática" ou "os princípios primeiros da dedução",

---

[47] BARNES, Jonathan. *Aristóteles*. 3. ed. São Paulo: Loyola, 2013. p. 46.
[48] BARNES, Jonathan. *Aristóteles*. 3. ed. São Paulo: Loyola, 2013. p. 46
[49] Barnes destaca inclusive que a palavra grega para instrumento é *Organon* e que por isso os aristotélicos posteriores deram o título coletivo *Organon* aos escritos lógicos de Aristóteles.
[50] BARNES, Jonathan. *Aristóteles*. 3. ed. São Paulo: Loyola, 2013. p. 48.

"porque eles pertencem a tudo que existe e não a algum tipo particular de coisa separadamente das outras".[51]

Seja como for, tendo o estagirita exposto a doutrina sobre a lógica especialmente no texto *Analíticos Anteriores*, o termo "lógica" em si só veio a ser cunhado e introduzido como sinônimo da exposição ali formulada pelos seus comentadores peripatéticos e platônicos, conforme mencionado alhures.

Delineada a estatura que a lógica representa no sistema geral do conhecimento concebido por Aristóteles, passemos a explicitar em que consiste a lógica aristotélica e como foi desenvolvida pelo filósofo grego.

2.2.2 O ser imutável da lógica clássica e os princípios daí decorrentes

Segundo leciona Newton da Costa sobre a obra de Aristóteles, o estagirita considerava que as leis lógicas são obtidas das leis do ser. A forma do discurso e a atividade racional decorrem da crença de uma realidade imutável por trás das aparências que são transitórias.[52]

As conexões lógicas, portanto, para serem válidas devem necessariamente refletir ou repetir a ordem em que se encontram as coisas ou a relação que se dá entre as coisas e seus atributos. Os três princípios fundamentais que estruturam a lógica aristotélica, quais sejam, o da identidade, o da não contradição e o do terceiro excluído decorrem, portanto, de uma doutrina estática do real, ou seja, uma crença de que o ser é fixo e permanente.

Nesse sentido, portanto, estes princípios, antes de serem normas lógicas, são normas ontológicas, e não faz outra coisa Aristóteles senão usar um paralelismo entre a linguagem e a realidade como percebida.[53]

A título de registro, em breve digressão, vale consignar que para Kant o paralelismo efetivamente se dava entre juízo e pensamento. O pensamento não devia se reger pela imutabilidade do ser (pelos objetos), mas, pelo contrário, são os objetos que se regeriam pelo nosso conhecimento. Daí o transcendental kantiano: conceitos que prescrevem leis *a priori* aos fenômenos que permitem assimilar a experiência.

De uma forma ou de outra, voltando aos princípios vetores da lógica aristotélica, o primeiro, do qual decorreriam os dois outros

---

[51] BARNES, Jonathan. *Aristóteles*. 3. ed. São Paulo: Loyola, 2013. p. 48.
[52] COSTA, Newton. *Ensaio sobre os fundamentos da lógica*. 2. ed. São Paulo: Hucitec, 1994. p. 77.
[53] COSTA, Newton. *Ensaio sobre os fundamentos da lógica*. 2. ed. São Paulo: Hucitec, 1994. p. 77.

fundamentais, seria o da identidade: o ser se identifica pelos seus atributos essenciais, pelos quais se distingue de todos os outros. Por outro lado, sendo fixo e permanente, é sempre idêntico a si mesmo. Assim, o universo se divide em duas partes, basicamente, entre as coisas que são e as coisas que não são e exatamente dessa simples constatação decorrem os dois outros princípios, pois as coisas todas do universo são mutuamente exclusivas (princípio da não contradição) e mutuamente exaustivas (princípio do terceiro excluído).

De forma mais didática, pelo princípio da contradição: duas coisas (ou duas proposições, já passando para a lógica clássica proposicional) contraditórias não podem ser verdadeiras ao mesmo tempo. Em outras palavras, A não pode ser igual a B e ¬ B. Posto de outra forma ainda: uma proposição verdadeira não pode ser falsa e uma proposição falsa não pode ser verdadeira: ¬ (P ∧ ¬ P).

Já de acordo com o princípio do terceiro excluído (*tertium non datur*), o ser é fixo e permanente, daí deve ser ou não ser, com a radical exclusão de uma terceira alternativa. Em termos proposicionais, dada determinada proposição, se ela não for verdadeira, será necessariamente falsa. Conforme afirma Aristóteles, em sua metafísica, em todo caso é necessário afirmar ou negar, sendo impossível que haja qualquer coisa entre as duas partes da contradição.

Como exemplifica José Cella:

> [...] dado um certo número natural n, então, dentre as duas proposições "O número n é par" e "O número n não é par", uma delas deve ser falsa. Em outros termos, proposições contraditórias não podem ser verdadeiras simultaneamente; assim, uma contradição, ou seja, uma proposição que é a conjunção de duas proposições contraditórias, como por exemplo "o número n é par e o número n não é par", não pode nunca ser verdadeira.[54]

Destes princípios primordiais da lógica clássica, decorre o princípio lógico da negação: a proposição P é verdadeira se e somente se ¬ P for falsa. P é falsa se e somente se ¬ P for verdadeira. O princípio da negação é muito claro (assim como o conceito de verdadeiro e falso) quando expressa fatos facilmente observáveis pelos sentidos. Por exemplo: P = esta rosa é vermelha; ¬ P = esta rosa não é vermelha.

---

[54] CELLA, José. *Controle das decisões pela lógica paraconsistente*. Tese (Doutorado) – Centro de Ciências Jurídicas, Universidade Federal de Santa Catarina, Florianópolis, 2008. p. 131.

Contudo, quando passamos a considerar enunciados mais complexos na lógica clássica (ex.: P = todo homem é mortal), passa-se a idealizar a situação analisada – já que inacessível meramente pelos sentidos –, assim como o próprio conceito de verdade e falsidade, chegando-se, em última análise a sistemas axiomáticos, que nada mais são do que extensões axiomáticas e idealizadas dos conceitos lógicos, em especial da negação.[55]

Dessa forma, a aferição da verdade e da falsidade na maioria das questões científicas, especialmente aquelas relacionadas às ciências humanas – de alta complexidade e abstração e sem possibilidade de refutação empírica metodológica – acabam decorrendo exclusivamente de operações lógicas realizadas para verificação de se a teoria analisada pode encontrar compatibilidade com o sistema axiomático pressuposto ao qual aquela teoria ou aquele fenômeno supostamente pertence.

2.2.3 A lógica clássica no pensamento científico contemporâneo

Citando Oliver Leslie Reiser (*Non-aristotelian logic and the crisis in science*), Bachelard defende as imbricadas relações entre a física newtonia e a lógica aristotélica, sendo aquela uma prova suplementar de que as regras do pensamento normal eram boas e fecundas. Ressalta que até mesmo esta questão em si, até muito pouco tempo (em termos de evolução da epistemologia), nunca poderia ser levantada quando vigente o espírito filosófico clássico, na medida em que pressupunha que a lógica aristotélica se apresentava como o código de todas as regras do pensamento normal.[56]

Visando demonstrar a referida imbricação, Reiser explicita os postulados fundamentais da física clássica e sua relação umbilical com o princípio da identidade. Acentua que o postulado da identidade é a própria base da física clássica e que se trataria apenas de uma lei da realidade ou da natureza e que exatamente por este motivo, como qualquer lei da natureza, trata-se de uma aproximação e não de um postulado absoluto.

Para demonstrá-lo, enumera diversos postulados que fundamentam a física clássica e demonstra como sua validade e como a

---

[55] COSTA, Newton. *Ensaio sobre os fundamentos da lógica.* 2. ed. São Paulo: Hucitec, 1994. p. 31.
[56] BACHELARD, Gaston. *A filosofia do não.* 6. ed. Lisboa: Presença, 2009. p. 100.

consideração que se tem de serem "evidentes por si mesmos" decorre tão somente da sua simplicidade e da clareza com que se impõem habitualmente à percepção ordinária. No entanto, não passam de postulados, que não são passíveis de demonstração lógica e que não podem, portanto, ser considerados verdades de ordem lógica *a priori*. Enumera os seguintes postulados e as seguintes relativizações.

1 – Aquilo que é, é. Trata-se do postulado da identidade, válido no âmbito da física clássica. Contudo, ampliando o escopo da física para abarcar a física heisenberguiana, pela qual a experiência é essencialmente uma alteração energética, seria necessário alterá-lo para cunhar que: "aquilo que é, devém".

2 – "Um objeto é aquilo que é", o que implica dizer que é idêntico a si próprio em todos os aspectos. Assim, pressupõe a permanência do ser, assim como a permanência de todas as suas qualidades. O postulado extrapola a experiência porque nunca se tem certeza que todos os aspectos do objeto foram examinados. Exatamente por ultrapassar a experiência é apenas um postulado.

3 – Postulados como "um objeto é onde está", como "o mesmo objeto não pode estar ao mesmo tempo em dois locais diferentes" e como "dois objetos não podem ocupar ao mesmo tempo o mesmo lugar", pelo seu alto grau de intuição a partir de que são inferidos na geometria clássica euclidiana, também podem relativizados. A física heisenberguiana e também a dos campos (extensão da física da atração) relativiza estes postulados, admitindo a sobreposição dos fenômenos.

Estes postulados, embora considerados autoevidentes quando se consideram objetos sólidos impenetráveis, individualizados, bem separados e bem classificados pela localização, quando se consideram objetos diversos, sequer têm validade em outras áreas da física.

4 – "Para se passar de uma posição a outra, todo objeto tem que percorrer o espaço interposto, o que, para se fazer, exige um tempo determinado". Novamente, esta intuição é própria do espaço concebido em termos da geometria euclidiana. Segundo o físico americano Gilbert Newton Lewis, citado por Reiser, "o olhar atinge a estrela que vê de uma forma tão segura como o dedo que toca a mesa, porque na geometria da relatividade, o intervalo da separação é igual a zero".

Neste ponto, Bachelard faz pertinente observação quanto à incredulidade com que a experiência comum nos prostra para compreender inteiramente a relativização deste último postulado:

> Perante uma tal declaração o bom senso, a intuição cartesiana, declararão naturalmente que a geometria da relatividade está errada ou, pelo menos, que esta geometria relativista não é mais do que uma organização artificial de metáforas. Mas esta declaração equivale a um enfeudamento no habitual sistema de coordenação, a dar um privilégio às fórmulas de definição que pertencem ao corpo de definições de geometria euclidiana.[57]

Enfim, o que se verifica é que, contra o senso comum, os postulados da física clássica não são verdades lógicas *a priori* e só se colocam neste patamar porque são simples, familiares e decorrem da intuição ordinária, baseada na percepção da realidade espacial em termos euclidianos. Outras construções, contudo, são possíveis e deveras contrariam os postulados clássicos – como a relatividade, a teoria dos *quanta* e a mecânica,[58] e se este é caso, daí resultará também a possibilidade de relativização dos postulados básicos da lógica aristotélica, especialmente considerando o quanto os postulados 1 e 2 se assemelham com as três leis básicas da lógica aristotélica: o princípio da identidade, o princípio da não contradição e o princípio do terceiro excluído. Da mesma forma, os postulados mencionados no item 3 e 4 acima revelam a passagem do objeto físico para o campo geométrico e simultaneamente a desconstrução da clássica geometria euclidiana, corolário que é da lógica aristotélica.

Na esteira do que Reiser argumenta em sua obra, é possível sustentar que o espírito científico vigente até o fim do século XIX era constituído essencialmente por um sistema ternário homogêneo, em especial decorrência da abundância das provas empíricas convergentes, multiplicadas porque harmônicas com intuições simples, familiares e numerosas,[59] constituído da lógica aristotélica, da geometria euclidiana e da física newtoniana.

A interligação entre as três áreas, contudo, embora representasse o fato que conferia toda a robustez ao sistema, por emprestarem uma a

---

[57] BACHELARD, Gaston. *A filosofia do não*. 6. ed. Lisboa: Presença, 2009. p. 105.
[58] BACHELARD, Gaston. *A filosofia do não*. 6. ed. Lisboa: Presença, 2009. p. 105.
[59] BACHELARD, Gaston. *A filosofia do não*. 6. ed. Lisboa: Presença, 2009. p. 106.

outra fundamentação para tornarem-se indefinidamente hegemônicas, encerrava também a vulnerabilidade que permitiu a gradual desconstrução deste sistema. Na medida em que uma das três regiões científicas hegemônicas foi sendo relativizada, os efeitos passaram a ser sentidos nas demais pela imbricação recíproca.

2.3 A evolução histórica da lógica

A lógica sempre ocupou papel de destaque entre as disciplinas do saber. Como se sabe, a lógica fazia parte do *Trivium* que era a parte essencial para a educação liberal na Idade Média e se constituía de três grandes grupos de estudos como caminhos para a verdade: a gramática, a lógica e a retórica.

Atualmente, em questão de profundidade e complexidade, trata-se de uma disciplina que não perde em nada para, por exemplo, a matemática. Não obstante, a falta de conhecimento sobre sua profundidade, suas aplicações e seu escopo ainda são extensos, segundo Costa, Krause e Arenhart:

> Apesar de toda a relevância da Lógica atual, ela ainda não é encarada como o devido respeito, nem possui a importância amplamente reconhecida como disciplina fundamental. Mesmo hoje, no Brasil, por exemplo, vários departamentos de filosofia de universidades importantes estão fazendo uma série de esforços visando desqualificar a relevância da Lógica e disciplinas a ela relacionadas, alguns deles chegando a eliminar os estudos dessa disciplina em seus currículos.[60]

A falta de conhecimento sobre sua importância remonta, no Brasil, desde há muito, conforme aponta relato de Rubens Borba de Moraes, comentando inventário feito em 1775 sobre material bibliográfico deixado pelos jesuítas quando de sua expulsão do Brasil. Entre 4.701 volumes avaliados de acordo com seu estado de conservação e importância, 34 tomos de lógicas de vários autores não tiveram preço marcado por "serem julgados sem valor".[61]

---

[60] COSTA, Newton da; KRAUSE, Décio; ARENHART, Jonas. Um panorama da lógica atual. *In*: CARVALHO, Paulo de Barros (Coord.); BRITTO, Lucas Galvão (Org.). *Lógica e direito.* 1. ed. São Paulo: Noeses, 2016. p. 103.

[61] MORAES, Rubens Borba. *Livros e Bibliotecas no Brasil Colonial*, 1979. p. 7 *apud* COSTA, Newton da; KRAUSE, Décio; ARENHART, Jonas. Um panorama da lógica atual. *In*: CARVALHO, Paulo de Barros (Coord.); BRITTO, Lucas Galvão (Org.). *Lógica e direito.* 1. ed. São Paulo: Noeses, 2016. p. 103.

Além do desinteresse histórico, a falta de reconhecimento da evolução da lógica no Brasil se agrava por não se ter suficientemente divulgada a profunda revolução pela qual a lógica passou. Com efeito, conforme demonstrado anteriormente, a lógica desde os trabalhos de Aristóteles até meados do século XIX se resumiu, a grosso modo, ao estudo das teorias do silogismo aristotélicos.

A lógica clássica era tão hegemônica que Kant reputava a lógica na sistematização aristotélica acabada e perfeita e que nada mais poderia ser acrescentado ao seu conteúdo, conforme afirmou no prefácio à segunda edição de sua *Crítica à razão pura*. Afirmava que a lógica clássica fornece "as regras absolutamente necessárias do pensamento, sem as quais não pode existir qualquer utilização de entendimento".[62]

A partir de então, contudo, a lógica transcendeu os campos da filosofia para ser estudada profundamente por matemáticos, que logo perceberam que "a abordagem aristotélica era por demais limitada para dar conta até mesmo das inferências mais básicas encontradas na matemática, como aquelas envolvendo relações".[63]

Segundo destaca Bachelard, só é possível aplicar a lógica clássica à física eliminando tudo o que constitui a especificidade dos objetos considerados. Por isso é denominada por Ferndinand Gonseth de "física do objeto genérico".[64] Assim, considerados objetos com particularidades específicas, a lógica geral e absoluta só resta aplicável a uma classe de objetos que é a classe dos objetos genéricos – eliminadas, portanto, todas as possíveis especificidades.

Esses objetos genericamente considerados, contudo, têm uma particularidade em comum, que se encontra implícita na intuição como no conhecimento discursivo, tanto na forma da sensibilidade interna quanto na forma da sensibilidade externa. Na sensibilidade externa "o objeto de todo o conhecimento usual guarda a especificidade da localização geométrica euclidiana".[65] Na sensibilidade interna, guarda a especificidade substancial, ou seja, na esteira dos ensinamentos de Kant em sua *Crítica à razão pura*, está em concordância total com o "esquema da substância que é a permanência do real no tempo".[66]

---

[62] KANT, Immanuel. *Crítica da razão pura*. Tradução de Barni. [s.l.]: [s.n.], [s.d.]. t. I. p. 91.
[63] COSTA, Newton da; KRAUSE, Décio; ARENHART, Jonas. Um panorama da lógica atual. *In*: CARVALHO, Paulo de Barros (Coord.); BRITTO, Lucas Galvão (Org.). *Lógica e direito*. 1. ed. São Paulo: Noeses, 2016. p. 108.
[64] BACHELARD, Gaston. *A filosofia do não*. 6. ed. Lisboa: Presença, 2009. p. 94.
[65] BACHELARD, Gaston. *A filosofia do não*. 6. ed. Lisboa: Presença, 2009. p. 94.
[66] KANT, Immanuel. *Crítica da razão pura*. Tradução de Barni. [s.l.]: [s.n.], [s.d.]. t. I. p. 179.

Atualmente, contudo, a ciência nos leva a considerar objetos que extrapolam as características do objeto genérico e que contrariam os princípios da localização euclidiana ou que, por outro lado, a lógica geral se refira a apenas uma classe específica de objetos. Por consequência, deve-se considerar que as condições erigidas por Kant como *sine qua non* da possibilidade da experiência eram (e são) apenas condições suficientes.[67]

> Por outras palavras, a organização crítica clássica é perfeita na classe dos objetos genéricos do conhecimento comum e do conhecimento científico clássico. Mas na medida em que as ciências clássicas acabam de ser abaladas nos seus conceitos iniciais, abalo esse que teve lugar a propósito de um micro-objecto que não segue os princípios do objecto, o criticismo tem necessidade de uma reformulação profunda.[68]

Bachelard procede a uma digressão que ilustra bem a interdependência e correlação entre o criticismo kantiano e a geometria euclidiana. É que todas as regras silogísticas da lógica aristotélica podem ser ilustradas ou intuídas com recurso ao plano euclidiano. "A forma do espaço achava-se suficiente para representar a relação dos esquemas de pertença universal e particular, assim como todos os modos de exclusão".[69]

Seguindo a geometria euclidiana, portanto, a substância *contém* suas qualidades da mesma forma e com o mesmo *significado* que um volume, uma superfície, enfim, um conjunto *contém* o seu interior. Vale frisar, a relação entre substância e qualidades era (e ainda é, a rigor) de continente e conteúdo a espelho e semelhança com o que ocorria na experiência geométrica euclidiana.

Nesse ponto se evidencia de forma bastante clara como o princípio da identidade, pilar da lógica clássica, intui da própria interação dos objetos genéricos macroscópicos o discernimento entre uma coisa e outra. Ou seja, a coisa, como substância, contém suas qualidades como conteúdo e para que se a discirna de outras, imperioso dissecá-la progressivamente em componentes ou qualidades para que se alcance efetivamente sua essência.

---

[67] BACHELARD, Gaston. *A filosofia do não*. 6. ed. Lisboa: Presença, 2009. p. 95.
[68] BACHELARD, Gaston. *A filosofia do não*. 6. ed. Lisboa: Presença, 2009. p. 95.
[69] BACHELARD, Gaston. *A filosofia do não*. 6. ed. Lisboa: Presença, 2009. p. 95.

Ocorre, contudo, que os avanços da física quântica ocorridos no século XX permitiram concluir que o objeto genérico pressuposto na lógica aristotélica na realidade não obedecem à localização euclidiana. Um novo objeto foi revelado, conforme decorre das teorias de Heisenberg discorridas por Bachelard em seu *A experiência do espaço na física contemporânea.*

Deveras, pelo princípio da incerteza ou da indeterminação de Heisenberg, não se pode medir simultaneamente a posição e a velocidade exatas de uma partícula subatômica, já que o instrumento da medida interfere com o fenômeno, fazendo variar de modo incontrolável outras grandezas ligadas à partícula. Isso ocorre também com corpos macroscópicos, contudo as cotas das ordens de grandeza dos erros que ocorrem são tão pequenas que podem e acabam sendo desprezadas.[70]

Com base nas lições de Heisenberg, Bachelard explica, sob a designação de "postulado da não análise", que é ilegítima a reunião das qualidades espaciais e das qualidades dinâmicas de determinado micro-objeto na sua análise. A realidade impõe, portanto, uma interdição de sentido ao se compor a dupla precisão do estado geométrico e do estado dinâmico.

Uma proposição que designa a localização de um objeto não pode ser composta logicamente com outra que designa o estado dinâmico preciso do mesmo objeto. Pela primeira vez, encontram-se tipos de proposições que, apesar de verdadeiras isoladamente, já não são verdadeiras quando reunidas. Por consequência, compreende-se que o objeto que se localiza estaticamente na intuição ordinária é, no mínimo, mal especificado.[71]

A velocidade e a posição elementar de uma partícula constituem--se num inobservável. Assim, tais características são postas de lado já que carentes de sentido. Daí que Einstein lecionava que as noções de espaço e tempo absoluto são destituídas de sentido físico e, portanto, jamais poderão ser observadas e medidas. Nesse sentido, dada a proposição PV que define a velocidade de um elétron em um instante T e a proposição PC (coordenada) que define a sua localização no instante T, tem-se que ambas as proposições só têm sentido *lógico* quando consideradas isoladamente, mas não quando tomadas em conjunto.

Isto contraria as premissas da lógica clássica (e da geometria euclidiana) para as quais a conjunção de duas sentenças com sentido

---

[70] COSTA, Newton. *Ensaio sobre os fundamentos da lógica.* 2. ed. São Paulo: Hucitec, 1994. p. 44.

[71] BACHELARD, Gaston. *A filosofia do não.* 6. ed. Lisboa: Presença, 2009. p. 96.

é sempre dotada de sentido. Daí a pergunta formulada por Newton da Costa: "seria a física quântica ilógica?".[72]

Conforme ele mesmo assevera, o princípio da contradição depende indissociavelmente das noções de tempo e espaço simultaneamente. As sentenças: está chovendo e não está chovendo não podem ser verdadeiras ao mesmo tempo e no mesmo lugar, mas se não houvesse espaço e tempo, haveria possibilidade de estas duas sentenças contraditórias serem verdadeiras simultaneamente.[73]

Embora no nível dos objetos genéricos macroscópicos a experiência efetivamente indique ser válida e verdadeira a lei fundamental lógica da não contradição, no nível subatômico a realidade não impede que existam contradições reais, como é, por exemplo, o caráter dual do elétron, que é simultaneamente onda e corpúsculo.[74]

Fica evidenciada, portanto, a dependência do princípio da não contradição com a experiência sensível e, portanto, também o quanto as categorias racionais dependem inteiramente desta experiência.

Contudo, "o espaço da intuição ordinária em que se encontram os objetos não é mais do que uma degenerescência do espaço funcional em que os fenômenos se produzem".[75] Assim, a ciência contemporânea deve voltar-se a conhecer fenômenos e não coisas. "A coisa nada mais é do que um fenômeno parado".

> Encontramo-nos então perante uma inversão de complexidade: é preciso conceber essencialmente os objetos em movimento e procurar em que condições eles podem ser considerados em repouso, fixos no espaço intuitivo; já não se pode, como outrora, conceber objetos naturalmente em repouso – como coisas – e procurar em que condições eles podem mover-se.[76]

Somente após cerca de 2.300 anos da sua formulação, foi possível verificar que a lógica aristotélica de definição de identidade e essências, apesar de plenamente compatível com nossa intuição e percepção sensível – em outras palavras, com a forma estática e substancial com

---

[72] COSTA, Newton. *Ensaio sobre os fundamentos da lógica*. 2. ed. São Paulo: Hucitec, 1994. p. 44.
[73] COSTA, Newton. *Ensaio sobre os fundamentos da lógica*. 2. ed. São Paulo: Hucitec, 1994. p. 126.
[74] COSTA, Newton. *Ensaio sobre os fundamentos da lógica*. 2. ed. São Paulo: Hucitec, 1994. p. 124.
[75] BACHELARD, Gaston. *A filosofia do não*. 6. ed. Lisboa: Presença, 2009. p. 97.
[76] BACHELARD, Gaston. *A filosofia do não*. 6. ed. Lisboa: Presença, 2009. p. 97.

que experimentamos os objetos –, não poderia ser o princípio absoluto e universal a guiar toda nossa lógica e nosso raciocínio, visto que determinados objetos podem ter propriedades que se verificam em experiências de tipo nitidamente oposto.

Nesse sentido, de certa forma, não seria absurdo postular que a forma como construímos o conhecimento e, por conseguinte, as intuições e, entre outras, obliquamente, as instituições, estava em dissonância com a verdadeira dinâmica das coisas.

> O objecto estabilizável, o objecto imóvel, a coisa em repouso formavam o domínio de verificação da lógica aristotélica. Perante o pensamento humano apresentam-se agora outros objectos que, esses sim, não são estabilizáveis, que não teriam, em repouso, nenhuma propriedade e, consequentemente, nenhuma definição conceptual. Será, pois necessário modificar o jogo dos valores lógicos; em suma é necessário determinar tantas lógicas quantos os tipos de objectos genéricos.[77]

A filosofia das ciências contemporâneas, portanto, passa a se empenhar em coordenar a lógica não aristotélica em seu desenvolvimento. Bachelard destaca o trabalho de Oliver L. Reiser, intitulado *Non-aristotelian logic and the crisis in science*, no qual demonstra a impropriedade do princípio da identidade para determinadas observações, como ocorre com a de elétrons.

Entre as antinomias consideradas no trabalho, o autor destaca a seguinte: o elétron é um corpúsculo. O elétron é um fenômeno ondulatório.

Verifica-se claramente que se trata de proposições que se excluem mutuamente, já que têm o mesmo sujeito e seus predicados são incompatíveis entre si. Contudo, é a concepção *fortemente substantiva* e realista de forma sumária que produz a contradição.[78] É que o raciocínio assim estruturado coloca o sujeito antes dos predicados, de predicados longínquos e esforça-se para acomodar as diversas manifestações predicativas dentro de um sujeito (significante) único, absoluto, invariável, preexistente à observação e universal.

Será possível obter fórmulas menos frontalmente opostas – ou, por outro lado, mais compatíveis entre si – atribuindo às proposições uma forma um tanto *amortecida* própria à lógica *não aristotélica* que *nunca*

---

[77] BACHELARD, Gaston. *A filosofia do não*. 6. ed. Lisboa: Presença, 2009. p. 98.
[78] BACHELARD, Gaston. *A filosofia do não*. 6. ed. Lisboa: Presença, 2009. p. 99.

coloca o sujeito no absoluto. Desta forma, as proposições suprarreferidas se converteriam em:

- Em certos casos, a função do elétron resume-se em uma forma corpuscular.
- Em certos casos, a função do elétron desenvolve-se em uma forma ondulatória.

Ocorre que o nosso pensamento está de tal forma impregnado da lógica aristotélica, valendo-se sempre de premissas de certeza absoluta e da suposição da unidade dos conceitos e da coerência dos sujeitos, que temos dificuldades e hesitamos em trabalhar nesta penumbra conceitual como se ela impedisse em si a construção do raciocínio lógico a partir dela. Contudo, é nesta zona de imprecisão que os conceitos se difratam e que eles se deformam.

Bachelard arremata afirmando que "esta deformação dos conceitos que não sabemos regular, que não sabemos limitar, mostra-nos o actual divórcio entre a psicologia e a lógica. A lógica contemporânea necessita de reforma psicológica".[79]

Segundo Costa, Krause e Arenhart, a lógica atual se caracterizaria principalmente por quatro fatores: 1 – o uso extensivo de técnicas matemáticas no desenvolvimento dos sistemas lógicos e, por consequência, um rigor de conceitos e signos acentuado; 2 – a criação das chamadas lógicas não clássicas, que tiveram impacto científico tão grande quanto a criação das geometrias não euclidianas no século XIX; 3 – a obtenção dentro do escopo da lógica de resultados não triviais (por exemplo, o teorema de Gödel, a prova da consistência de Gödel e da independência de Cohen) e 4 – as inúmeras aplicações práticas que a disciplina passou a ter; tanto a lógica clássica quanto as não clássicas têm, hoje, aplicabilidade extensa não só nas áreas de conhecimento puro, mas também em variadas áreas técnicas, seja na filosofia do direito e na metaética, seja na computação, informática, diagnóstico médico, controle de tráfego aéreo, planejamento econômico, linguística, análise financeira e robótica, entre inúmeras outras.

A transformação da lógica se iniciou em meados do século XIX, quando George Boole, William S. Jevons, Augustus de Morgan, Charles Sanders Peirce, Ernst Schroder começaram a desenvolver estudos que mais tarde ficaram conhecidos como lógica algébrica.[80]

---

[79] BACHELARD, Gaston. *A filosofia do não.* 6. ed. Lisboa: Presença, 2009. p. 99.
[80] COSTA, Newton da; KRAUSE, Décio; ARENHART, Jonas. Um panorama da lógica atual. *In*: CARVALHO, Paulo de Barros (Coord.); BRITTO, Lucas Galvão (Org.). *Lógica e direito.* 1. ed. São Paulo: Noeses, 2016. p. 114.

FABRÍCIO SIMÃO DA CUNHA ARAÚJO
A LÓGICA DA FUNDAMENTAÇÃO DAS DECISÕES JUDICIAIS...

A partir de então a aplicação de uma linguagem algébrica para abordar a lógica aristotélica tornou-se preponderante ao ponto de que, sem técnicas matemáticas, a disciplina científica não pode mais ser completamente compreendida.

Não obstante, a abordagem de linguística da lógica foi a que efetivamente prevaleceu na primeira metade do século XX, especialmente pela força do trabalho *Begriffsschrift* de Gottlob Frege (1879) e o *Principia Mathematica* de Bertrand Russel e Alfred North Whitehead (primeiro volume, de três, em 1910). A abordagem algébrica da lógica só viria a ressurgir posteriormente com os trabalhos de Alfred Tarski, Leon Henkin e Paul Halmos.

Deveras, ainda outra importante contribuição para o avanço da lógica nos dois últimos séculos foi dada por David Hilbert, na virada do século XIX para o XX, que estabeleceu o paradigma de rigor no uso de métodos axiomáticos, especialmente distinguindo axiomáticas concretas das abstratas.

Tanto os lógicos que propuseram reconstruir a disciplina algebricamente quanto Frege e os lógico-linguistas que o sucederam estavam interessados, de forma comum, em estudar a lógica como uma ferramenta para o tratamento e a fundamentação da matemática. O desenvolvimento desses estudos permitiu que a lógica ampliasse seu escopo para muito além do "estudo das formas de inferência válida", encampando áreas e ramos altamente especializados como teoria da prova, teoria dos modelos, teoria da recursão, lógica algébrica, lógica topológica, entre outros cujos métodos e objeto de estudo vão muito além da preocupação com somente formas válidas de argumento.[81]

Deveras, esse movimento, também denominado lógica matemática por Abbagnano,[82] propôs-se ao desenvolvimento de métodos rigorosos de formulação e de controle da matemática propriamente ditas. A partir disso, passaria a instrumento de análise filosófica e, posteriormente, com a contribuição de Wittgenstein, passa a constituir uma espécie de linguagem ideal ou perfeita ou, em outras palavras, o esquema (ou a linguagem) geral estruturante sobre o qual seriam construídas outras linguagens específicas, que variam de acordo com o objeto ao qual se referem.

---

[81] COSTA, Newton da; KRAUSE, Décio; ARENHART, Jonas. Um panorama da lógica atual. *In*: CARVALHO, Paulo de Barros (Coord.); BRITTO, Lucas Galvão (Org.). *Lógica e direito*. 1. ed. São Paulo: Noeses, 2016. p. 120.

[82] ABBAGNANO, Nicola. *Dicionário de filosofia*. São Paulo: Martins Fontes, 2007. p. 629.

Desde então, a lógica, assim como a matemática, apesar de ter as mais variadas aplicações, é considerada uma disciplina abstrata (meramente simbólica).

Assim como o numeral 2 não existe na realidade, mas pode ser meramente inferido da observação da realidade, por exemplo, ao se visualizar duas maçãs; um conjunto e seus elementos são entidades abstratas, que são meramente inferidos da observação de uma coleção de indivíduos.

Ademais, como disciplina matemática fundamental, em outras palavras, uma metamatemática, a lógica acabou se tornando, de certa forma, dogmática e apodítica na medida em que não se pode usar outra linguagem formalizante para sua análise e crítica, sob pena de se cair na circularidade, como bem advertiu Gödel com seu teorema da incompletude.[83]

Por esse elevado grau de abstração é que se adverte que a lógica deve ser considerada com bastante cuidado especialmente quando trata de sistemas axiomáticos concretos, que possuem conteúdo, como ocorre com a linguagem natural, que é repleta de conteúdos (significados).

Costa, Krause e Arenhart dão exemplos simples que nos permitem discernir as incompatibilidades que advêm da consideração concreta de construções lógicas abstratas:

> A lógica usual requer que se temos uma conjunção A e B, que isso seja equivalente à conjunção B e A. Porém, se tomarmos as sentenças "João e Maria casaram" e "João e Maria tiveram filhos", essa equivalência é posta em cheque, como facilmente se constata pela análise do "conteúdo" das sentenças resultantes. A Lógica deve se livrar desses conteúdos. É o que os livros chamam de distinção entre forma (a forma lógica das sentenças, como A e B), e seu conteúdo, como designando que João é alto e Maria é bonita. Depois, outro pressuposto essencial da lógica clássica é que toda proposição seja verdadeira ou falsa (em algum sentido desses termos), e não possa ser ambas as coisas em uma mesma situação. Mas e se tomarmos a "proposição": "Maria está dentro desta sala agora", o que dizer se Maria estiver exatamente na soleira da porta? O mesmo

---

[83] Conforme será exposto posteriormente no presente capítulo, Kurt Gödel em 1931 com seu teorema da incompletude defendeu a impossibilidade de se encontrar um conjunto completo e consistente de axiomas para toda a matemática. Pelo teorema, demonstrou que em um sistema axiomático consistente sempre há proposições verdadeiras que não podem ser demonstradas nem negadas dentro do próprio sistema, que são, portanto, verdadeiras apenas por intuição.

se dá com a proposição "João é alto". Como se vê com esses exemplos simples, a aplicação da Lógica ao "mundo real" é difícil e deve ser feita com muita cautela.[84]

2.3.1 A proposição de lógicas não aristotélicas

No que tange ao surgimento de lógicas não clássicas, elas decorreram analogicamente ao surgimento de geometrias não euclidianas. Até meados do século XIX, acreditava-se piamente que a única geometria possível era a euclidiana, como asseverou Kant em sua primeira *Crítica* ao erigir esta geometria como a única possível a constituir os próprios moldes de nossa experiência espacial, sendo ela uma condição para nossa experiência.

Os trabalhos de Bolyai, Gauss, Lobachevski e Riemann provaram matematicamente que era possível se falar em infinitos tipos de geometria. Avanços inicialmente restritos por serem considerados detalhes tópicos da ciência matemática pura, ganharam extrema visibilidade quando Einstein valeu-se da geometria de Riemann na construção de sua teoria da relatividade geral, permitindo que hoje se considere que, de fato, o espaço real não é euclidiano, mas sim não euclidiano.

Conforme afirma o próprio Albert Einstein:

> Complementada desse modo, a geometria é, evidentemente, uma ciência natural; podemos, na verdade, considerá-la como o ramo mais antigo da física. Suas afirmações baseiam-se essencialmente na indução a partir da experiência e não apenas nas inferências lógicas. Chamaremos essa geometria complementada de "geometria prática", e, na sequência, distingui-la-emos da "geometria puramente axiomática". A questão de se a geometria prática do Universo é ou não-euclidiana possui um significado claro, e a sua resposta somente pode ser fornecida pela experiência. Todas as medidas de comprimento na física constituem geometria prática nesse sentido, o mesmo valendo para as medições geodéticas e astronômicas de distâncias, quando se utiliza a lei empírica de que a luz se propaga em linha reta – com efeito, em uma linha reta no sentido da geometria prática.
>
> Atribuo uma importância especial a essa concepção de geometria que acabei de expor, pois sem ela eu não teria sido incapaz de formular a teoria da relatividade. Sem ela, a seguinte reflexão teria sido impossível:

---

[84] COSTA, Newton da; KRAUSE, Décio; ARENHART, Jonas. Um panorama da lógica atual. *In*: CARVALHO, Paulo de Barros (Coord.); BRITTO, Lucas Galvão (Org.). *Lógica e direito*. 1. ed. São Paulo: Noeses, 2016. p. 116.

num sistema de referência em rotação relativamente a um sistema inercial, as leis concernentes à disposição de corpos rígidos não correspondem às regras da geometria euclidiana, por causa da contração de Lorentz; assim, se admitimos os sistemas não-inerciais como estando em pé de igualdade, devemos abandonar a geometria euclidiana. Sem a interpretação acima, o passo decisivo na transição para as equações com covariância geral certamente não teria sido dado.[85]

Da mesma forma, a lógica desde sua fundação com Aristóteles era considerada única. Entretanto, a partir de sua reformulação por Frege, Russel e Whitehead, percebeu-se que, por diversas razões, seria possível formular diferentes sistemas de lógica, dos quais, alguns complementam as formulações basilares da lógica clássica e outros efetivamente violam e contrariam os seus pilares fundamentais.

Complementando a lógica clássica, por exemplo, desenvolveu-se a lógica deôntica assim como a lógica alética, como espécies de lógicas modais – lógicas em que é possível se tratar os modos em que uma proposição pode ser verdadeira ou falsa. Dessarte, se na lógica formal clássica uma proposição necessária implica que é verdadeira ($Lp \rightarrow p$), na lógica deôntica, por exemplo, nem tudo que é obrigatório ocorre de fato: somos obrigados a pagar nossos impostos, mas nem sempre os pagamos de fato.[86]

As lógicas modais, contudo, por mais avanços que tenham trazido à ciência da lógica especialmente para se aplicar a outros âmbitos de conhecimento, como o direito, mantêm intactas as premissas fundamentais da lógica clássica.

As lógicas heterodoxas, por outro lado, derrogam ao menos alguma das principais características da lógica clássica, as chamadas "três leis básicas do pensamento": a lei da não contradição, a lei do terceiro excluído e a lei da identidade.

As lógicas intuicionistas, por exemplo, não consideram irrestritamente válido o princípio do terceiro excluído. É que, nelas, apenas se admitem – resumidamente – como "existentes" objetos que possam ser propriamente intuídos mentalmente e reputa-se que proposições

---

[85] EINSTEIN, A. Geometria e experiência. Texto de Conferência proferida perante a Academia Prussiana de Ciências em 27 de janeiro de 1921. *Scientiae Studia*, São Paulo, v. 3, n. 4, out./dez. 2005. Disponível em: http://www.scielo.br/scielo.php?pid=S1678-31662005000400009&script=sci_arttext. Acesso em: 25 jan. 2018.

[86] COSTA, Newton da; KRAUSE, Décio; ARENHART, Jonas. Um panorama da lógica atual. *In*: CARVALHO, Paulo de Barros (Coord.); BRITTO, Lucas Galvão (Org.). *Lógica e direito*. 1. ed. São Paulo: Noeses, 2016.

só podem ser consideradas verdadeiras ou falsas após devidamente verificadas ou refutadas. Nesse sentido, enquanto a hipótese não está suficientemente provada ou refutada, tem-se então uma afirmação de que não é verdadeira nem falsa, violando o terceiro excluído.[87]

As lógicas não reflexivas, por sua vez, desconsideram o princípio da identidade. A lógica clássica considera que os objetos com os quais lida são indivíduos, entidades que sempre podem ser discernidas de outras, ainda que sejam muito parecidas. Assim, a identidade se caracteriza na lógica clássica em termos de indiscernibilidade: objetos indiscerníveis são idênticos e, portanto, são o mesmo objeto em análise.

Na esteira do princípio da identidade dos indiscerníveis vigente na lógica clássica (e até mesmo em algumas lógicas não clássicas), uma situação envolvendo um indivíduo se distingue de uma situação semelhante em todos os aspectos, mas que envolva um outro indivíduo.

As lógicas não reflexivas, por outro lado, trabalham com a ideia básica de que a noção intuitiva de identidade não vale para certos objetos do domínio do discurso. Defende-se o princípio de que é possível conceber objetos indiscerníveis entre si, mas que não sejam idênticos e que, portanto, não são o mesmo objeto. No caso de partículas subatômicas como elétrons e átomos de um mesmo composto, obedecem a princípios da simetria da mecânica quântica os quais afirmam, de forma simplificada, que as situações físicas não se alteram se partículas são permutadas por partículas diversas, entretanto "idênticas".[88]

Vale registrar que, apesar de a sintática das lógicas não clássicas contrariar os primados da lógica clássica, sua contraparte semântica é fundamentada em uma teoria usual dos conjuntos, ou seja, a metalinguagem que fundamenta tais lógicas trabalha com o princípio da identidade, entre outros, na medida em que a teoria dos conjuntos que a fundamenta é inerente à lógica clássica. Este problema, segundo Costa, Krause e Arenhart, foi superado pela teoria dos quase conjuntos de autoria do próprio Krause.

---

[87] COSTA, Newton da; KRAUSE, Décio; ARENHART, Jonas. Um panorama da lógica atual. In: CARVALHO, Paulo de Barros (Coord.); BRITTO, Lucas Galvão (Org.). *Lógica e direito*. 1. ed. São Paulo: Noeses, 2016. p. 124.

[88] COSTA, Newton da; KRAUSE, Décio; ARENHART, Jonas. Um panorama da lógica atual. *In*: CARVALHO, Paulo de Barros (Coord.); BRITTO, Lucas Galvão (Org.). *Lógica e direito*. 1. ed. São Paulo: Noeses, 2016. p. 127.

2.3.2 Verdade lógica e lógica verdadeira

Costa, Krause e Arenhart ressaltam também que outro aspecto que identifica o estado da arte da lógica atual é a profundidade dos resultados a que se chegou nesta ciência.

Kurt Gödel em 1931 com seu teorema da incompletude defendeu a impossibilidade de se encontrar um conjunto completo e consistente de axiomas para toda a matemática. Pelo teorema, demonstrou que em um sistema axiomático consistente sempre há proposições verdadeiras que não podem ser demonstradas nem negadas dentro do próprio sistema, que são, portanto, verdadeiras apenas por intuição.

Por consequência, para que se demonstre a consistência de um sistema axiomático S, alguns enunciados de S somente podem ser formalizados e demonstrados valendo-se de recursos de outros sistemas. Em outras palavras: sendo S um sistema formal consistente, não há condições de demonstração da completude de S formalizáveis em S, ou ainda: uma teoria, recursivamente enumerável e capaz de expressar verdades básicas da aritmética e alguns enunciados da teoria da prova pode provar sua própria consistência se, e somente se, for inconsistente.[89]

Na esteira das demonstrações de Gödel, Tarski afirma que o conceito de *ser verdadeiro* não pode ser expresso por uma fórmula do próprio sistema lógico para ser aplicado a uma sentença do próprio sistema. Ou seja, não se pode considerar verdadeira a expressão "$1 + 1 = 2$" pelo simples fato de se poder obter a demonstração para ela no escopo da aritmética.[90]

Abordando tais consequências do teorema da incompletude de Gödel, o filósofo e matemático Newton da Costa é peremptório em afirmar que, por isso, a expressão *verdade lógica* é desprovida de sentido quando se vai além da lógica elementar. Deveras, no estágio atual de evolução da lógica ela é um tanto quanto ilusória. Da mesma forma, inexiste garantia absoluta de legitimidade dos sistemas de lógica não elementar.[91]

Considerado um dos nomes mais importantes da lógica contemporânea, Costa foi um dos cientistas que contribuiu para o rompimento

---

[89] COSTA, Newton. *Ensaio sobre os fundamentos da lógica*. 2. ed. São Paulo: Hucitec, 1994. p. 94.

[90] COSTA, Newton da; KRAUSE, Décio; ARENHART, Jonas. Um panorama da lógica atual. *In*: CARVALHO, Paulo de Barros (Coord.); BRITTO, Lucas Galvão (Org.). *Lógica e direito*. 1. ed. São Paulo: Noeses, 2016. p. 130.

[91] COSTA, Newton. *Ensaio sobre os fundamentos da lógica*. 2. ed. São Paulo: Hucitec, 1994. p. 94.

com a lógica de tradição aristotélica, quando em 1963 desenvolveu a lógica denominada paraconsistente, especialmente com sua tese de cátedra *Sistemas formais inconsistentes*, apresentada em 1963. Valendo-se do aforismo de Georg Cantor – "a essência matemática radica na sua completa liberdade" –, seu trabalho se pauta na ideia-mestra de que "a imaginação pode levar um homem a descobrir, ou a inventar, universos matemáticos novos, desconhecidos até então e que podem ter interessantes consequências".[92]

Newton da Costa foi responsável também por tecer relevante crítica ao conceito clássico de verdade e pela formulação do conceito de quase-verdade. De forma sucinta, sempre se considerou verdadeira uma proposição quando corresponde à realidade, especialmente os escolásticos fortemente embasados na filosofia aristotélica.

Embora filósofos modernos tenham desenvolvido convincentes teses relativizando a verdade aristotélica, como Martin Heidegger, que sugere que a essência da verdade seria liberdade, em 1936, Alfred Tarski retoma a tradição clássica e consegue efetivamente conferir uma formatação matemática para a noção escolástica de verdade, restaurando aceitação à teoria da correspondência, a qual será retomada no 5º capítulo da presente tese.

Pela análise e crítica dos trabalhos até então desenvolvidos e apoiando-se especialmente nos avanços obtidos por Alfred Tarski, Newton da Costa desenvolveu a noção de *quase-verdade* ou *verdade pragmática*, pela qual, embora os resultados de pesquisas científicas empíricas não permitam conferir a certeza quanto à revelação da verdade, se "salvam as aparências", o critério da verdade está mais próximo que outras observações que não as salvam.

É o que ocorre com a geometria euclidiana, com a lógica aristotélica e com a física newtoniana. Em determinados domínios e, rigorosamente, na maioria das situações, respondem com correção aos fenômenos da experiência e são tidos, por isso, como estritamente verdadeiros. Ou seja, *salvam as aparências e*, portanto, devem ser consideradas *quase-verdades*, embora hoje se tenham evidências de que não correspondem de forma inteiramente correta à realidade.

Por outro lado, é claro que também há cientistas da lógica que defendem que para fazer frente aos paradoxos insuperáveis pela lógica

---

[92] CELLA, José. *Controle das decisões pela lógica paraconsistente*. Tese (Doutorado) – Centro de Ciências Jurídicas, Universidade Federal de Santa Catarina, Florianópolis, 2008. p. 123.

clássica seria necessária uma reinterpretação do sistema clássico ao invés de uma extensão dele com lógicas não clássicas.

É o caso de Susan Haack, que critica a revisão do formalismo clássico com diversos argumentos. Defende que seria necessária uma reinterpretação do aparato clássico da lógica ao invés da extensão dele.[93] De toda forma, o que o lógico brasileiro defende é que não há lógica que se possa afirmar verdadeira ou mais correta. Distintos sistemas lógicos podem ser úteis na abordagem de diferentes aspectos dos vários campos do conhecimento.

Deveras, como afirma José Cella, em tese de doutorado em cuja defesa Newton da Costa integrou a banca de avaliação, a lógica clássica seria a mãe de todas as lógicas, tendo valor perpétuo "em seu particular campo de aplicação e não há porque ser substituída nesses domínios".[94] Assim, para o filósofo, as lógicas paraconsistentes não são as únicas verdadeiras, devendo ser utilizadas quando mais convenientes para tratar determinado fenômeno ou área do saber.

Por outro lado, diante de sistemas que apresentam contradições àqueles que os observam, não mais é necessário buscar a eliminação da contradição constatada para que a realidade experimentada se adeque à lógica clássica. É possível tratá-las sem desvios teóricos pelo uso de lógicas não aristotélicas, no caso, especificamente, pelo uso da lógica paraconsistente.

2.4 Lógica deôntica

Conforme foi possível demonstrar anteriormente, uma das principais tarefas da lógica é o estudo dos argumentos, os quais podem ser entendidos como uma sequência de enunciados em que um deles, a conclusão, pode ser deduzido por intermédio dos demais, as premissas.[95]

A lógica não se ocupa das diferentes formas pelas quais se pode estudar um argumento, mas, sim, da relação de consequência entre as premissas e a conclusão. Assim, decidir se um argumento é válido ou não nada mais é do que concluir se a conclusão é consequência lógica das premissas.

---

[93] HAACK, Susan. *Filosofia das lógicas*. São Paulo: Editora Unesp, 2002. p. 208-212.

[94] CELLA, José. *Controle das decisões pela lógica paraconsistente*. Tese (Doutorado) – Centro de Ciências Jurídicas, Universidade Federal de Santa Catarina, Florianópolis, 2008. p. 135.

[95] CELLA, José. *Controle das decisões pela lógica paraconsistente*. Tese (Doutorado) – Centro de Ciências Jurídicas, Universidade Federal de Santa Catarina, Florianópolis, 2008. p. 119.

Conforme se verifica, a análise da validade do discurso, portanto, do ponto de vista lógico, não se referencia à verdade dos conteúdos neles contidos, mas, sim, da correção das operações racionais de inferência realizadas. Além disso, no campo do direito, verifica-se que mais de um argumento pode ser aplicado para se chegar à mesma conclusão, ao mesmo tempo em que uma pluralidade de argumentos pode, por meio de operações válidas do ponto de vista lógico, ensejar conclusões contraditórias entre si.

Adentrando o campo da lógica jurídica, portanto, classicamente se considera a lógica deôntica como base racional que estrutura o sistema jurídico e é classificada atualmente como uma lógica clássica complementar.

Segundo Castañeda, trata-se da "disciplina de estudo que trata com a estrutura dos nossos raciocínios sobre obrigações, deveres, interdições, proibições, erros, acertos e liberdade da ação".[96]

Leibiniz defendia que a lógica deôntica seria um ramo da lógica modal, na medida em que os conceitos básicos daquela – obrigação, permissão e proibição – estão relacionados entre si do mesmo modo que as modalidades aléticas de necessidade, possibilidade e impossibilidade. Por isso, ele denomina as categorias deônticas referidas de "modalidades legais", afirmando que os princípios básicos da lógica modal valem para as modalidades legais.

Não significa dizer, por outro lado, que não possuem diferenças uma para a outra. A diferença entre ambas se acentua de forma mais marcante relativamente aos paradoxos emergentes do conflito entre intuição e formalismo. Além disso, há uma diferença semântica insuperável entre, por exemplo, a obrigatoriedade da lógica deôntica e a necessidade da lógica modal.

Referidas diferenças tornaram necessário que se propusesse um sistema de lógica deôntico diverso da lógica modal, e o primeiro filósofo a propor um sistema de lógica deôntica foi o filósofo finlandês George Henrik von Wright, em 1951, em seu *Deontic logic*.[97] Ele mesmo, contudo, logo depois percebeu que o sistema criado gerava resultados contraintuitivos e propôs uma revisão do sistema. Estes resultados

---

[96] CASTAÑEDA, Hector-Neri. The paradoxes of deontic logic: the simplest solution to all of them in one fell swoop. *New Studies in Deontic Logic*, 1981. p. 37.

[97] VON WRIGHT, G. H. Norm and action: a logical inquiry. *International Library of Philosophy and Scientific Method*. Disponível em: http://www.giffordlectures.org/Browse.asp?PubID= TPNORM&Volume=0&Issue=0&ArticleID=2.

passaram a ser conhecidos como paradoxos deônticos ou dilemas deônticos e são decorrentes de proposições que em linguagem natural seriam aparentemente coerentes, mas que uma vez aplicados cálculos deônticos, produzem resultados contraditórios.

Não obstante, o que se pressupõe de forma razoavelmente generalizada entre os acadêmicos brasileiros é que o conjunto de leis, integrado pela analogia, pelos costumes e pelos princípios gerais do direito sempre permitirão, valendo-se do uso da lógica deôntica, encontrar a solução justa e adequada para o caso concreto.

2.4.1 Positivismo jurídico *versus* direito natural ou validade *versus* veracidade

Mesmo havendo significativo número de trabalhos sobre lógica jurídica, muito ainda se debate quanto à real extensão da importância e da utilidade da lógica formal para construção, interpretação e aplicação do sistema jurídico.

O debate nesse sentido remonta a 1950, entre Hans Kelsen e Ulrich Klug,[98] em que inicialmente discutem se os princípios da lógica encontram aplicação nas normas jurídicas ou nos enunciados da ciência do direito, ou em ambos.

Kelsen defende que há uma distinção de princípio entre normas e proposições normativas.[99] Sendo as normas imperativas, não podem ser caracterizadas apofanticamente em verdadeiro ou falso. Como a

---

[98] Ver KELSEN, H.; KLUG, U. *Normas jurídicas y análisis lógico*. Madrid: Centro de Estudios Constitucionales, 2008. A publicação reproduz a correspondência mantida entre ambos os autores entre os anos de 1959 e 1965, com enfoque no problema da aplicação da lógica ao direito.

[99] Kelsen distingue as normas das proposições normativas no terceiro capítulo de seu *Teoria pura do direito*, afirmando que, enquanto a norma jurídica é um enunciado de dever-ser acerca da conduta humana, tornando-a obrigatória, permitida ou proibida, a proposição normativa é uma descrição científica de uma norma jurídica. Assim, a norma jurídica não se refere diretamente a fatos no mundo, mas sim atribui valoração jurídica aos fatos que elege. Por exemplo: "é proibido o assassinato sob pena de prisão". Por isso não se pode afirmar que as normas têm conteúdo apofântico. A norma jurídica não é verdadeira nem falsa, visto que não se pode afirmar – com sentido – que uma norma corresponde ou não aos fatos que valora. Pode ser válida ou inválida, conforme seja obrigatória dentro de determinado ordenamento. Já a proposição normativa é um enunciado que descreve cientificamente o conteúdo da norma. Assim, a proposição seria "no ordenamento brasileiro é proibido o assassinato sob pena de prisão". Como se vê, a proposição apenas descreve a ilicitude e a sanção que determinada norma constitui, sendo possível, assim, formular juízo de verdade ou falsidade cotejando a correspondência entre a proposição normativa e a norma a que se refere (KELSEN, Hans. *Teoria pura do direito*. 5. ed. Coimbra: Arménio Amado, 1979).

lógica clássica trabalha com relações lógicas de implicação e contradição em termos de verdade, segue, para Kelsen, que entre normas não há relações lógicas. Por sua vez, as proposições normativas, como podem ser consideradas verdadeiras ou falsas, podem ser organizadas a partir de princípios lógicos.

Ulrich Klug discorda de Kelsen, na medida em que defende que a lógica é aplicável ao sistema jurídico, sem ser necessário distinguir normas de proposições normativas, basicamente argumentando que as normas são, sim, enunciados apofânticos – são enunciados verdadeiros ou falsos. Por consequência, trata-se de sistema de enunciados que pode, portanto, admitir contradições e podem ser deduzidas consequências de derivação entre enunciados de dever.

A rigor, a discussão remonta à análise fundamental sobre a norma e sobre se o dever que ela encerra é por ela constituído (positivado) ou por ela apenas reconhecido, uma vez que a precede. Caso se considere que o dever é constituído pela norma – em linha, portanto, com a teoria do direito positivo – ter-se-ia a concepção heterodoxa de que uma proposição cuja verdade que enuncia a constitui concomitantemente, caindo em circularidade de forma aparentemente inevitável.

Dessarte, para que se considere a norma como enunciado apofântico sem cair em referida circularidade seria necessário reconhecer a existência de fatos normativos que a antecedem. Assim, além de fatos empíricos haveria também fatos normativos, os quais, na qualidade de direito natural, seriam apenas reconhecidos pela norma. Se ela reflete corretamente o fato normativo a que se refere, ela é verdadeira. Caso contrário será falsa.

Tomando ciência das consequências para as quais seus argumentos encaminhavam, Klug retrocede para passar a também distinguir normas de proposições normativas. Considerando que as normas são "proposições nas quais um legislador enuncia algo acerca de um dever",[100] assim, sua verdade se encerra não pela correspondência com um fato, mas sim na condição de que seja um axioma e que esteja ao mesmo tempo fundado em axiomas.

Daí que introduz a concepção de verdade formal que valeria para as normas, enquanto a verdade material valeria para proposições normativas. A verdade da norma (formal) decorre da verificação de se a norma é um axioma ou se está fundada em axiomas por meio de regras

---

[100] KELSEN, H.; KLUG, U. *Normas jurídicas y análisis lógico*. Madrid: Centro de Estudios Constitucionales, 2008. p. 58.

de inferência lógica, especialmente pela derivação. É aferida, portanto, sem tangenciar a verdade no sentido de correspondência entre o dever nela encerrado e a realidade.

A proposta implica inovação pela qual as normas podem ser tidas como verdade (ainda que sob a predicação "formal") de uma forma absolutamente diferente dos enunciados ordinários da lógica. Destacando esta peculiaridade, José Cella aponta a fragilidade da concepção na medida em que se baseia em uma *petitio principii*, já que a própria aferição da verdade (formal) da norma – e, portanto, a proposição de que a lógica é aplicável ao sistema jurídico – depende de uma operação racional de derivação lógica, a qual em si pressupõe a existência de relações lógicas entre as normas.[101]

Por certo, a verdade formal (verdade por inferências lógicas dedutivas a partir de um axioma) é peculiar e se distingue da verdade material (verdade por correspondência) por uma série de características. Em primeiro lugar pressupõe a existência de um sistema que lhe atribui o valor, diferentemente da verdade material, cuja constatação depende apenas da verificação de similitude com a realidade. No caso da verdade formal, contudo, alterado o sistema, ela pode também alterar seu valor. E isto ocorre frequentemente quando se analisam diferentes subsistemas do direito.

Além disso, destaca Cella:

> Ademais, uma norma pode não ser verdadeira e nem falsa em um mesmo sistema, caso que ocorre quando o sistema não é completo, no sentido de que todas as normas são teses (axiomas) do sistema, sendo que dificilmente se pode esperar que o sistema jurídico seja completo neste sentido.
>
> Mais que isso, uma norma pode ser ambas as coisas, ou seja, verdadeira e falsa em um mesmo sistema no caso de este ser contraditório. Mas por razões estritamente lógicas (*se a lógica subjacente for a clássica, que é o ponto de partida), a coerência de um sistema jurídico não pode estar garantida* pelo ato de promulgação das normas ou de sua aceitação, sendo esta a razão pela qual é possível, e isso sucede com frequência, que um legislador dite normas contraditórias como axiomas do sistema.[102] (Grifos nossos)

---

[101] CELLA, José. *Controle das decisões pela lógica paraconsistente*. Tese (Doutorado) – Centro de Ciências Jurídicas, Universidade Federal de Santa Catarina, Florianópolis, 2008. p. 143.

[102] CELLA, José. *Controle das decisões pela lógica paraconsistente*. Tese (Doutorado) – Centro de Ciências Jurídicas, Universidade Federal de Santa Catarina, Florianópolis, 2008. p. 144.

Com a aparente aproximação entre os valores de validade e verdade formal, na lógica das normas de Klug, ao menos do ponto de vista sintático, são válidos os mesmos princípios da lógica proposicional clássica, por exemplo, o terceiro excluído.

Kelsen opõe sua discordância quanto a este ponto de vista, ao argumento de que o comportamento lógico entre os valores verdade e validade seria significativamente diferente a ponto de afastar a tese de Klug.

Kelsen destaca que a contradição entre normas não implica os mesmos efeitos em termos de validade do que em termos de verdade. Por exemplo, eventual norma derrogatória de anterior lhe contraria, sendo que ambas não deixam, só por isso, de serem válidas, embora sejam contraditórias. Somente com o acréscimo da condicionante do tempo é que se tem a invalidade da norma derrogada a partir da derrogação, mas não de forma pretérita.

Kelsen ainda discorre sobre as diferenças entre o conflito entre normas (válido x inválido) e a contradição lógica (verdadeiro x falso), ressaltando suas particularidades, as quais poderíamos resumir: 1 – é pressuposto de coerência da própria concepção de conflito de normas que ambas sejam válidas, do contrário sequer antinomia haveria; 2 – a perda de validade a partir do cotejamento de ambas se dá não por razões lógicas, mas, sim, a partir de uma terceira, que revoga uma das duas, ou é possível que nenhuma efetivamente perca validade, sendo afastada sua aplicação pontualmente a partir de regras clássicas de hermenêutica (hierarquia, especialidade, cronologia); 3 – a validade depende de um ato de promulgação, a verdade não exige qualquer ato linguístico; 4 – é possível que, entre duas normas em conflito, nenhuma seja válida, de maneira que tampouco o princípio do terceiro excluído seria aplicável.

A partir deste raciocínio, ele conclui que: A – o valor da validade não é correspondente ao valor da verdade; B – os princípios lógicos da contradição e do terceiro excluído não são aplicáveis às normas positivas; C – somente se pode falar em contradição lógica entre duas proposições normativas, nas quais uma afirma a validade e a outra a não validade de uma norma; D – não há nada análogo na lógica ao princípio da derrogação.

Acatando as conclusões de Kelsen, Klug propõe por outro lado que é imperioso que se possa calcular os sistemas normativos, na medida em que se pressupõe que as normas jurídicas integram um sistema racional e que são expressas por enunciados com sentido.

Kelsen, contudo, defende que o caráter normativo da norma está situado não no sentido do enunciado, mas sim em seu plano pragmático, ou seja, em seu uso. Assim, consistindo em um ato (no plano pragmático, portanto) linguístico de ordenar, proibir ou permitir, a norma depende inexoravelmente do correspondente ato (linguístico) de promulgação e não efetivamente – pelo menos do ponto de vista da precisão científica – das relações lógicas entre as normas que constituem o sistema.

Nesses termos, a teoria kelseniana conduz, conforme afirma Cella[103] a uma espécie de irracionalismo normativo, já que, não havendo relação lógica entre as normas, tampouco poderia formar um sistema. Para aquele autor, a racionalidade lógica somente se faz presente no plano das proposições normativas, já que somente nesse nível se poderia estabelecer relações lógicas fundamentadas no valor da verdade como correspondência.

Para Klug, por outro lado, as normas se diferenciam das proposições normativas pelo sentido. Enquanto naquelas o sentido é prescritivo, nestas é descritivo. Possuindo sentido próprio e específico, advoga que entre as normas existem relações lógicas apesar de não serem nem verdadeiras nem falsas.

Sobre o assunto outros acadêmicos puderam se debruçar.

Von Wright, considerado inclusive o fundador da lógica deôntica, como acima registrado, em seus escritos finais defendeu que efetivamente considera haver o que se possa denominar lógica das normas. Contudo, reconhece que o sistema por ele mesmo proposto não tem aplicabilidade prática e seria até inútil:

> Neste trabalho tratei de demonstrar que há algo que se pode chamar genuinamente de "lógica das normas". [...]. Um cálculo como o que elaborei em meu artigo de 1951 é, no melhor dos casos, uma lógica do que denominei como "proposições normativas", isto é, de proposições verdadeiras ou falsas que se referem à existência de tal ou qual norma. Mas uma lógica assim não pode pretender ser uma representação adequada dos sistemas normativos existentes. Isto é assim porque excluem as contradições e as lacunas dos códigos. Intentar fazer isso "sobre bases lógicas" é inútil. Pode-se pensar em várias metanormas para se enfrentar as contradições e as lacunas – ou decidir caso a caso o que se deve fazer com elas. As metanormas, algumas das quais são bem conhecidas pela teoria e prática jurídica tradicionais, não são

---

[103] CELLA, José. *Controle das decisões pela lógica paraconsistente*. Tese (Doutorado) – Centro de Ciências Jurídicas, Universidade Federal de Santa Catarina, Florianópolis, 2008. p. 148.

leis da lógica das normas. Mas ainda que os sistemas clássicos não representem adequadamente as estruturas jurídicas existentes podem ter outra função: concretamente, a de constituir modelos ideais daquilo que deveria ser um sistema livre de contradições e de lacunas. Modelos ideais similares, em forma de sistemas de lógica deôntica, podem também proporcionar estruturas normativos que previnam lacunas, e inclusive estruturas normativas que possam resolver contradições.[104]

Apesar das reticências quanto à lógica das normas, tanto Von Wright, quanto Kelsen e Klug estão de acordo quanto à possibilidade da aplicação da lógica às proposições normativas.

2.4.2 Realismo jurídico

Susan Haack, por sua vez, adota posicionamento contrário, negando a aplicabilidade da lógica não só às normas jurídicas, mas, também, às proposições jurídicas, afirmando que a lógica não pode representar a interpretação jurídica.[105]

É que a autora, considerando acertada a teoria do realismo jurídico, notadamente pelas teorias de Ronald Dworkin, parte de concepção antipositivista do direito, concebendo-o não como sistema ordenado e coerente de regras, mas como uma prática social proeminentemente argumentativa cuja finalidade é justificar pela racionalidade discursiva dada solução normativa para determinado caso.

Conforme ressalta o professor Menelick de Carvalho Neto, em obra baseada na teoria de Dworkin: "A justificação de decisões jurídicas com base em princípios de conteúdo moral, portanto, não é extrajurídica na medida em que tais conteúdos possam ser identificados como assimilados aos princípios fundamentais do próprio ordenamento".[106]

Portanto, ainda que se pleiteie a segurança de um cálculo lógico para as proposições normativas, especialmente nos *hard cases*, a literalidade das regras legais poderá ser relativizada por considerações morais, éticas e pragmáticas nos denominados discursos de aplicação por argumentos de princípio, seja por uma limitação externa (como

---

[104] VON WRIGHT, G. H. ¿Hay una lógica de las normas? *Doxa*, Alicante, n. 26, p. 31-52, 2003. p. 51-52.

[105] HAACK, S. On logic in the law: 'something but not all'. *Ratio Juris*, Oxford, v. 20, n. 1, p. 1-31, 2007.

[106] CARVALHO NETO, Menelick de; SCOTTI, Guilherme. *Os direitos fundamentais e a (in) certeza do direito*: a produtividade das tensões principiológicas e a superação do sistema de regras. Belo Horizonte: Fórum, 2011. p. 75.

propõe Robert Alexy), seja por uma limitação interna (como é a teoria da integridade de Dworkin).

Nesse diapasão, se o direito é concebido como um sistema de regras em que suas verdades estão condicionadas a valorações morais, pragmáticas e éticas no momento de identificação da norma aplicável à espécie e se a lógica deôntica tem como finalidade oferecer o cálculo formal das razões normativas oferecidas para justificar dada interpretação como preferível em detrimento de outra, tem-se que ou a lógica é inaplicável ou inútil ao direito como ciência social aplicada.

Em artigo em que especificamente aborda o assunto, Susan Haack expressa sua opinião no sentido de que a lógica não pode dar conta da atividade de interpretação e que tentativas nesse sentido estarão fadadas ao insucesso, inclusive mediante a utilização de sistemas computadorizados:

> Na última metade de século, apesar dos prós e dos contras que me parecem cruciais ao raciocínio legal, como fizeram Fried e Golding, e como fez Holmes – manifestou-se uma linha de pensamento que focalizada a ideia do Direito como argumentação, dialética, discurso. Tal argumentação, reconhece-se, apela às meta-normas, elas mesmas sujeitas a contra-argumentos. Eu ainda adicionaria que o processo parece inevitavelmente sem fim. Daí por que eu não prestigio algumas das ambições do projeto que tem atraído a atenção de investigadores em Inteligência Artificial no Direito: para automatizar as formas em que os argumentos jurídicos são elaborados, calculados, confirmados, derrotados. Obviamente, o modelo computadorizado pode ser uma ferramenta útil para, por exemplo, um advogado que quer se certificar de que seu cliente satisfaz a todas as condições para fazer um contrato obrigatório; mas são ingênuos os trabalhos de raciocínio jurídico automatizado, pois não está totalmente claro para mim qual desses modelos poderia dar conta de um ranking (não-arbitrário) de meta-normas, ou de antecipar mudanças inesperadas no mundo que ensejem adaptações.[107]

Enfim, de um lado, autores de escol pugnam que a lógica tem sim importante papel a desempenhar na estruturação e organização da ciência jurídica, seja diretamente, na concepção de que as próprias normas se relacionam logicamente, seja indiretamente, na concepção de que a lógica permite uma organização lógica de forma reflexa da ciência

---

[107] HAACK, S. On logic in the law: 'something but not all'. *Ratio Juris*, Oxford, v. 20, n. 1, p. 1-31, 2007.

a partir da descrição do sistema jurídico-científico pelas proposições normativas, possibilitando, de uma forma ou de outra, o cálculo de soluções um tanto quanto previsíveis e seguras a partir das relações que se estabelecem entre as normas.

De outro lado, filósofos do direito e da lógica propugnam, a partir da concepção realista do direito, a impossibilidade de que tal ciência formal coordene de forma exata o encaminhamento do cálculo de soluções normativas e judiciais para a realidade experimentada com suas especificidades.

2.4.3 Lógica jurídica além da lógica das normas

Seja como for, de toda maneira, adotando uma concepção "positivista" ou "antipositivista", a construção de soluções normativas e de controvérsias concretas estará sempre orientada por um raciocínio e uma linguagem que se estabelecem logicamente, ao menos na concepção da lógica como ciência que funda, propõe e/ou descreve a forma como se pensa.

Na concepção positivista, por exemplo, ainda que se pretenda que a conjugação lógica de normas e proposições normativas produza soluções seguras, previsíveis e até de concordância universal, sabe-se que na prática a lógica não provê respostas desse calibre às situações reais enfrentadas e dessa constatação não segue que a lógica seria irrelevante para o direito, seja pela importância de uma segurança decorrente da organização lógico-sistemática até certo ponto, seja ainda pela circunstância mencionada no parágrafo anterior.

Da mesma forma, na concepção antipositivista, a consideração de normas, valores, moral, ética e pragmática se dá pela construção argumentativa que observa um concatenamento lógico de signos, uma hierarquia de normas – ainda que não exclusivamente jurídica – que não se resume à completa imprevisibilidade e idiossincrasia do responsável pela construção da solução – pelo menos, mesmo sendo este o caso muitas vezes no direito brasileiro, não é esta a concepção teórica antipositivista.

Assim, torna-se relevante, tanto em uma quanto em outra vertente, saber um pouco mais sobre como a linguagem se estrutura logicamente, sobre qual lógica a informa, via de regra assim como propor uma estruturação lógica da linguagem e da fundamentação da decisão jurídica por uma lógica compatível com os princípios institutivos do sistema jurídico.

É certo que não se prescindirá da lógica dedutiva já que, seja em qualquer sistema de direito (*common* ou *civil law*) e em qualquer concepção científica propedêutica do direito, de viés realista ou positivista, sempre vigorará a exigência de que decisões jurídicas considerem razões fáticas e normativas, como componentes fundamentais de um discurso racional.

Isso quer dizer que não se descarta a necessidade de que o percurso trilhado entre a premissa exposta e a conclusão seja considerado suficientemente racional e, portanto, válido, tanto do ponto de vista sintático como semântico, nos moldes da lógica clássica. O que se está a pontuar é que este método lógico-dedutivo, embora seja eficiente e seguro para alcançar a decisão correta na maioria dos casos, não é apto a prover – ao menos não desacompanhado de outro – a solução correta em alguns outros casos, por exemplo, os denominados *hard cases*.

2.4.4 Lógica clássica e a justificação interna e externa da decisão

Mesmo nestes, é imprescindível que a lógica dedutiva conduza o caminho do discurso a fundamentar a decisão até dado ponto, normalmente, até a explicitação das normas ou princípios que se encontram em tensão; ou também até a explicitação da questão de fato cuja definição não é possível a partir do cálculo proposicional clássico. Com efeito, o afunilamento dedutivo desde os axiomas do sistema abstrato de normas até as duas (ou mais) normas que são adequadas para reger a situação será procedido por raciocínio lógico-dedutivo.

E é importante fazer esta ressalva para explicitar desde já o escopo com que se investiga a possível superação da lógica clássica deôntica como explicitação formal de dado sistema jurídico. Assim, embora tal metodologia não se mostre suficiente para a solução completa de todos os casos, só o fato de ela ser sempre necessária mesmo nos casos em que sua utilização não guiará toda a caminhada racional até a solução do caso concreto já autoriza apontar o exagero da posição de alguns filósofos realistas americanos. A decisão, mesmo quando não resulta de métodos clássicos de raciocínio, não é pura e simplesmente irracional, como supõem, por exemplo, alguns autores da corrente realista do direito.

O juiz não parte de alguma regra ou princípio como sua premissa maior, toma logo os fatos do caso como premissa menor e chega a sua resolução mediante um puro processo de raciocínio. O juiz – ou os jurados – tomam suas decisões de forma irracional – ou, pelo menos, arracional – e posteriormente as submetem a um processo de racionalização. A decisão, portanto, não se baseia na lógica, mas nos impulsos do juiz que estão determinados por fatores políticos, econômicos, sociais e, sobretudo, por sua própria idiossincrasia.[108]

Deveras, a lógica dedutiva clássica será quase inteiramente suficiente nos casos em que forem de fácil definição as premissas normativas (premissa maior) e fáticas (premissa menor) sobre as quais se desenvolverá o raciocínio e a partir das quais se chegará a uma conclusão. Trata-se de casos de justificação interna.[109]

Nenhuma decisão poderá dispensar este tipo de justificação. Contudo, se é dúbia a escolha entre normas ou sobre sua interpretação como premissa maior e/ou a escolha sobre qual o contexto fático a ser considerado como provado nos autos e servir como premissa menor, logo se percebe a impossibilidade de a lógica dedutiva regular inteiramente o processo racional de decisão.

Nestes casos, além dos argumentos de dedução a serem utilizados uma vez escolhidas as premissas aplicáveis, é necessária uma argumentação antecedente à primeira e que buscará legitimá-la já que voltada a fundamentar a escolha das premissas a serem utilizadas nos argumentos de dedução. Este raciocínio não se valerá de argumentos puramente dedutivos e é denominado justificação externa. Nesta, o que se busca é demonstrar não a *validade* da conclusão a que se chega por dedução, mas sim a veracidade das premissas adotadas na justificação interna.

É neste momento da fundamentação que se revela a característica que faz com que determinados casos sejam considerados difíceis, na nomenclatura já consagrada *hard cases*, exatamente porque a lógica deôntica clássica não é capaz de encaminhar sua solução, ao menos não em sua concepção tradicional.

---

[108] FRANK, Jerome. *Law and the modern mind*. New Jersey: Transaction Publishers, 2009. Disponível em: https://www.jstor.org/stable/20024194?newaccount=true&read-now=1&seq=3#page_scan_tab_contents.

[109] As expressões *justificação interna* e *justificação externa* foram cunhadas inicialmente por Jerzy Wrobléwski, tornando-se de uso relativamente corrente no direito especialmente a partir dos trabalhos de Robert Alexy e Klaus Gunther (WROBLÉWSKI, Jerzy. *Sentido y hecho en el derecho*. Tradução de Iguartúa Salaverria. México: Fontamara, 2003. p. 52).

Efetivamente, a decisão somente poderá ser considerada corretamente fundamentada – e por consequência passível de apontamento eficaz de aporias –[110] se demonstrar que a atividade racional dedutiva de subsunção entre premissas (fáticas e jurídicas) é *válida* e que também as premissas adotadas são *verdadeiras*.

Robert Alexy empenha-se em apontar uma metodologia que permitiria optar entre uma premissa normativa ou outra, contudo, sua teoria se reveste de alto grau de subjetivismo, não sendo apta a sistematizar o raciocínio necessário para se escolher entre as premissas possíveis para a solução do dilema jurídico.

Dworkin propõe que a solução do caso se dê também de uma forma "justa", na suposição de que, por mais complexa e tortuosa, o direito e não a vontade do intérprete que proporcionará uma única solução adequada para o caso concreto, com base não em objetivos sociais ou diretrizes políticas, mas, sim, em princípios (morais) que fundamentam os direitos analisados.[111]

A solução, contudo, não é capaz de excluir por completo a arbitrariedade e a subjetividade, uma vez que os princípios e valores, por sua heterogeneidade embora passíveis de serem estruturados em um discurso racional, podem ensejar decisões antagônicas igualmente válidas no sentido lógico da palavra.

José Cella, por sua vez, propõe que a lógica paraconsistente sirva como lógica subjacente em casos como tais, auxiliando como guia do intérprete para identificação das contradições e redundâncias e também para que o "preceito de universalização possa ser verificado, no contexto horizontal de vinculação a precedentes, a fim de que se evite ou se reduza a probabilidade de tomada de decisões arbitrárias e, portanto, irracionais".[112]

O autor explicita que tal lógica aplicar-se-ia apenas na argumentação que faz parte da justificação externa nos mencionados *hard cases* e defende que isto "permitiria uma ampliação dos limites da

---

[110] ARAÚJO, Fabrício Simão da Cunha. *A lealdade na processualidade democrática*: escopos fundamentais do processo. Rio de Janeiro: Lumen Juris, 2014. p. 219. Na obra, valendo-nos das lições de Rosemiro Pereira Leal, caracterizamos o contraditório como possibilidade de acesso e exercício do apontamento eficaz da aporia. Nesse sentido, o processo democrático seria aquele que permitiria a constatação plena do acerto científico de uma decisão ou da imposição argumentativa da necessidade inequívoca de sua superação.

[111] CARVALHO NETO, Menelick de; SCOTTI, Guilherme. *Os direitos fundamentais e a (in) certeza do direito*: a produtividade das tensões principiológicas e a superação do sistema de regras. Belo Horizonte: Fórum, 2011.

[112] CELLA, José. *Controle das decisões pela lógica paraconsistente*. Tese (Doutorado) – Centro de Ciências Jurídicas, Universidade Federal de Santa Catarina, Florianópolis, 2008. p. 155.

racionalidade a qual fica bem restrita ao respeitar princípios lógicos clássicos tais como o da não-contradição".[113]

2.4.5 Insuficiências da lógica deôntica clássica

Uma das características marcantes da lógica deôntica que demonstra ser ela espécie da lógica clássica de primeira ordem – e, por outro lado, permite-nos destacar desde já sua insuficiência para regular as inúmeras situações concretas que exigem uma solução conforme as normas vigentes – é o fato de que ambas são monotônicas.

Isto quer dizer, em breve digressão, conforme explica o professor José Cella,[114] que se uma sentença X pode ser inferida de um conjunto Γ de premissas, então ela certamente também pode ser inferida de um conjunto Δ de premissas que contenha Γ como subconjunto. Essa característica pode ser expressa pelo símbolo de consequência dedutiva $\vDash$, portanto, se $\Gamma \vDash X$ e $\Gamma \subseteq \Delta$, então $\Delta \vDash X$.

Assim, na lógica clássica de primeira ordem e na lógica deôntica, se X é uma consequência do conjunto de Γ de premissas, então necessariamente X será uma consequência de qualquer conjunto contendo Γ como um subconjunto.

A realidade, contudo, acaba desconstituindo a perfeição da lógica clássica por rotineiramente infirmar as premissas de que se parte para se chegar a determinada conclusão, demonstrando que as premissas (e até axiomas) usadas para raciocínios pretéritos, para casos aparentemente semelhantes, não são mais válidas, pois eram imperfeitas e parciais.

É normal, portanto, fora das ciências formais e da lógica clássica – e da lógica deôntica, por consequência –, que premissas sejam derrotáveis e ensejem conclusões contraditórias, na medida em que o escopo do conhecimento que permite a formulação da premissa é muito inferior à complexidade da realidade.

Não é diferente no direito. Embora as proposições normativas possam ser organizadas com a perfeição da forma sistemático-dedutiva como propõe a lógica deôntica, essa organização não implica a certeza de resultados não contraditórios quando confrontada pela realidade prática.

---

[113] CELLA, José. *Controle das decisões pela lógica paraconsistente*. Tese (Doutorado) – Centro de Ciências Jurídicas, Universidade Federal de Santa Catarina, Florianópolis, 2008. p. 155.

[114] CELLA, José. *Controle das decisões pela lógica paraconsistente*. Tese (Doutorado) – Centro de Ciências Jurídicas, Universidade Federal de Santa Catarina, Florianópolis, 2008. p. 159.

Deve-se ter cuidado para a realização das operações de derivação axiomática para não se presumir o acerto da decisão pela simples observância da metodologia geométrica. Tivemos oportunidade de destacar, valendo-nos das lições de Bachelard e Andrea Alves, como o pensamento dialético – seja pelo raciocínio axiomático-dedutivo de Viehweg (em que o catálogo de *topoi* assume a estatura de fonte de direito), o raciocínio axiológico-teleológico de Canaris (em que o catálogo de *topoi* constitui metodologia de interpretação) e na teoria do direito como integridade (em que decisões históricas, costumes e moral, não constituem fonte nem interpretação mas exercem forte pressão na justificação do direito) – permite de forma ampla a construção do conhecimento de forma geométrica.[115] Assim como a geometria euclidiana, assumem a forma de um sistema dedutivo único e perfeito; partindo do pressuposto do caráter eterno, permanente e absoluto das premissas evidentes intuídas pelo intelecto para formar proposições.

É imprescindível, com as constatações da física quântica e, por derivação, das lógicas não aristotélicas, que se adote um raciocínio que pressupõe a variabilidade e provisoriedade das premissas adotadas e as exponha à refutação e superação constante.

Não se pode olvidar que as generalizações no direito, todos os axiomas e até mesmo as bases instituintes, constituintes e constituídas do direito são resultado de induções realizadas ao longo do decurso da história do homem como espécie e de sua evolução sociocultural – da lógica *utens* à lógica *docens* –, conforme delineamos acima.

Assim, ainda que teórica e sintaticamente eles sejam fundamentos próprios e adequados a reger a (re)construção e a interpretação do direito – o que não se questiona –, semanticamente, são compreendidos a partir de induções feitas a partir da experiência humana ao longo do tempo, a qual, como vem sendo exposto, por mais alto grau de aproximação que se consiga atingir a partir do desenvolvimento científico, é imperfeita.

Embora, então, na prática jurídica seja relativamente corriqueiro chegar a respostas contraditórias a partir da realização de operações racionais válidas deduzidas dos axiomas do sistema, a lógica deôntica não consegue lidar com situações como esta.

Nesse ponto é possível vislumbrar como a lógica aristotélica influencia não só a linguagem que fundamenta a decisão, mas também

---

[115] ARAÚJO, Fabrício Simão da Cunha. *A lealdade na processualidade democrática*: escopos fundamentais do processo. Rio de Janeiro: Lumen Juris, 2014. p. 193.

a própria concepção de acerto da decisão, muitas vezes substituindo a validade lógica – que decorre da correção das operações racionais realizadas – com a verdade ontológica, que pressupõe não só que a concatenação de argumentos seja válida, mas também que em seu conteúdo possam ser consideradas verdadeiras, assim como o seja a solução encontrada/proposta.

Nesta lógica, diante de uma contradição em que duas normas são simultaneamente aplicáveis (OA $\wedge$ O ¬A), tem lugar o princípio da explosão, pelo qual dessa contradição pode advir qualquer conclusão, ou seja, (OA $\wedge$ O ¬A) $\rightarrow$ OB, o que retira do sistema a sua exigida previsibilidade e segurança.

É o que demonstra José Cella,[116] referindo-se ao acórdão proferido pelo Supremo Tribunal Federal brasileiro no julgamento do Habeas Corpus nº 82.424/RS, em 2003, pelo qual dois diferentes ministros, valendo-se da mesma metodologia, qual seja, a teoria de Robert Alexy sobre as leis de ponderação entre princípios constitucionais pelo uso da proporcionalidade, chegaram a conclusões diametralmente opostas. "É hoje unânime entre os filósofos que, em um grande número de casos, a afirmação normativa singular que expressa um julgamento que envolve questão legal não é uma conclusão lógica derivada de formulações de normas que se pressupõem válidas".[117]

O autor reconhece que "parece claro que na realidade não existe nenhum procedimento que permita chegar em cada caso a uma única resposta correta, mas disso não decorre renunciar à ideia de única resposta correta como ideia reguladora da razão, de maneira que tal ideia tem o caráter de um objetivo a ser perseguido [...]",[118] até mesmo como indutor de um esforço para se alcançar o melhor resultado possível.

A lógica deôntica, portanto, conforme ressalta o filósofo espanhol Txetxu Ausín Diez,[119] possui certos princípios e regras de inferência que

---

[116] CELLA, José. *Controle das decisões pela lógica paraconsistente*. Tese (Doutorado) – Centro de Ciências Jurídicas, Universidade Federal de Santa Catarina, Florianópolis, 2008. p. 160-164.

[117] CELLA, José. *Controle das decisões pela lógica paraconsistente*. Tese (Doutorado) – Centro de Ciências Jurídicas, Universidade Federal de Santa Catarina, Florianópolis, 2008. p. 175.

[118] CELLA, José. *Controle das decisões pela lógica paraconsistente*. Tese (Doutorado) – Centro de Ciências Jurídicas, Universidade Federal de Santa Catarina, Florianópolis, 2008. p. 175.

[119] Sobre os paradoxos da lógica deôntica, assim como a explicação a respeito de cada um, conferir: AUSIN, Txetxu. *Entre la lógica y el derecho*: paradojas y conflictos normativos. Barcelona: Plaza y Valdes, 2013 e/ou SILVA, Ricardo Tavares. Paradoxos da lógica deôntica: indícios de um equívoco. *Revista Kriterion*, Belo Horizonte, v. 58, n. 138, set./dez. 2017. Disponível em: http://www.scielo.br/scielo.php?script=sci_arttext&pid=S0100-512X2017000300673. Acesso em: 15 maio 2018.

a impedem de dar conta dos paradoxos e contradições que o sistema apresenta, como no caso do fenômeno das obrigações derivadas, das de mal menor, o paradoxo do compromisso (derivado da noção de dever condicionado), o paradoxo dos imperativos contrários às obrigações, o paradoxo do bom samaritano, o do conhecedor, o paradoxo do elogio, o bicondicional, o da segunda melhor opção, o do penitente e também o paradoxo de Ross.

A existência desses paradoxos demonstra, segundo José Cella, a insuficiência da lógica deôntica clássica para dar conta das operações lógica realizadas na ciência do direito.[120] Deveras, trata-se do mesmo fenômeno experimentado pela lógica como um todo: a necessidade que a realidade apresenta à lógica formal de explicitar sistemas que comportem contradições. Em outras palavras, sistemas que não estivessem erguidos sobre a pedra fundamental da *não contradição*.

Exatamente nessa vereda, é que surgem sistemas lógicos que comportam contradições no interior de seu sistema. É o caso da lógica paraconsistente de Newton da Costa, a qual admite a possibilidade da violação do princípio da não contradição sem que o respectivo sistema se torne trivial (incoerente).

2.4.6 Lógica jurídica paraconsistente

O professor paranaense José Cella em sua tese de doutorado demonstra falhas da lógica deôntica para lidar com os dilemas morais e jurídicos e busca demonstrar a aplicabilidade da lógica paraconsistente ao direito, para que se permitisse lidar com as contradições inevitáveis do mundo real a partir da eliminação do princípio da não contradição.

Discorrendo sobre a superação da lógica clássica, José Cella,[121] afirma que a lógica jurídica se caracterizaria como *não monotônica*, no sentido do raciocínio da inferência derrotável, conforme acima exposto. Destacando que a lógica clássica não é capaz de lidar com as contradições do raciocínio jurídico, o autor ressalta que a lógica não monotônica também é muito utilizada na inteligência artificial, em que as pesquisas se esforçam para reproduzir um sistema que seja capaz de reproduzir a forma humana de pensar e tomar decisões com base em informações contraditórias e parciais.

---

[120] CELLA, José. *Controle das decisões pela lógica paraconsistente*. Tese (Doutorado) – Centro de Ciências Jurídicas, Universidade Federal de Santa Catarina, Florianópolis, 2008. p. 119.

[121] CELLA, José. *Controle das decisões pela lógica paraconsistente*. Tese (Doutorado) – Centro de Ciências Jurídicas, Universidade Federal de Santa Catarina, Florianópolis, 2008. p. 158.

A paraconsistência permitiria a formalização de sistemas teóricos de interpretação capazes de viabilizar processos dedutivos a partir de premissas contraditórias correspondentes a interesses em conflito. O autor vale-se da teoria da derrotabilidade jurídica normativa, corolário da teoria do raciocínio baseado na inferência derrotável (*defeasible inference*), denominado raciocínio *não monotônico*,[122] no sentido de que a aplicação rigorosa da lógica clássica à interpretação jurídica cederia e proporcionaria a abertura do sistema e de novas conclusões "em certas ocasiões [...] em razão da consideração de argumentos fortes o bastante para excepcioná-las".[123]

Essa possibilidade de superação de inferências é típica no raciocínio jurídico em que, por exemplo, um princípio geral do ordenamento jurídico pode prevalecer em dado caso, mas deixar de prevalecer quando cotejado com outro também aplicável ao caso concreto, como se defende em inúmeras teorias de interpretação e aplicação do direito, a exemplo de Ronald Dworkin. E essa característica por si só já demonstra, por sua vez, a necessidade do desenvolvimento de uma lógica deôntica diversa da clássica, senão para reger todo o direito, mas pelo menos para reger a solução destes casos concretos.

Como já pudemos destacar, a lógica paraconsistente tem sido utilizada como estrutura de fundamentação do funcionamento de diversos ramos do saber, como na computação, informática, diagnóstico médico, controle de tráfego aéreo, planejamento econômico, linguística, análise financeira e robótica, entre inúmeras outras.

Tal lógica tornou-se de grande relevância para os referidos campos do conhecimento humano exatamente porque na experiência cotidiana, apesar de não reconhecido pela lógica formal até muito pouco tempo atrás, é frequente sermos impelidos a tomar decisões sobre informações contraditórias que chegam a nós por meio de nossos sentidos.

No campo do direito, também tem sido defendida sua aplicação, de diferentes formas. O filósofo José Cella apresenta em tese de doutorado a defesa da possibilidade de utilização de sistema lógico paraconsistente para fundamentar a possibilidade de criação de um

---

[122] O autor explica resumidamente que o raciocínio não monotônico seria aquele em que o agente se reserva o direito de mudar as suas conclusões quando obtém alguma nova premissa ou informação, de maneira que algumas razões são derrotadas por outras quando comparadas.

[123] VASCONCELLOS, Fernando Andreoni. *Derrotabilidade da norma tributária*, p. 146, citado por CELLA, José. *Controle das decisões pela lógica paraconsistente*. Tese (Doutorado) – Centro de Ciências Jurídicas, Universidade Federal de Santa Catarina, Florianópolis, 2008. p. 156.

sistema de informática que auxilie o intérprete no momento de tomada de decisão ante casos difíceis.[124]

O programa computacional serviria ao jurista para proporcionar um melhor entendimento sobre o problema enfrentado e as decisões jurídicas sejam "baseadas em uma racionalidade mais aprimorada". O autor explica que já há programas computacionais criados para diagnosticar pacientes que se consultam diretamente com eles. Tais programas são criados a partir do uso de um banco de dados de informações com inúmeros médicos entrevistados e a partir desse banco de dados o sistema vai tirar conclusões.

Ocorre, contudo, que diante da grande complexidade da ciência médica é comum que médicos expressem opiniões divergentes e até mesmo contraditórias sobre o mesmo assunto. Assim, se o programa operar apenas com a lógica clássica, ele não conseguiria chegar a uma solução adequada em determinados casos, pois pode realizar a dedução de uma contradição. Esses sistemas computacionais de banco de dados, portanto, para que funcionem adequadamente, utilizam-se da lógica paraconsistente.

Cella então faz uma analogia das opiniões contraditórias relativas a determinado diagnóstico por diferentes especialistas com os *hard cases* do direito, em que diferentes intérpretes chegam a conclusões inconciliáveis. Defende, assim:

> um programa especialista de computação, um sistema especialista legal, poderia ser útil às partes em conflito e seus advogados antes que elas decidissem partir para o confronto judicial e, mesmo com o processo judicial instaurado, um programa tal poderia ser muito útil ao juiz.[125]

Em inúmeros campos do conhecimento sistemas lastreados na lógica paraconsistente têm permitido a automatização de respostas que vão além do sim e do não, já que alimentados por uma multiplicidade de sistemas de informação, os quais, muitas vezes, trazem algumas que contradizem algumas outras trazidas por outro sistema.

Isso muitas vezes é o que ocorre no direito. O autor destaca que não só há casos em que o próprio sistema jurídico permite deduções

---

[124] CELLA, José. *Controle das decisões pela lógica paraconsistente*. Tese (Doutorado) – Centro de Ciências Jurídicas, Universidade Federal de Santa Catarina, Florianópolis, 2008. p. 122.

[125] CELLA, José. *Controle das decisões pela lógica paraconsistente*. Tese (Doutorado) – Centro de Ciências Jurídicas, Universidade Federal de Santa Catarina, Florianópolis, 2008.

contraditórias, a partir de normas em aparente (e muitas vezes efetivo) conflito, como também casos em que normas éticas estabelecem proibição e a norma jurídica traz uma permissão.

É o caso da recente discussão acerca do aborto de anencéfalo, em que as normas éticas orientam que a vida intrauterina seja preservada assim como a saúde psicológica e física da mãe. A solução deste dilema ético pela via da lógica deôntica clássica exigiria a eleição de um dos dois valores éticos *a priori* de qualquer explicitação racional metodológico-dis-cursiva, ou seja, a explicitação teórica dos enunciados institutivos dos sentidos de um sistema normativo e sua relação com a facticidade.[126]

O primeiro passo, então, para se evitar uma decisão arbitrária ou ao menos evitar uma decisão que deixe de explicitar democraticamente as razões que preponderaram para sua adoção seria reconhecer que a utilização da lógica clássica é imprópria, considerando que o mesmo axioma (proteção da vida) plenamente vigente e válido ensejará deduções e proposições conflitantes entre si.

A lógica deôntica paraconsistente propõe, por outro lado, a possibilidade de que a decisão em situações tais em que o sistema lógico-jurídico deôntico não confere a segurança da resposta correta no caso concreto, não se dê de forma *irracional*. Aliás, como ressalta Cella, a possibilidade da adoção dessas lógicas não clássicas acaba ressemantizando até mesmo a própria concepção de racionalidade.[127]

Antes de prosseguirmos, é imprescindível ressaltar, contudo, que a proposição da utilização de uma lógica jurídica não clássica não implica de forma alguma afirmar a superação integral da lógica deôntica clássica.

---

[126] O Professor Rosemiro Leal diferencia o dis-curso do de-curso, ao afirmar que dis-curso seria a possibilidade de desconstrução reconstrutiva dos conteúdos da legalidade pela via de argumentos de identificação teórica dos enunciados institutivos dos sentidos de um sistema normativo e sua relação com a facticidade (LEAL, Rosemiro Pereira. O paradigma processual ante as sequelas míticas do poder constituinte originário. *Direito Público: Revista Jurídica da Advocacia-Geral do Estado de Minas Gerais*, Belo Horizonte, v. 1, n. 1, jul./dez. 2004). O de-curso, por sua vez, consistiria em discurso em que se busca atribuir sentido ao texto por raciocínio eminentemente dedutivo ou indutivo, valendo-se de realidades vividas pelo decisor para comprovar hipóteses ou formular premissas, sendo que tais comprovações ou induções não são expressas inteiramente em palavras. São externadas em argumentos que vão da imagem ao real sem fragmentação, já pressupondo a correção da realidade vivida. O interlocutor, por não compartilhar da mesma realidade que o destinador da mensagem, não consegue criticar as conclusões tomadas por ele, já que a passagem da representação da realidade para o conhecimento se dá de forma não fragmentada. O percurso fato-ideia é demasiadamente curto para qualquer questionamento crítico (conhecimento por imagem).

[127] CELLA, José. *Controle das decisões pela lógica paraconsistente*. Tese (Doutorado) – Centro de Ciências Jurídicas, Universidade Federal de Santa Catarina, Florianópolis, 2008. p. 140.

A lógica dedutiva se revela necessária para a garantia de racionalidade de qualquer juízo proferido no direito, especialmente, seja na solução de qual caso for (*hard cases* ou não), a título de justificação interna. Contudo, o que estamos a asseverar é que não é suficiente para destinar integralmente a solução jurídica, especialmente com os denominados *hard cases* – nos quais são úteis as lógicas não clássicas, especialmente, segundo Cella, a paraconsistente.

Não obstante os judiciosos argumentos do autor, ressalvamos que seu foco no trabalho referido se restringe à aplicabilidade da lógica paraconsistente para programas computacionais especialistas – de inteligência artificial –, que funcionariam como instrumento de controle automatizado de racionalidade de auxílio ao intérprete na tomada de suas decisões jurídicas, como exigência, entre outros, de vinculação ao autoprecedente (a ideia de que o intérprete – juiz ou tribunal – deve dar sempre a mesma resposta quando as circunstâncias de fato e normativas forem as mesmas).

Ainda que o modelo de lógica paraconsistente permita aumentar o controle sobre a arbitrariedade das soluções nas hipóteses em que o sistema jurídico não apresente uma resposta a partir das inferências aceitas pela lógica clássica, verifica-se que o sistema lógico formalizado (lógica científica e *docens*), ainda que baseado em lógicas não aristotélicas, não tem o condão de reger a integralidade da experiência humana e por consequência da experiência jurídica – na medida em que o mais complexo sistema lógico formal nem a sintaxe mais complexa possível nunca serão capazes de antever a universalidade de regras de inferência suficientes e necessárias para abarcar a complexidade total da experiência.

Em outras palavras, embora valiosíssima a contribuição de Cella, a lógica *docens* sempre caminhará a reboque das recorrentes formulações extrassistemáticas de argumentos informais cuja validade semântica no direito tenderá a prevalecer sobre a sintática, especialmente, portanto, a partir da lógica *utens*.

A experiência real reiteradamente, desde os trabalhos de Aristóteles formalizando sistematicamente o saber demonstrativo, vem infirmando os sistemas lógico-formais construídos com base em juízos intuitivos da validade de argumentos informais para representá-los sintaticamente e mimetizar regras de inferência compatíveis com a λόγος (no sentido amplo, da razão universal).

Efetivamente, a lógica científica como um todo exerce papel fundamental no desenvolvimento técnico-científico, no sentido da expressão conforme atribuída pelo professor Rosemiro Pereira Leal, para quem técnica seria o "conjunto de procedimentos, numa relação meio-fim, visando resultados úteis" e ciência a "racionalização da técnica. Recriação da técnica [...]. Atividade produtora de esclarecimentos do conhecimento ou conjunto de conhecimentos esclarecidos e fundamentados".[128]

Entretanto, a questão é saber se a racionalidade que a lógica jurídica paraconsistente promete conferir às decisões em que a lógica clássica deôntica mostra-se insuficiente é tal que permita a fiscalidade discursiva irrestrita em termos de verdade e não meramente de validade de modo que a resposta do direito seja sempre compatível com o caso apresentado, ainda que este, em sua eventual anormalidade, infirme o próprio sistema lógico antevisto (anteformulado) para sua solução.

Assim, ainda que sintaticamente esta lógica (paraconsistente) seja apta a resolver grande parte dos *hard cases* com "racionalidade" – aqui, no sentido de validade das inferências lógicas procedidas –, haverá sempre novos casos que desafiam e infirmam o sistema formal induzido a partir das experiências passadas.

Não só isso, mas a correção da solução considerada apenas em termos de validade das inferências lógicas pode acabar permitindo soluções imunes à refutação da própria realidade. Um amplo espectro de soluções provenientes da pura racionalidade abstrata pode ser considerado legítimo, embora sem qualquer pleito de verossimilitude ou mesmo possibilidade de fiscalidade a partir da realidade.

Em suma, soluções que consideram apenas a metodologia racional abstrata como única condicionante para sua aferição de adequação podem se mostrar insuficientes e despreparadas para abarcar a dinamicidade e complexidade com que a realidade se apresenta à mente humana, impedindo que o direito esteja em harmonia com os conflitos que regula, assim como também podem ensejar "avanços" e "inovações" também com a mesma espécie de desarmonia, ou seja, que se justificam em termos de racionalidade abstrata, mas sem compatibilidade com a realidade.

Portanto, além de perscrutar abstratamente as condições sintáticas de validade do raciocínio, é necessário abordar também as condições concretas de verossimilitude da solução proposta.

---

[128] LEAL, Rosemiro Pereira. *Teoria geral do processo*: primeiros estudos. 13. ed. Belo Horizonte: Fórum, 2016. p. 383.

CAPÍTULO 3

PROCESSUALIDADE DEMOCRÁTICA

Para que possamos dissertar acerca da lógica da fundamentação da decisão jurídica é imperioso explicitar e fixar os institutos processuais que configuram balizas de legitimidade que permitem considerar a decisão, antes de correta, válida na perspectiva do princípio democrático. Ronaldo Brêtas leciona que o, pode-se dizer democrático de direito, Estado quando concretiza a fusão de dois princípios ou sistemas conexos, o do Estado democrático e o do Estado de direito, de modo que tais paradigmas constituam "sistemas jurídico-normativos consistentes, [...] verdadeiros complexos de ideias, princípio e regras jurídicas coordenados [...]".[129]

O princípio democrático está ligado de forma imanente, em linhas gerais, com a fonte de legitimação do poder exercido pelo Estado, qual seja, o povo. Por outro lado, o Estado de direito pressupõe ao menos que se verifiquem: (I) o império da lei; (II) separação das funções do Estado, (III) submissão do Estado à lei e (IV) reconhecimento de direitos fundamentais.[130]

Por via de consequência, pode-se denominar determinado Estado como democrático de direito quando erige, ao menos na acepção estritamente formal, como premissas fundamentais: a soberania popular, o respeito à hierarquia das normas, a repartição das funções fundamentais e os direitos fundamentais.

---

[129] BRÊTAS, Ronaldo de Carvalho Dias. *Processo constitucional e Estado democrático de direito.* 4. ed. Belo Horizonte: Del Rey, 2018. p. 65.

[130] BRÊTAS, Ronaldo de Carvalho Dias. *Processo constitucional e Estado democrático de direito.* 4. ed. Belo Horizonte: Del Rey, 2018. p. 59.

A democracia, contudo, exige mais do que o preenchimento formal dos requisitos previstos para sua configuração. Como condição de legitimidade do exercício do poder que tem no próprio povo sua fonte absoluta, as previsões normativas devem encontrar-se refletidas efetivamente no cotidiano das pessoas que vivem em determinada democracia, sob pena de não se poder assim a considerar.

Dessarte, pelo princípio democrático e como condição para que esteja materialmente configurado, exige-se que o exercício das funções estatais e o direito externem constante conexão com a soberania popular, a qual pode se manifestar de duas formas: (A) ampla participação dos sujeitos alcançados, em posição de protagonismo, na criação, interpretação e aplicação do direito – ou seja, em outras palavras, no exercício de todas e quaisquer funções estatais e (B) pela efetividade dos direitos fundamentais.[131]

Na concepção do professor Marcelo Cattoni, há uma "tensão interna, sob o paradigma do Estado democrático de direito, entre a pretensão de legitimidade e a positividade do Direito".[132] Enquanto o Estado de direito perquire a validade do direito, o Estado democrático exige sua legitimidade.

Para Cattoni de Oliveira,[133] assim como Dierle Nunes,[134] valendo-se das lições de Habermas, a democracia seria o resultado de "processo dialético" entre liberalismo e comunitarismo, argumentando que a manutenção das perspectivas argumentativas liberais e sociais, consideradas reflexiva e criticamente, assegurariam a defendida democratização.

Valiosas as lições constitucionalistas, a teoria neoinstitucionalista busca acrescentar e desenvolver alguns traços à concepção de democracia em perspectiva pós-moderna, com escora na regra axiomática da proibição da vedação da liberdade de interpretação e argumentação crítica e de direitos fundamentais líquidos, certos e exigíveis.

---

[131] ARAÚJO, Fabrício Simão da Cunha. O processo constitucional como elemento de proteção dos direitos fundamentais no Estado Democrático de Direito. *Revista Brasileira de Direito Processual – RBDPro*, Belo Horizonte, ano 20, n. 80, p. 71-97, out./dez. 2012. p. 73.

[132] OLIVEIRA, Marcelo Andrade Cattoni de. O processo constitucional como instrumento da jurisdição constitucional. *Revista da Faculdade Mineira de Direito*, Belo Horizonte, v. 3, n. 5-6, p. 161-169, 1º-2º sem. 2000. p. 164.

[133] OLIVEIRA, Marcelo Andrade Cattoni de. Teoria discursiva da argumentação jurídica de aplicação e garantia processual jurisdicional dos direitos fundamentais. *In*: OLIVEIRA, Marcelo Andrade Cattoni de. *Jurisdição e hermenêutica constitucional*. Belo Horizonte: Mandamentos, 2004. p. 189-255.

[134] NUNES, Dierle José Coelho. *Processo jurisdicional democrático*. Curitiba: Juruá, 2011. p. 223.

Ambas as teorias, deve-se registrar, consignam como fundamento propedêutico que a soberania tem como titular o povo e não o Estado. De fato, segundo Rosemiro Pereira Leal, a Constituição brasileira de 1988 – CB/88 assenta o conceito moderno de soberania por buscar no povo, "muito antes que no Estado a fonte de sua própria existência e legitimidade jurídicas".[135]

Contudo, não basta asseverar que tal titularidade pertence ao povo de forma retórica, mantendo-o com caráter icônico e, consequentemente, abstrato e inofensivo. É necessário que o povo seja enxergado "como instância global de legitimidade democrática",[136] ou seja, conjunto de agentes a serem ouvidos de forma ampla, em todos os discursos de produção, aplicação, modificação e extinção dos direitos, de forma que deixem "[...] de ser meramente destinatários do Direito, mas tornem-se seus coautores".[137]

Exatamente por essa posição de imprescindível protagonismo que o povo assume no exercício das funções estatais no regime de governo democrático como condição de legitimidade do exercício do poder pelo Estado que o professor Rosemiro Pereira Leal define povo como o "conjunto de legitimados ao processo"[138] e André Del Negri, fazendo remissão à teoria de Leal, fala em "povo processualmente legitimado".[139]

Contudo, para que se considere materialmente vigente a democracia, é insuficiente que garanta formalmente apenas a participação da pessoa alcançada pelo provimento estatal. É imprescindível que esta participação se dê em um espaço consistente em um "[...] lócus normativo-linguístico assegurador de um status democrático"[140] aberto a todos.

O que pretendemos explicitar, nesse sentido, portanto, é que a democracia não se restringe à clássica fórmula republicanista de "governo da maioria", tampouco se encerra na mera participação do povo

---

[135] LEAL, Rosemiro Pereira. *Soberania e mercado mundial*: a crise jurídica das economias. Leme: Editora de Direito, 1999. p. 35.

[136] DEL NEGRI, André. *Controle de constitucionalidade no processo legislativo*: teoria da legitimidade democrática. Belo Horizonte: Fórum, 2003. p. 31.

[137] CRUZ, Álvaro Ricardo Souza. *Jurisdição constitucional democrática*. Belo Horizonte: Del Rey, 2004. p. 220.

[138] LEAL, Rosemiro Pereira. *Processo como teoria da lei democrática*. Belo Horizonte: Fórum, 2010. p. 59.

[139] DEL NEGRI, André. *Controle de constitucionalidade no processo legislativo*: teoria da legitimidade democrática. Belo Horizonte: Fórum, 2003. p. 32.

[140] DEL NEGRI, André. *Processo constitucional e decisão interna corporis*. Belo Horizonte: Fórum, 2011. p. 28.

na escolha dos seus representantes legislativos. Além disso, tampouco se exaure na existência de espaços públicos não parametrizados de debates de ideias.

Nesse diapasão, a mera previsão das garantias fundamentais da "inafastabilidade do acesso à tutela jurisdicional", da celeridade, do devido processo legal, da ampla defesa e do contraditório não garantem a instauração nem o desenvolvimento de um processo democrático, nem, por consequência permitem que a solução para o conflito apresentado o seja.

Para tanto, é imprescindível que o processo seja compreendido mediante a incorporação dos avanços teóricos proporcionados desde a teoria estruturalista,[141] passando pela teoria constitucionalista e chegando à teoria neoinstitucionalista[142] do processo, conforme buscaremos delinear nos tópicos subsequentes.

3.1 Do processo como instrumento da jurisdição ao processo cujo instrumento é a jurisdição

Classicamente, na concepção de que o processo está a serviço da jurisdição como seu instrumento, o contraditório e a ampla defesa são

---

[141] Aqui nos referimos à teoria do processo como procedimento em contraditório, concebida por Elio Fazzalari e divulgada no Brasil por Aroldo Plínio Gonçalves (*Técnica processual e teoria do processo*. 2. ed. Belo Horizonte: Del Rey, 2012). A denominação desta teoria como teoria estruturalista do processo é de autoria do professor Ronaldo Brêtas de Carvalho Dias, que pedagogicamente justifica a adoção da nomenclatura enfatizando a importância distintiva e central que a ideia de estrutura normativa ocupa no desenvolvimento da teoria processual de Fazzalari, inclusive registrando que Aroldo Plínio ao explanar referida teoria se vale dessa expressão por nada menos que oito vezes (BRÊTAS, Ronaldo de Carvalho Dias. *Processo constitucional e Estado democrático de direito*. 4. ed. Belo Horizonte: Del Rey, 2018. p. 110).

[142] A teoria neoinstitucionalista foi concebida por Rosemiro Pereira Leal e, a respeito dos aspectos gerais do processo nesta teoria, consignamos em outra obra que: "Rosemiro Pereira Leal construiu a teoria neoinstitucionalista do processo para que o direito seja apto a garantir ao povo total de legitimados ao processo, na esteira de construção de uma sociedade democrática, recinto de discussão para decidir os contornos, a liquidez e a certeza de direitos com liberdade irrestrita e de forma emancipada de dogmas, ideologias e verdades inquestionáveis. O processo, portanto, na teoria neoinstitucionalista atua como canal de interrogação linguístico-crítico-jurídica do sistema normativo e de construção participada do direito pela prevalência de teoria que melhor se ajuste à lei democrática. Assim, pelo processo, deve-se franquear ao conjunto de legitimados, debate amplo de teorias, substituindo-as continuamente conforme se apresente nova teoria que expresse de melhor forma a liberdade irrestrita de construção da vida pela via teórico-linguística e a liquidez, certeza e exigibilidade imediata dos direitos fundamentais" (ARAÚJO, Fabrício Simão da Cunha. *A lealdade na processualidade democrática*: escopos fundamentais do processo. Rio de Janeiro: Lumen Juris, 2014).

CAPÍTULO 3
PROCESSUALIDADE DEMOCRÁTICA
93

colocados conjuntamente, como um dos princípios gerais do processo ao lado da imparcialidade do juiz, da ação da livre investigação das provas, do impulso oficial, da oralidade, da persuasão racional, da motivação das decisões judiciais, da publicidade, da lealdade processual, da instrumentalidade das formas e do duplo grau de jurisdição.[143]

Concebendo o processo como uma espécie de relação jurídica, é suficiente que seus requisitos formais de constituição e validade sejam observados – entre os quais estão as garantias fundamentais do contraditório e da ampla defesa – para que à jurisdição seja autorizado declarar, conforme seu livre convencimento motivado, o direito aplicável à espécie.

O processo era concebido, portanto, como instrumento da jurisdição, ou seja, cumpria a finalidade precípua de permitir que a autoridade declarasse o direito aplicável ao caso concreto (*juris dictione*).

A partir das contribuições da teoria estruturalista do processo (fazzalariana), o processo começou a ser entendido como fator de democratização do direito, seja porque se baseava estruturalmente sobre a pedra angular do contraditório como direito à participação, seja porque permitiu superar "[...] a ideia de uma teoria geral do processo, definida apenas como teoria do processo jurisdicional".[144]

Assim, o espaço de diálogo criado no processo não decorre de uma conexão de vontades ou de um vínculo entre sujeitos, conforme adverte Aroldo Plínio Gonçalves,[145] mas deriva sim de uma estrutura metodológica normativamente construída que viabiliza o embate discursivo-argumentativo das partes, em simétrica paridade, o que significa que ao menos deve haver condições espaciais e temporais de isonomia entre os sujeitos do processo.

Segundo esclarece o autor:

> [...] o juiz se submete às normas do processo pelas quais os atos das partes são garantidos, que o juiz não pode se recusar ao cumprimento da norma que institui o direito de igual participação das partes, em simétrica paridade [...].

---

[143] CINTRA, Antônio Carlos de Araújo; GRINOVER, Ada Pellegrini; DINAMARCO, Cândido Rangel. *Teoria geral do processo*. São Paulo: Malheiros, 2013. p. 59.

[144] BARROS, Flaviane de Magalhães. O modelo constitucional de processo e o processo penal: a necessidade de uma interpretação das reformas do processo penal a partir da Constituição. *In*: MACHADO, Felipe Daniel Amorim; OLIVEIRA, Marcelo Andrade Cattoni de (Coord.). *Constituição e processo*: a contribuição do processo ao constitucionalismo brasileiro. Belo Horizonte: Del Rey, 2009. p. 333.

[145] GONÇALVES, Aroldo Plínio. *Técnica processual e teoria do processo*. 2. ed. Belo Horizonte: Del Rey, 2012. p. 69.

A ideia de participação, como elemento integrante do contraditório já era antiga. Mas o conceito de contraditório desenvolveu-se em uma dimensão mais ampla. Já não é a mera participação, ou mesmo a participação efetiva das partes no processo. O contraditório é a garantia de participação das partes, em simétrica igualdade, no processo, e é a garantia das partes por que o jogo de contradição é delas, os interesses divergentes são delas, são elas os "interessados e os contra-interessados", na expressão de FAZZALARI, enquanto, dentre todos os sujeitos do processo, são os únicos destinatários do provimento final, são os únicos sujeitos do processo que terão os efeitos do provimento atingindo a universalidade de seus direitos, ou seja, interferindo imperativamente em seu patrimônio.

O contraditório não é o 'dizer' e o 'contradizer' sobre a matéria controvertida, não é a discussão que se trava no processo sobre a relação de direito material, não é a polêmica que se desenvolve em torno de interesses divergentes sobre o conteúdo do ato final. Essa será sua matéria, seu conteúdo possível.

O contraditório é a igualdade de oportunidade no processo, é a igual oportunidade de igual tratamento, que se funda na liberdade de todos perante a lei.

É essa igualdade de oportunidade que compõe a essência do contraditório enquanto garantia de simétrica paridade de participação no processo.[146]

Assim, ao menos no campo teórico-científico, foi possível migrar da concepção do contraditório como direito de participação dos sujeitos do processo, de dizer e contradizer, para garantia específica e exclusiva das partes, que as coloca como protagonistas da construção do provimento, em condições de igualdade sustentadas pelo arcabouço normativo-metodológico que constitui o processo e não por generosidade, compromisso ético, ou qualquer outro escopo metajurídico do órgão jurisdicional.

Nesse diapasão, a partir do papel central atribuído ao contraditório é que se inicia um giro de escopos da instrumentalidade processual para a instrumentalidade jurisdicional.

O processo não se reduz à condição de validade para que, preenchida, o juiz possa esclarecer às partes qual a melhor forma de solucionar o conflito conforme o direito vigente. Presta-se também – nesta fase da ciência processual – a garantir que as partes alcançadas

---

[146] GONÇALVES, Aroldo Plínio. *Técnica processual e teoria do processo*. 2. ed. Belo Horizonte: Del Rey, 2012. p. 108.

pelo provimento estatal possam debater em igualdade de condições, e à jurisdição, além de dizer o direito, compete assegurar a observância desta garantia.

> O contraditório realizado entre as partes não exclui que o juiz participe atentamente do processo, mas, ao contrário, o exige, porquanto, sendo o contraditório um princípio jurídico, é necessário que o juiz a ele se atenha, adote providências necessárias para garanti-lo, determine as medidas adequadas para assegurá-lo, para fazê-lo observar, para observá-lo, ele mesmo.[147]

Conforme se verifica, o caráter discursivo do processo já despontava como estrutural ao processo na teoria do processo como procedimento em contraditório (estruturalista). Contudo, a partir da Lei Fundamental de 1988, a Constituição da República Federativa do Brasil em Estado Democrático de Direito (art. 1º), a fixação de balizas procedimentais-discursivas em estatura constitucional (art. 5º, LIV, LV, XXXV, XXXVI, LIII, LVI, LVII, LX, LXVIII, LXIX, LXXI, LXXIII, LXXIV e LXXXVIII) e também a exigência teórico-científica (como corolário da concepção científica do princípio democrático) e positiva (art. 5º, §1º da CB/88) delinearam a estatura constitucional do processo, acentuando em muito a potencialidade do processo em veicular de forma efetiva os argumentos de cada parte na construção do direito.

Nessa vereda, a própria existência do processo restou condicionada à observância efetiva e material de todas estas garantias fundamentais, motivo pelo qual se pode afirmar a assunção pela jurisdição de função instrumental em relação ao processo. Ou seja, para que o processo cumpra sua finalidade, ele se vale da função jurisdicional à qual compete assegurar a observância das garantias fundamentais.

Por isso se fala que, com o advento da Constituição brasileira de 1988 houve um *giro de escopos, de instrumentalidades ou de finalidades*[148] no direito processual brasileiro, já que à jurisdição passou a incumbir, precipuamente, assegurar aos sujeitos processuais a observância irrestrita de mencionadas balizas constitucionais procedimentais-discursivas, ou seja, garantir a existência e o desenvolvimento do processo. Nesse sentido, tivemos chance de afirmar em outra sede que "na medida

---

[147] GONÇALVES, Aroldo Plínio. *Técnica processual e teoria do processo*. 2. ed. Belo Horizonte: Del Rey, 2012. p. 105.

[148] ARAÚJO, Fabrício Simão da Cunha. *A lealdade na processualidade democrática*: escopos fundamentais do processo. Rio de Janeiro: Lumen Juris, 2014. p. 182.

em que compete ao Estado-Juiz adotar as providências necessárias para a observância das garantias processuais no bojo do processo, é a Jurisdição que atua como instrumento por meio do qual o processo se realiza".[149]

Além do aspecto ressaltado acima para caracterizar o giro de escopos da instrumentalidade, tem-se que também há outro motivo para que se possa defender esta proposição. À jurisdição, com a elevação da estatura do processo a instituto que habilita a consecução da democracia no bojo do exercício de toda e qualquer função estatal, não mais incumbe declarar livremente – *iuris dictio* –, conforme seu livre convencimento motivado, o que entende ser de direito no caso concreto.

É o que se pretende expor no próximo tópico.

3.2 O processo como mecanismo de legitimação democrática pelo contraditório

Classicamente, o contraditório é concebido como corolário ou consequente lógico da bilateralidade da ação, ou seja: da constatação de que a ação se volta a afetar não só somente o acervo jurídico da parte autora, mas também da parte ré, decorre a necessidade de ouvir ambas. Nesse sentido é que se correlacionava de forma umbilical o princípio do contraditório com o princípio da audiência bilateral e com o brocardo romano *audiatur et altera pars*.[150]

Sem distingui-lo de forma mais precisa da ampla defesa, a teoria do processo como relação jurídica – do instrumentalismo processual – concebe o contraditório como sustentado em dois principais pilares: (I) a obrigação de se dar ciência a cada litigante dos atos praticados pelo juiz e pelo adversário, pela citação, intimação ou notificação e (II) a garantia da possibilidade de reação.[151]

A noção que se tem do instituto processual em análise evoluiu, em sede da teoria estruturalista, na medida em que se passou a perceber a fundamental importância que desempenha não só na prestação da

---

[149] ARAÚJO, Fabrício Simão da Cunha. O processo constitucional como elemento de proteção dos direitos fundamentais no Estado Democrático de Direito. *Revista Brasileira de Direito Processual – RBDPro*, Belo Horizonte, ano 20, n. 80, p. 71-97, out./dez. 2012. p. 81.

[150] CINTRA, Antônio Carlos de Araújo; GRINOVER, Ada Pellegrini; DINAMARCO, Cândido Rangel. *Teoria geral do processo*. São Paulo: Malheiros, 2013. p. 64.

[151] CINTRA, Antônio Carlos de Araújo; GRINOVER, Ada Pellegrini; DINAMARCO, Cândido Rangel. *Teoria geral do processo*. São Paulo: Malheiros, 2013. p. 65.

função jurisdicional, mas também como elemento essencial de sistemas efetivamente democráticos.

Sua abordagem na teoria fazzalariana foi exposta no item anterior do presente trabalho. A partir destes avanços teóricos e da promulgação da Constituição brasileira repleta de garantias de balizas discursivas fundamentais, o próprio contraditório também se tornou ainda mais elementar para a legitimidade dos provimentos estatais.

Assim, definitivamente deixou de ser mera bilateralidade da audiência, ou mesmo de se restringir a participação no procedimento em simétrica paridade e, com a teoria do processo constitucional, passou a ser tido como "possibilidade de influência (Einwirkungsmöglichkeit) sobre o conteúdo das decisões e sobre o desenvolvimento do processo".[152]

Assim, por consequência, seriam inválidos os provimentos que decidissem qualquer questão relevante de ofício sem a anterior contribuição das partes, considerando-se como relevante a questão de fato ou de direito necessária como premissa ou fundamento para a decisão.[153]

Lenio Luiz Streck,[154] na mesma vereda, destaca tal renovada concepção do contraditório, não mais no sentido negativo de garantia de oposição ou resistência à atuação alheia, mas sim garantia no sentido positivo, de influir ativamente no desenvolvimento do processo e na formação da resposta judicial.

Assim, se de um lado à parte se assegura influir efetivamente no conteúdo das decisões, de outro lado isso implica ao órgão jurisdicional o dever de não só tomar conhecimento dos argumentos formulados, mas os analisar de forma séria e detida.[155]

Ronaldo Brêtas, realçando concepção do contraditório a partir da constitucionalização do processo, assevera:

---

[152] NUNES, Dierle José Coelho. *Processo jurisdicional democrático*. Curitiba: Juruá, 2011. p. 226.

[153] A respeito da distinção entre ponto, questão e argumentos, debruçar-nos-emos de forma mais detida no Capítulo 5, item 5.4, valendo-nos da obra de Ronaldo Brêtas, *Processo constitucional e Estado democrático de direito* (4. ed. Belo Horizonte: Del Rey, 2018).

[154] STRECK, Lenio Luiz. Hermenêutica, Constituição e processo ou de "como discricionariedade não combina com democracia": o contraponto da resposta correta. In: MACHADO, Felipe Daniel Amorim; OLIVEIRA, Marcelo Andrade Cattoni de (Coord.). *Constituição e processo*: a contribuição do processo ao constitucionalismo brasileiro. Belo Horizonte: Del Rey, 2009. p. 18.

[155] STF, Pleno. MS nº 24.268/MG. Rel. p/ o acórdão Min. Gilmar Mendes, ac. 5.2.2004. *RTJ*, 191/922.

[...] o que deve ser instaurado na dinâmica do procedimento é o *quadrinômio* estrutural do contraditório (e não *binômio* ou *trinômio*), ou seja, – *informação-reação-diálogo-influência* – como resultado lógico-formal da correlação do princípio do contraditório com o princípio da fundamentação das decisões jurisdicionais.[156] (Grifos no original)

Nesse diapasão é que se intensifica o giro de escopos mencionado, permitindo a limitação do subjetivismo do decisor, visto que o contraditório na sua acepção constitucional-democrática o impediria, como afirma Streck, referindo-se à lição de Flaviane de Magalhães de Barros, de adotar uma fundamentação que extrapole os argumentos jurídicos de modo que a "decisão racional se garanta em termos de coerência normativa, a partir da definição do argumento mais adequado ao caso".[157]

Conforme se depreende, por consequência, o contraditório tem acentuadas imbricações com a fundamentação das decisões estatais e, a rigor, lhe é vinculante.

Nessa extensão, embora abaixo nos dedicaremos de forma mais detida à fundamentação da decisão e seu imprescindível vínculo com o contraditório, é oportuno desde já trazer à colação o que leciona, por exemplo, Humberto Theodoro Júnior a este respeito: "[a decisão] sempre será fruto do debate das partes, e o juiz motivará sua decisão em cima dos argumentos extraídos das alegações dos litigantes, seja para acolhê-las seja para rejeitá-las".[158]

Também o professor André Cordeiro Leal explicita:

[...] mais do que garantia de participação das partes em simétrica paridade, portanto, o contraditório deve ser efetivamente entrelaçado com o princípio [...] da fundamentação das decisões, de forma a gerar bases argumentativas acerca dos fatos e do direito debatido, para a motivação das decisões.

---

[156] BRÊTAS, Ronaldo de Carvalho Dias. *Processo constitucional e Estado democrático de direito*. 4. ed. Belo Horizonte: Del Rey, 2018. p. 130.

[157] STRECK, Lenio Luiz. Hermenêutica, Constituição e processo ou de "como discricionariedade não combina com democracia": o contraponto da resposta correta. *In*: MACHADO, Felipe Daniel Amorim; OLIVEIRA, Marcelo Andrade Cattoni de (Coord.). *Constituição e processo*: a contribuição do processo ao constitucionalismo brasileiro. Belo Horizonte: Del Rey, 2009. p. 18.

[158] THEODORO JÚNIOR, Humberto. Constituição e processo: desafios constitucionais da reforma do processo civil no Brasil. *In*: MACHADO, Felipe Daniel Amorim; OLIVEIRA, Marcelo Andrade Cattoni de (Coord.). *Constituição e processo*: a contribuição do processo ao constitucionalismo brasileiro. Belo Horizonte: Del Rey, 2009. p. 253.

E arremata que "[...] decisão que desconsidere, ao seu embasamento, os argumentos produzidos pelas partes no seu iter procedimental será inconstitucional e, a rigor, não será sequer pronunciamento jurisdicional, tendo em vista que lhe faltaria a necessária legitimidade".[159]

Pelo contraditório, na sua perspectiva constitucional, a construção dos provimentos estatais (jurisdicionais ou não) só pode se dar pela cooperação daqueles a quem ela interessa. Conforme tivemos oportunidade de assentar, ao discorrermos sobre a concepção constitucionalista do processo e do contraditório, as partes oferecerão os argumentos como se fossem tijolos e à função jurisdicional incumbe utilizar os melhores, no sentido daqueles que edifiquem o caminho adequado à realização da Constituição, mas sempre dizendo, tijolo por tijolo, porque devem ou não ser utilizados.[160]

---

[159] LEAL, André Cordeiro. *O contraditório e a fundamentação das decisões no direito processual democrático*. Belo Horizonte: Mandamentos, 2002. p. 133.

[160] ARAÚJO, Fabrício Simão da Cunha. O processo constitucional como elemento de proteção dos direitos fundamentais no Estado Democrático de Direito. *Revista Brasileira de Direito Processual – RBDPro*, Belo Horizonte, ano 20, n. 80, p. 71-97, out./dez. 2012. p. 80.

CAPÍTULO 4

A METALINGUAGEM PROCESSUAL NA DEMOCRACIA

Conforme se buscou expor nos tópicos anteriores, o giro de escopos processuais pelo qual à jurisdição passou a incumbir, não a revelação do "direito material" aplicável à espécie, mas sim a garantia de espaço e tempo necessários para a eficiente e ampla defesa de uma tese perante o órgão decisor – evidenciou a proeminência do caráter discursivo do processo.

O processo e seus princípios institutivos ao serem concebidos como instrumentos da efetivação da democracia, mediante a habilitação do povo para participação efetiva na condução das funções estatais, constituem avanços extraordinários para a legitimidade democrática.

Nesse sentido, o contraditório, assim como a ampla defesa e a isonomia, assumiram caráter ainda mais fundamental para a própria instituição processual, na medida em que sem sua observância, o discurso processual e o protagonismo das partes na construção do provimento jurídico final torna-se retórico.

Por isso mesmo, Rosemiro Pereira Leal defende que o próprio *status* democrático do direito se dá pela tríplice biunivocidade do direito vida-contraditório, liberdade-ampla defesa, isonomia-dignidade.[161]

O processo, portanto, consiste em teoria linguístico-jurídica pela qual se cria, rege e se opera o sistema jurídico democrático.

Conforme leciona Leal, o processo se volta a criar recinto di-a-lógico jurídico edificado pelo suporte dos princípios institutivos do

---

[161] LEAL, Rosemiro Pereira. O paradigma processual ante as sequelas míticas do poder constituinte originário. *Direito Público: Revista Jurídica da Advocacia-Geral do Estado de Minas Gerais*, Belo Horizonte, v. 1, n. 1, jul./dez. 2004. p. 158.

contraditório, ampla defesa e isonomia, de busca compartilhada de estabilização *ad hoc* dos sentidos.[162] Assim, o processo seria nada menos do que a teoria que cria, rege e opera esse sistema jurídico democrático.

Além disso, o pacto sígnico quanto ao significado dos direitos estruturantes do mundo humano, uma vez sendo formulado processualmente, resta aberto à sua permanente problematização e interrogação, uma vez que o processo, constituído pelos referidos princípios institutivos-autocríticos, oferece a todos os legitimados (povo) uma testabilidade processual incessante.[163]

Forte nessas premissas constitutivas do processo e da democracia, portanto, é imprescindível que façamos uma incursão na lógica e na linguagem do contraditório processual, para que, posteriormente, possamos abordar a fundamentação de forma que a linguagem de que se vale não seja um empecilho ao exercício da ampla defesa, do contraditório, da isonomia, nem, por consequência, da garantia fundamental do apontamento eficaz da aporia (art. 5º, LV e XXXV da Constituição brasileira).

Vale frisar, diante do caráter discursivo que o processo assume na Constituição brasileira de 1988 aliado aos avanços científicos pelo qual se o concebe como estrutura teórica que cria, rege e opera o sistema jurídico, torna-se imprescindível que se reflita acerca da linguagem do contraditório, de forma a garantir simultaneamente a efetiva participação de um lado, em termos especialmente de ampla defesa e a segurança jurídica e a isonomia de outro.

Sem esse esforço, o vínculo da fundamentação da decisão jurídica democrática ao contraditório, à ampla defesa e à isonomia torna-se meramente formal e a promessa de que o provimento estatal se exteriorize, como "conclusão coextensiva da argumentação das partes",[164] torna-se meramente retórica.

4.1 Linguagem natural e dialética

Sem uma cuidadosa análise e reflexão da linguagem que se utiliza no discurso processual, o contraditório (e a fundamentação

---

[162] LEAL, Rosemiro Pereira. *Processo como teoria da lei democrática*. Belo Horizonte: Fórum, 2010. p. 41.

[163] LEAL, Rosemiro Pereira. *Processo como teoria da lei democrática*. Belo Horizonte: Fórum, 2010. p. 71.

[164] LEAL, Rosemiro Pereira. *Teoria processual da decisão jurídica*. São Paulo: Landy, 2002. p. 26-27.

por consequência, dada a vinculação entre eles explicitada acima) caminha involuntariamente sustentando pela linguagem natural e pela dialética, os quais não permitem que se interrogue as formas de vida cristalizadas culturalmente, o que implicaria restrição da possibilidade de emancipação humana.

Rosemiro Pereira Leal adverte que a concepção instrumentalista do processo, de que este seria "instrumento que o Estado põe a disposição dos litigantes, a fim de administrar a justiça" [...] afirma "a existência de uma moral intrínseca à razão", que encaminharia os sentidos dos princípios gerais do direito. Tal concepção é incompatível com a "processualística emancipatória" do paradigma democrático em que o contraditório não é mais mero direito de dizer ou contradizer ou mera oportunidade de participar do processo, nem a ampla defesa um falatório, tampouco a isonomia uma igualdade formal de ocupar uma posição em juízo.[165]

Portanto, a depender da linguagem que constitui o discurso processual, o contraditório pode restar reduzido ao inconsciente compartilhamento de verdades culturais inerentes a uma comunidade historicamente situada e a decisão daí proveniente limitada à descoberta de um preceito ético unificador[166] entre a tese e a antítese, ao largo de qualquer teorização concorrencial sobre os conteúdos proposicionais dos enunciados-normativos pertinentes.

Assim, por uma linguagem incapaz de interrogar os próprios fundamentos socioculturais dos quais deriva, a decisão judicial nada mais poderia lograr senão (re)ativar os "direitos materiais" (jusnaturais) egressos do pragma e da comunhão prévia de sentidos.

Ademais, a decisão não consistiria em juízo de verificação da correção e adequação da melhor tese sustentada em juízo em termos de aderência democrática (provimento estatal democrático), mas sim mera identificação unilateral (solipsista ou subjetivista) pelo destinador do sentido (órgão jurisdicional) quanto à maior correspondência entre a tese sustentada por uma das partes com a regra "natural" (ética, moral, costumeira, religiosa) vigente em determinado momento histórico sociocultural.

---

[165] LEAL, Rosemiro Pereira. *Processo como teoria da lei democrática*. Belo Horizonte: Fórum, 2010. p. 96.

[166] LEAL, André Cordeiro. *A instrumentalidade do processo em crise*. Belo Horizonte: Mandamentos; Faculdade de Ciências Humanas – Fumec, 2008. p. 79.

Quando o discurso processual se dá pela linguagem natural e dialética, a arena em que se trava a concorrencialidade teórica e se fundamenta a escolha correta entre as teses deduzidas em juízo consiste não na linguagem em si ou na ontologia a que ela se refere, mas sim no pragma extralinguístico e transcendente, uma vez que a legitimidade almejada da tese vencedora é buscada nas arquetípicas consciência hermenêutica e responsabilidade ética.

Conforme adverte o professor Rosemiro Pereira Leal, se é no pragma extralinguístico que se legitima o discurso,[167] a delimitação da dimensão dos níveis de executividade dos direitos fica sob a livre e insindicável escolha do responsável pela decisão com base em fundamentos de "razoabilidade, "reserva do possível", "diretrizes ético-sociais", "função social" e "exigências do bem comum", entre outras.

Conforme assentamos em outra oportunidade:

> [...] enquanto a ciência dogmática do direito coloca leis no lugar das causas, considerando as causas como algo em si normativo (como a ética e a moral para a lealdade), estabilizando sentidos de forma dogmática, a ciência epistemológica do direito, sem transigir quanto à reserva legal, considera a lei jurídica como efeito de uma causa, um efeito decorrente da processualização da teoria que encaminha a explicação da causa.
>
> É que não se pode deixar de problematizar teoricamente as causas das condutas expressas na linguagem, visto que se o fizermos as leis resultantes dessa linguagem sempre serão decorrentes e restritas à práxis, de onde se extraem as razões e asserções. A estabilização dos sentidos da linguagem e, portanto, do texto legal, pode se dar no mito, no pragma, na tradição, nos costumes ou no conhecimento objetivo (teorias), contudo só se dará nas teorias caso se possibilite a problematização teórica das causas e das asserções.[168]

O discurso dialético, por sua vez, pressupondo a correção de se partir de opiniões geralmente aceitas (tópica) abre a possibilidade de que argumentos de verdade questionável, mas considerados premissas que superam todas as refutações, fundamentem complexos raciocínios, especialmente nos casos em que a fixação da premissa é feita pela autoridade do julgador.

---

[167] LEAL, Rosemiro Pereira. *Processo como teoria da lei democrática*. Belo Horizonte: Fórum, 2010. p. 40.

[168] ARAÚJO, Fabrício Simão da Cunha. *A lealdade na processualidade democrática*: escopos fundamentais do processo. Rio de Janeiro: Lumen Juris, 2014. p. 147.

Além disso, segundo pontua Andrea Alves de Almeida em sua tese de doutoramento, a dialética não permitiria a depuração de aporias nas teses colocadas em debate no âmbito processual, a partir do apontamento e do expurgo de seus vazios de conteúdo, já que a síntese entre tese e antítese seria a harmonização dos contrários existentes entre ambas, mantendo os pontos melhores de cada proposição. Não se busca propriamente a verdade da solução, mas sim uma que reflita equilíbrio entre as proposições veiculadas inicialmente, para evitar contradições entre as ideias.[169]

O raciocínio dialético, nesse sentido, não é desnecessário explicitar, retira em muito a força da crítica racional na medida em que não permite a desconsideração completa da premissa. A teoria neoinstitucionalista propõe o método de eliminação do erro, pelo qual a tese deve superar e resistir à ampla concorrência entre teorias e não que resulte da conciliação entre tese e antítese.

Em defesa da linguagem natural e da dialética – que na maioria das vezes se operacionaliza pela tópica –, argumenta-se que somente assim se permitiria o contato da decisão jurídica com a realidade vigente no contexto histórico-social assim como que o direito possa acompanhar o desenvolvimento social.

Esta seria a forma, portanto, pela qual o sistema jurídico permaneceria aberto às evoluções e transformações sociais. Entretanto, essa abertura se daria de forma acrítica, visto que as induções procedidas da realidade para constatação dos *topoi* transcorreriam o caminho entre a mente e a linguagem sem expressar inteiramente em palavras o trajeto entre os sentidos naturais (imagem) ao objeto do conhecimento (real).

Conforme lição de Edward Lopes, os sistemas sígnicos em geral e as línguas naturais em especial possuem caráter ideológico intrínseco, praticamente inexpurgável, já que a sociedade é fonte produtora de ideologias:

> Internalizada como mecanismo de primeira sociabilização no psiquismo de cada indivíduo na fase da sua aprendizagem, a língua natural carrega consigo os valores da sociedade de que esse indivíduo é membro; assim, ao aprender a língua do seu grupo, cada indivíduo assimila também a sua ideologia (=sistema de valores compartilhados).[170]

---

[169] ALMEIDA, Andréa Alves de. *Espaço jurídico processual na discursividade metalinguística.* 1. ed. Curitiba: CRV, 2012. p. 89.

[170] LOPES, Edward. *Fundamentos da linguística contemporânea.* 20. ed. São Paulo: Cultrix, 2008. p. 16.

Portanto, como se depreende, a utilização da linguagem natural para encaminhar o contraditório e por consequência a fundamentação restringe a amplitude da defesa das teses no âmbito do processo, na medida em que se torna impossível problematizar as causas das condutas pressupostas na linguagem, assim como a ideologia da qual está inexoravelmente impregnada.

4.2 Linguagem puramente ideal ou precipuamente simbólica

Abordando também a insuficiência da linguagem natural para o desenvolvimento da ciência lógica, Newton da Costa destaca que a simbolização da lógica foi imprescindível porque referida linguagem seria inapta a permitir que a razão fosse capaz de exercer sua função de modo rigoroso e conveniente.[171]

Esta simbolização permite, por exemplo, que o pensamento discursivo se desenvolva sem se preocupar com o conteúdo dos símbolos, ou seja, seu aspecto semântico. Assim, potencializam-se os alcances das idealizações, permitindo estender o núcleo primário das noções lógicas e matemáticas. Permite-se tratar de conceitos altamente abstratos e difíceis de serem manipulados, mesmo tratando-se de noções que são tudo menos familiares e claras.

Com o desenvolvimento dos trabalhos posteriores de diversos filósofos, especialmente de Russel e Frege, como tivemos oportunidade de destacar no Capítulo 1 da presente tese, a lógica alçou a estatura de linguagem de precisão perfeita, a ponto de preceder e fundamentar axiomaticamente a própria matemática.

Segundo Abbagnano, pelo trabalho da ex-escola de Viena, atualmente escola de Chicago, especialmente pelo trabalho de Morris, Carnap e Hempel, a lógica recebeu orientação analítico-filosófica e trilhou a tendência de se tornar parte de uma disciplina bem mais ampla, a semiótica ou teoria geral dos signos – cuja parte mais interessante é a teoria da linguagem.[172]

Portanto, abandonando traços consciencialistas ou mentalistas, assim como reflexões metafísicas, a lógica se converte, segundo afirma o filósofo, de ciência do pensamento em ciência da linguagem:

---

[171] COSTA, Newton. *Ensaio sobre os fundamentos da lógica*. 2. ed. São Paulo: Hucitec, 1994. p. 34.
[172] ABBAGNANO, Nicola. *Dicionário de filosofia*. São Paulo: Martins Fontes, 2007. p. 629.

a análise lógica torna-se análise linguística [...], mas aquilo que a ciência considerava dimensão lógica é apenas uma das dimensões da linguagem, ou melhor, duas [...]: a dimensão sintática, na qual os signos que compõem o discurso (a linguagem) interligam-se segundo regras de formação e transformação (derivação) relativas à única forma do próprio discurso; e a dimensão semântica, na qual o discurso e os enunciados que o compõem podem ser verdadeiros ou falsos, ou seja, tratam de fatos e eventos; consequentemente [...] as palavras que o compõem tratam de coisas e qualidades.[173]

Ao mesmo tempo em que se aprofundam os cálculos lógicos sintáticos e com eles o conhecimento a respeito das possibilidades de operações lógicas e matemáticas, habilitando o avanço científico em inúmeras áreas do conhecimento formal e prático, notadamente computacionais, no âmbito do direito, parte da literatura aposta na importação destes avanços para viabilizar o cálculo lógico-matemático do resultado justo de dado conflito de interesses, conforme buscamos demonstrar também no segundo capítulo.

Para tanto, torna-se obrigatória a adoção de linguagens artificiais com abstração simbólica necessariamente excessiva de modo a viabilizar a introdução da inteligência artificial ao direito por programas computacionais, considerada sua precisão e imobilidade conceitual:

> Muitos dos problemas do Direito são ou podem ser resolvidos através de soluções linguísticas. A procura pela universalização do discurso tem levado à substituição de parte das linguagens naturais ou ordinárias por linguagens artificiais. O Direito segue este mesmo caminho; busca precisão e delimita alguns conceitos dando-lhe uma definição jurídica, que deverá ser adotada por todo corpo jurídico, seja doutrina, legislação, ou mesmo jurisprudência. Este processo de tecnicização da linguagem do Direito se confunde com a própria construção da ciência jurídica e tem na precisão dos conceitos utilizados a sua grande estratégia.[174]

Contudo, no item 2.3.2 *supra*, procuramos explicitar as advertências que o próprio filósofo da lógica Newton da Costa faz quanto ao elevado grau de abstração simbólica que a lógica assume ao edificar suas complexas proposições e ao mesmo tempo e por consequência suas insuficiências para reger sistemas axiomáticos concretos, que possuem

---

[173] ABBAGNANO, Nicola. *Dicionário de filosofia*. São Paulo: Martins Fontes, 2007. p. 629.
[174] ROVER, Aires José. *Informática no direito, inteligência artificial*: introdução aos sistemas especialistas legais. Curitiba: Juruá, 2001. p. 189-199.

conteúdo, como ocorre com sistemas em que é imprescindível que a simbologia guarde constante reflexo com o significado, como é o caso do direito.

É imperioso registrar que a adoção de linguagens de excessiva abstração simbólica, ou mesmo artificiais pela precisão e imobilidade conceitual necessárias para que se torne viável programar *softwares* de resolução de litígios (ou de previsão de resultado) para o direito, pode conduzir a resultados que, embora formalmente válidos, sejam materialmente inválidos, diante da completa desconsideração ou pelo menos insuficiente consideração do aspecto semântico dos símbolos usados.

Com a licença de nova transcrição, mas para enfatizar os riscos da formalização simbólica dos sistemas axiomáticos que não podem prescindir do constante contato com a realidade, Costa, Krause e Arenhart dão exemplos simples que nos permitem discernir as incompatibilidades que advêm da consideração concreta de construções lógicas abstratas:

> A lógica usual requer que se temos uma conjunção A e B, que isso seja equivalente à conjunção B e A. Porém, se tomarmos as sentenças "João e Maria casaram" e "João e Maria tiveram filhos", essa equivalência é posta em cheque, como facilmente se constata pela análise do "conteúdo" das sentenças resultantes. A Lógica deve se livrar desses conteúdos. É o que os livros chamam de distinção entre forma (a forma lógica das sentenças, como A e B), e seu conteúdo, como designando que João é alto e Maria é bonita. Depois, outro pressuposto essencial da lógica clássica é que toda proposição seja verdadeira ou falsa (em algum sentido desses termos), e não possa ser ambas as coisas em uma mesma situação. Mas e se tomarmos a "proposição": "Maria está dentro desta sala agora", o que dizer se Maria estiver exatamente na soleira da porta? O mesmo se dá com a proposição "João é alto". Como se vê com esses exemplos simples, a aplicação da Lógica ao "mundo real" é difícil e deve ser feita com muita cautela.[175]

Conforme Costa deixa claro,[176] a construção sintática da língua e especialmente a utilização de uma metalinguagem ao mesmo tempo

---

[175] COSTA, Newton da; KRAUSE, Décio; ARENHART, Jonas. Um panorama da lógica atual. *In*: CARVALHO, Paulo de Barros (Coord.); BRITTO, Lucas Galvão (Org.). *Lógica e direito*. 1. ed. São Paulo: Noeses, 2016. p. 116.

[176] COSTA, Newton. *Ensaio sobre os fundamentos da lógica*. 2. ed. São Paulo: Hucitec, 1994. p. 34.

em que contribui e efetivamente permite reflexões e abstrações que não seriam possíveis senão pela redução de ideias complexas a símbolos ensejam a progressiva obliteração de hiatos de compreensão e de suposições infundadas insuficientemente submetidas à crítica.

O mesmo ocorre com o direito como sistema linguístico-normativo-científico, especialmente considerando desde os mitos originários fundantes da própria legitimidade estatal e do direito, assim como com conceitos jurídicos indeterminados e cláusulas abertas existentes em sede normativa constitucional, legal e infralegal e, também, em especial relevância para os fins do presente trabalho, na fundamentação dos provimentos estatais.

4.3 Metalinguagem não aristotélica

Conforme se vem buscando expor, a inadequação da utilização da linguagem natural como linguagem processual, devido a sua incapacidade de questionar os próprios fundamentos pragmáticos que a constituem, não significa dizer que a realidade possa – e muito menos deva – ser desconsiderada no encaminhamento desta linguagem, como se pôde perceber das consequências da consideração de linguagens primordialmente simbólicas ou formais, tampouco que os significantes devam ser considerados com absoluta independência (ou mesmo arbitrariedade) dos respectivos significados.

Como destaca o professor Vicente de Paula Maciel Júnior ao se dedicar às razões históricas e linguísticas para a atribuição de valor ontológico ao direito de ação, historicamente foi se atribuindo e depurando o conceito de ação, em perspectiva lógica aristotélica, como se ela tivesse existência no mundo físico, ou um núcleo de correspondência estática e inalterada na realidade.[177]

Esta espécie de conduta e percepção é inerente não só à questão do instituto processual mencionado, mas à própria ciência do direito, tendo em vista que a argumentação jurídica (linguagem) se dá sobre o significado de uma linguagem (normativa, em regra) que já consiste em uma representação verbal da experiência. Nesse sentido, a argumentação jurídica propriamente dita efetivamente consiste, via de regra,

---

[177] MACIEL JÚNIOR, Vicente de Paula. *Teoria das ações coletivas*: as ações coletivas como ações temáticas. São Paulo: LTr, 2006. p. 105.

em metalinguagem[178] (comumente discutindo a melhor interpretação de uma norma) e, portanto, é incapaz de incidir sobre a realidade, mas sim, sempre, sobre um conjunto de representações simbólicas.

Valendo-se das lições de Ricardo Orestano, Maciel destaca que "[...] um dos pontos centrais do condicionamento do discurso científico jurídico está ligado à nossa visão da realidade, submetida a uma estrutura linguística ainda em grande parte condicionada pela lógica aristotélica".[179]

Em outras palavras, mesmo consistindo em metalinguagem, mesmo tendo como objeto abstrações sígnicas e não a realidade em si, isso não faz automaticamente com que a linguagem jurídica se emancipe da estrutura linguística condicionada à percepção do ser imutável e das formas universais e eternas, típica da lógica clássica, conforme expusemos no segundo capítulo. Por consequência, resta restringida à possibilidade de exclusivamente depurar e conjecturar sobre a essência daquilo que se racionaliza – em regra conceitos e terminologias jurídicas, normativas ou "doutrinárias".

A organização e o debate jurídicos se restringem, então, a um esforço argumentativo de aperfeiçoamento da expressão do ser, com a finalidade pressuposta de estabelecer a correspondência mais exata possível entre a realidade e a palavra, atribuindo valor ontológico ao conceito, como se o mapa fosse o próprio território, como buscaremos abordar posteriormente, mas sendo válida desde já a transcrição:

> Duas características importantes dos mapas devem ser destacadas. Um mapa não é o território que ele representa, mas, se correto, tem uma estrutura similar ao território, o que proporciona sua utilidade. Se o mapa pudesse ser idealmente correto, incluiria em uma escala reduzida, o mapa do mapa; o mapa do mapa do mapa e daí em diante, indefinidamente, um fato inicialmente apontado por Josiah Royce.
>
> Se refletirmos sobre nossas linguagens, descobriremos que primeiro, na melhor das hipóteses, devem ser consideradas apenas como mapas. Uma palavra não é o objeto que ela representa; e línguas exibem também esta auto reflexividade peculiar, de que podemos analisar a linguagem

---

[178] Conforme explica Newton da Costa, ao se dedicar à semiótica aplicada, a análise de qualquer linguagem (L) (linguagem objeto) é feita com o auxílio de uma outra linguagem denominada metalinguagem (LM) (COSTA, Newton. *Ensaio sobre os fundamentos da lógica.* 2. ed. São Paulo: Hucitec, 1994. p. 26).

[179] MACIEL JÚNIOR, Vicente de Paula. *Teoria das ações coletivas*: as ações coletivas como ações temáticas. São Paulo: LTr, 2006. p. 107.

em termos linguísticos. Esta auto reflexividade da linguagem introduz complexidades sérias, [...] e a desconsideração destas complexidades é tragicamente desastrosa à vida cotidiana e à ciência.[180]

Esta abordagem gera um módulo linguístico em que "[...] as ideias e as relações de ideias com ela ordenadas são expressão adequada das maneiras de ser e das propriedades que caracterizam o real", organizando-se o discurso em termos gramaticais com a estrutura *sujeito-predicado*, no plano lógico *substância-atributo* e no plano ontológico *substância-ser*.[181]

Nessa estrutura de linguagem, restam severamente restringidas as possibilidades de emancipação e a autoilustração da pessoa humana, tendo em vista que a destinação do sentido será dada inevitavelmente pela autoridade, que definirá, em última instância, o *ser* do *ente*, ou seja, o significado universal, permanente e imutável, excluindo todas as demais possibilidades de sentido, que se tornam automaticamente erradas, pela vigência do princípio do terceiro excluído – pois, se determinada proposição não é verdadeira, é necessariamente falsa.

Essa exclusão absoluta da possibilidade de verdade da proposição não acolhida após a construção processual discursiva e, por consequência, a "unção" da proposição vencedora impedem que eventuais aporias sejam apontadas nesta, já que extraída de forma "lógica" do ordenamento jurídico.

Na fundamentação de uma decisão jurídica será imprescindível, portanto, discernir quando se está diante de uma cláusula geral, conceito jurídico indeterminado, princípios jurídicos ou até mesmo precedentes, pois em todos eles, em maior (cláusulas gerais e princípios) ou menor grau (conceitos jurídicos indeterminados e precedentes), a discussão acerca do significado de determinado significante consiste na metalinguagem que caracteriza (ou deveria caracterizar na prática) a ciência jurídica, a qual, portanto, não deve se valer da estrutura lógica clássica, seja em termos gramaticais, em termos ontológicos nem lógicos.

A decisão e sua explicitação de motivos se valerá de linguagem que passará necessariamente pela declinação dos referenciais que condicionam o significado do significante objeto de interpretação (como

---

[180] KORZYBSKI, Alfred. *Science and sanity*: an introduction to non-aristotelian systems and general semantics. 5. ed. New York: Institute of General Semantics, 1994. p. 58 (tradução livre).

[181] MACIEL JÚNIOR, Vicente de Paula. *Teoria das ações coletivas*: as ações coletivas como ações temáticas. São Paulo: LTr, 2006. p. 107.

no caso da deslealdade processual, cuja configuração ou não na atuação de determinada parte no processo se verifica pela adesão ou não de sua atuação aos princípios processuais institutivos – contraditório, ampla defesa e isonomia, conforme buscamos expor em obra sobre o tema).[182] Qualquer discussão acerca de determinado instituto, princípio, conceito jurídico indeterminado ou cláusula geral não pode, por um lado, prescindir dos dados concretos da experiência, mas deve ser "[...] construída, seja como referência ao presente ou ao passado em função de uma série de elementos que constituem os elementos da experiência a considerar", sendo imprescindível "[...] manifestar quais são os elementos que se entende como coordenadas fundamentais de referência e levar adiante a inteira construção em forma coerente às escolhas cumpridas".[183]

Nesse ponto é que entra em função a linguagem não aristotélica, sem a qual o pensamento linguisticamente condicionado não consegue assimilar as contradições vivenciadas na experiência concreta.

Embora o sistema jurídico objetive e deva efetivamente garantir segurança jurídica e satisfatória previsibilidade decisória, por outro lado, a realidade, conforme procuramos explicitar previamente nesta tese, está constantemente afrontando os princípios lógicos clássicos da não contradição, da identidade e do terceiro excluído – sem falar que a lógica formal pura desconsidera (ou pressupõe como absolutas) as limitações de tempo e espaço da nossa experiência sensível (como também buscamos demonstrar no segundo capítulo).

A adoção de uma linguagem não aristotélica para a fundamentação da decisão jurídica não implica uma mitigação à segurança jurídica. Pelo contrário, a instabilidade real do ser demonstra que o paradoxo está justamente em se trabalhar uma linguagem de essências aristotélicas universais, imutáveis e atemporais.

A linguagem estruturada exclusivamente na lógica aristotélica permite ao destinador do sentido restringir-se à explicitação dos significantes da fundamentação, como se eternamente estáticos e invariáveis. Sem maiores digressões linguísticas a respeito do significado das palavras, dos conceitos e das expressões utilizadas judicialmente, não define o aspecto semântico e desconsidera especialmente o aspecto

---

[182] ARAÚJO, Fabrício Simão da Cunha. *A lealdade na processualidade democrática*: escopos fundamentais do processo. Rio de Janeiro: Lumen Juris, 2014.
[183] MACIEL JÚNIOR, Vicente de Paula. *Teoria das ações coletivas*: as ações coletivas como ações temáticas. São Paulo: LTr, 2006. p. 111.

pragmático (prático-real), deixando de demonstrar que os significados que extrai dos significantes estão em consonância com seu uso na realidade e no caso concreto analisado.

Deveras, a perfeição lógica e até mesmo estética com que se racionaliza sobre a realidade – e, por consequência, nela se introduz pela projeção que se passa a ter a partir de modelos racionais perfeitos – em muitos aspectos lhe é estranha.

Ainda que realmente seja imprescindível a racionalização e a construção de abstrações linguísticas que permitam atribuir sentido, elaborar reflexões complexas, compreender e de certa forma reduzir mesmo o grau de caos que a realidade nos impõe seja na vida diária, seja na ciência, por outro lado, não se pode deixar de reconhecer que a veracidade de como as coisas efetivamente são tem primazia sobre as abstrações que a partir delas formulamos, exatamente porque o fazemos para compreendê-las ou sobre elas conjecturar.

Valendo-se da tradição ocidental, o professor Jordan Peterson procura demonstrar como tal percepção é milenar:

> No começo do tempo, de acordo com a grande tradição ocidental, a Palavra de Deus, transformou o caos em Ser por meio do ato da fala. É axiomático nesta tradição, que o homem e a mulher, ambos, são feitos à imagem e semelhança deste Deus. Nós também transformamos caos em Ser, pela fala. Transformamos múltiplas possibilidades de futuro em atualidades do passado e do presente.[184]

Não obstante assim seja, voltamos a transcrever, por pertinente:

> Na tradição Cristã, Cristo é identificado com o Logos. O Logos é a Palavra de Deus. Esta palavra transformou o caos em ordem no começo do tempo. Em sua forma humana, Cristo sacrificou a si mesmo voluntariamente à verdade, ao bem e a Deus. Em consequência, Ele morreu e foi ressuscitado. A Palavra que produz ordem a partir do caos sacrifica tudo, até a si mesma, para Deus. Esta sentença singular, sábia além da compreensão, resume o cristianismo. Cada pequeno aprendizado é uma pequena morte. Cada pedaço de nova informação desafia uma concepção prévia, forçando-a a dissolver-se no caos antes de poder renascer como algo melhor.[185]

---

[184] PETERSON, Jordan B. *12 rules for life*: an antidote to chaos. Toronto: Random House Canada, 2018. p. 227 (tradução livre).

[185] PETERSON, Jordan B. *12 rules for life*: an antidote to chaos. Toronto: Random House Canada, 2018. p. 220 (tradução livre).

Por isso, deve-se ter sempre em consideração que a noção de generalidade e abstração do próprio ordenamento jurídico em si, como um todo unitário e orgânico, mostra-se manifestamente artificial e racional, sendo válida apenas se considerada abstratamente. É que:

> [...] esse é um conceito posto pela ciência que não tem e talvez não deveria ter qualquer referência à realidade efetiva. Também, se em hipótese o estado de perfeição que postulamos através do conceito fosse atingido no concreto, de modo que a harmonia do conceito correspondesse a igual harmonia na realidade, somente um impossível imobilismo poderia mantê-lo.[186]

Conforme buscamos demonstrar no segundo capítulo pelos exemplos dos avanços científicos físicos e lógicos, assim como matemático-geométricos, a realidade concreta está incessantemente a impor a desarmonia e a incongruência entre o conceito histórico e os seus referenciais pragmáticos originários, visto que estes se limitam pelo tempo e espaço, ao contrário do pleito de permanência e universalidade dos conceitos.

Por isso é que se torna necessário ter atenção aos elementos da experiência que conduziram a construção do conceito, para que se permita reformular o conceito tão logo tais fundamentos se modifiquem. Caso contrário, corremos o risco de termos nossa atividade de reflexão condicionada a "fantasmas" que com a realidade já não possuem mais nada ou quase nada em comum e que provocam "uma cisão entre a ciência do direito e a vida concreta e suas exigências".[187]

Nesse diapasão, a metalinguagem em que se constitui o discurso jurídico, ao mesmo tempo em que deve ser apta a questionar os fundamentos pragmáticos que impregnam a linguagem natural, não pode se descolar de forma absoluta da realidade, tampouco, pode-se propugnar a absoluta arbitrariedade da relação significante-significado de seus signos.

Conforme Vicente Maciel e Riccardo Orestano sustentam, o encaminhamento de uma linguagem jurídica adequada deve ser dado fora da lógica classificatória, por uma lógica relacional em que se adquira

---

[186] MACIEL JÚNIOR, Vicente de Paula. *Teoria das ações coletivas*: as ações coletivas como ações temáticas. São Paulo: LTr, 2006. p. 112.

[187] MACIEL JÚNIOR, Vicente de Paula. *Teoria das ações coletivas*: as ações coletivas como ações temáticas. São Paulo: LTr, 2006. p. 114.

consciência plena da finalidade dos conceitos que é estabelecer relações idôneas entre os dados concretos e a experiência.[188]

Como exemplo de como a diferença entre linguagens utilizadas para discernir a própria linguagem que constitui o discurso jurídico gera um ganho democratizante à fundamentação, pode ser apontada entre inúmeras outras questões corriqueiras processuais aquela relativa ao direito da parte ou não de fruir os benefícios da assistência judiciária gratuita.

O significante está estabelecido na Constituição brasileira no art. 5º, LXXIV: "O Estado prestará assistência jurídica integral e gratuita aos que comprovarem insuficiência de recursos".

Levando em consideração apenas a norma constitucional (já que o Código de Processo Civil inverteu o ônus da prova previsto constitucionalmente, para somente permitir o indeferimento quando houver indícios de suficiência de recursos – art. 99, §2º), a fundamentação não pode se limitar a parafrasear o ato normativo, estabelecendo que, "considerando que o autor não provou a insuficiência de recursos, indefiro o requerimento".

Segundo exige o art. 489, §1º, I do Código de Processo Civil, além de não poder se restringir à paráfrase do dispositivo legal, deverá também explicitar a relação do ato normativo com a questão decidida. Portanto, deverá expor porque chegou à conclusão que o requerente se encaixava na previsão normativa: "Indefiro o requerimento formulado tendo em vista que a parte requerente é profissional liberal e, portanto goza de suficiência de recursos".

Verifica-se que aparentemente se atendeu, ao menos do ponto de vista formal, à exigência normativa do Código de Processo Civil.

Não se elucidou de forma completa, contudo, o significado abstrato do significante estampado na hipótese legal já que não esclareceu o aspecto semântico e pragmático da expressão normativa "insuficiência de recursos".

Não demonstrou o que significa "na prática" a insuficiência de recursos, critério este que utilizará para verificar se, "na prática", o requerente pode ou não arcar com as despesas processuais. Em outras palavras, não basta explicitar a relação da expressão legal com o caso concreto e concluir que a situação da parte está ou não encampada pela lei.

---

[188] MACIEL JÚNIOR, Vicente de Paula. *Teoria das ações coletivas*: as ações coletivas como ações temáticas. São Paulo: LTr, 2006. p. 115.

Após a revolução da lógica e da epistemologia, é necessário abdicar da ideia de que tal operação racional seria suficiente, na medida em que a identidade e a essência do conceito legal não são estáveis. Assim, não se explicitando o significado caso a caso, permite-se simultaneamente a perpetuação insindicável de uma concepção ultrapassada ou o casuísmo muitas vezes impelido por algum enviesamento do decisor.

Para tanto, necessário explorar o significado de determinada expressão normativa, conceito ou princípio jurídico conforme seus referenciais se manifestam na realidade e não de forma abstrata, universal e imutável. A insuficiência de recursos será diferente conforme variarem as condições financeiras do requerente assim como os gastos perante os quais tais condições estão sendo confrontadas.

No caso da gratuidade judiciária, portanto, é necessário explicitar as referências concretas para se atribuir o significado à expressão normativa: (I) quais são os valores das despesas processuais em relação às quais se alega insuficiência; (II) qual patamar salarial a partir do qual se considera que determinado cidadão tem suficiência de recursos na realidade brasileira, preferencialmente lançando-se mão de critérios objetivos, como é o do salário mínimo necessário – estudo estatístico voltado a estabelecer o valor da renda familiar necessário para se satisfazer o preceito constitucional relativo ao salário mínimo, ou seja, valor "[...] capaz de atender a suas necessidades vitais básicas e às de sua família com moradia, alimentação, educação, saúde, lazer, vestuário, higiene, transporte e previdência social" (art. 7º, IV da Constituição brasileira);[189] (III) quais são as provas existentes nos autos relativas à situação financeira da parte que requer a assistência.

Explicitadas essas referências, ainda que a análise da decisão tenha sido incorreta, cumprindo-se o princípio do contraditório e o expressamente disposto no Código de Processo Civil (art. 99, §2º), o juízo, ao intimar a parte antes de indeferir o requerimento, permitirá

---

[189] O Departamento Intersindical de Estatística e Estudos Socioeconômicos – Dieese elaborou metodologia estatística para identificar o "salário mínimo necessário", correspondente ao valor de renda familiar, em família composta por dois adultos e duas crianças (as quais se considera que consomem o mesmo que um adulto), necessária para satisfazer o preceito constitucional relativo ao salário mínimo (art. 7º, IV da Constituição brasileira). Assim, tem-se construção científico-estatística indicativa do valor que na sociedade brasileira se presume ser suficiente para "atender a suas necessidades vitais básicas e às de sua família com moradia, alimentação, educação, saúde, lazer, vestuário, higiene, transporte e previdência social" (DIEESE. *Cesta básica nacional, salário mínimo nacional, nominal e necessário*. Disponível em: http://www.dieese.org.br/analisecestabasica/salarioMinimo.html).

a ela que demonstre objetivamente que os referentes para a atribuição de sentido pelo magistrado estão equivocados, seja porque as despesas processuais são superiores, porque a situação financeira da parte autora é diversa da apontada, ou porque possui gastos extraordinários que lhe situam fora do cálculo estatístico.

Da mesma forma, conforme referido no início do presente tópico, o professor Vicente de Paula Maciel Júnior, desvencilhando-se do conceito ontológico de ação no sentido processual, alcança um giro linguístico na própria concepção de processo coletivo. Colocando as coordenadas referenciais do instituto em perspectiva, o professor logra demonstrar as incompatibilidades do instituto centrado no sistema representativo com o Estado democrático de direito, especialmente pela exclusão do cidadão em termos de efetiva participação como parte legitimada à propositura das ações coletivas em contraste com as elevadíssimas facilidades de comunicação que caracterizam as relações sociais contemporâneas.[190]

A partir do sistema participativo, corolário do princípio democrático, em que a legitimidade processual contempla amplamente o direito de todos os interessados difusos de proporem ações coletivas, o autor desenvolve a pioneira teoria das ações coletivas como ações temáticas, ressemantizando o processo coletivo a partir da integralidade de seus elementos referenciais e não apenas a partir do sujeito.

Nesse diapasão, Maciel inclusive propôs o desenvolvimento de um *software*[191] para viabilizar um modelo de processo coletivo mais consentâneo com o princípio democrático e também com a realidade das interações comunicacionais atuais, permitindo a participação das redes sociais. A plataforma eletrônica se volta a servir de espaço virtual para discutir eventual ação civil pública sobre os hipotéticos temas de interesse público ali testados, por exemplo, em relação à erradicação do uso de amianto e em relação ao sistema percentual de cotas de contratação de deficientes físicos nas empresas.

Nos procedimentos criados para cada tema na plataforma, permite-se a apresentação de manifestações, realizam-se audiências públicas e permite-se aos interessados que votem a respeito dos encaminhamentos a serem dados na ação civil pública. Nesse diapasão, a deliberação sobre o ajuizamento ou não da ação e especialmente sobre a

---

[190] MACIEL JÚNIOR, Vicente de Paula. *Teoria das ações coletivas*: as ações coletivas como ações temáticas. São Paulo: LTr, 2006.

[191] PROCESSO coletivo eletrônico. *LEASDLE/PUC Minas*. Disponível em: http://leasdle01. icei.pucminas.br/processoscoletivos/processos/.

formação do mérito da ação civil pública a ser proposta se dá de forma democrática e eficiente, não ficando circunscrita à discricionariedade, na maioria das vezes insindicável, de um rol reduzido de legitimados.

4.4 A vinculação do texto ao código do discurso

Demonstrada a necessidade de adoção de uma metalinguagem apta a questionar os fundamentos pragmáticos da linguagem ordinária, que não se paute pela lógica aristotélica para construção e determinação de significados, verificou-se que tampouco se pode extrapolar a racionalização simbólica puramente ideal, uma vez que seria inapta para reger um sistema axiomático concreto, que possui conteúdo, como ocorre com o direito, em que permanentemente pela sua operacionalização ordinária, ao se utilizar a simbologia, afere-se necessariamente se guarda reflexo com o significado concretamente considerado.

Equivale dizer, apenas, que o acertamento do direito aplicável ao caso concreto para resolução do conflito de interesses deve ser apto a questionar os fundamentos dos quais decorrem as definições, mas simultaneamente é imprescindível que se considere na metalinguagem que os vínculos e relações entre significantes e significados não são arbitrários, para a eficiência e segurança semântica do debate.

O desiderato de estabilização dos sentidos normativos pelo processo não se incompatibiliza com o pleito de não arbitrariedade do signo. Pelo contrário, a proposta de que o significante normativo não seria afetado ou teria qualquer vínculo com a realidade concreta, sendo possível estabelecer a relação entre a *imagem acústica* (forma) e sua representação prática (conteúdo) por conjecturas puramente teórico-formais cada vez mais complexas e abstratas, implica a exclusão de mínima segurança semântica necessária para que o contraditório se instale em bases isomênicas, atribuindo assim caráter retórico ao princípio da legalidade.

Conforme destaca o professor Rosemiro Pereira Leal, a isomenia é imprescindível para que se possa falar em princípio da legalidade de forma não retórica e ocorre quando se colocam todos os destinatários normativos em simétrica posição, ou seja, em isotopia, perante idêntico referente lógico-jurídico eleito para construção, aplicação, modificação e extinção do sistema jurídico.[192]

---

[192] LEAL, Rosemiro Pereira. *Processo como teoria da lei democrática*. Belo Horizonte: Fórum, 2010. p. 271.

CAPÍTULO 4
A METALINGUAGEM PROCESSUAL NA DEMOCRACIA 119

Para que a linguagem processual seja apta a questionar os próprios fundamentos socioculturais dos quais a linguagem natural decorre, é que aquela se constitui em metalinguagem não aristotélica. Vale consignar desde já: enquanto a isomenia operacionaliza e torna possível o princípio democrático da legalidade, a metalinguagem é que operacionaliza a possibilidade de isomenia.

Nesta metalinguagem, uma linguagem sobre a linguagem jurídica, ainda que as estabilizações de sentido não se deem pela identificação da essência de determinado conceito jurídico – em termos de correspondência com a experiência sensível –, mas pela sua adequação teórico-axiomática à ciência jurídica, não se pode propugnar, não sendo o direito uma ciência formal pura (como a matemática ou a lógica), que a realidade não será considerada de qualquer forma, conforme procuramos expor no presente capítulo nos tópicos precedentes.

Em breve digressão, vale lançar mão das explicações de Edward Lopes[193] sobre os postulados sobre os quais se assenta a teoria semântica, abreviadamente. Conforme expõe, seriam três: (1) o da sensatez da mensagem, pelo qual todo discurso tem um sentido, contudo, sendo certo que é sempre necessário interpretar o discurso, tem-se que o sentido do *discurso* está fora dele, "[...] situando-se por assim dizer, em um espaço que transcende e ao qual chamamos texto"; (2) o do caráter oculto do sentido, pelo qual se reconhece que há vários textos (sentidos) implícitos no mesmo discurso, o que implica a constituição da semântica a partir do axioma da multissignificação dos discursos e da inevitabilidade da polissemia; (3) a inteligibilidade do sentido, pelo qual se reconhece que o *autor do discurso* seria a única autoridade para dizer o que o discurso significa. Esta locação da autoria seria passível de ser sublocada ao *autor do texto*.

Segundo Edward Lopes, entretanto:

> um dos maiores serviços prestados pela linguística à ciência moderna foi, certamente, o de ter contribuído tão poderosamente para modificar esta situação [do terceiro postulado], ao insistir no fato de que a semântica deve se preocupar com o sentido do discurso tal como ele se deixa decodificar no interior do código que serviu para a sua codificação.[194]

---

[193] LOPES, Edward. *Discurso, texto e significação*: uma teoria do interpretante. São Paulo: Cultrix, 1978. p. 3.
[194] LOPES, Edward. *Discurso, texto e significação*: uma teoria do interpretante. São Paulo: Cultrix, 1978. p. 5.

FABRÍCIO SIMÃO DA CUNHA ARAÚJO
A LÓGICA DA FUNDAMENTAÇÃO DAS DECISÕES JUDICIAIS...

Assim, o sentido do discurso, ou seja, o texto deve ser não aquele que o sublocador livremente lhe atribui, mas sim aquele obtido a partir do código que serviu para sua codificação. Daí, o sentido é pertencente ao código e não a uma pessoa e como esse código é um bem coletivo não aprisionado nem pelo destinatário nem pelo destinador, reduz-se o monopólio do sentido pelo sujeito da enunciação, eliminando as plurissignificações do texto, já que haveria uma fonte de sentidos coletivamente construída.

Segundo o autor, foi com o desenvolvimento do conceito de função metalinguística que se permitiu compreender o sentido como uma propriedade do código e não de uma pessoa. A metalinguagem, então, empreende-se no movimento entre o texto e o discurso. Ela garante a vinculação do texto ao discurso pela observação do código que orientou a criação do discurso.

O código então é o interpretante como regulador do sentido intradiscursivo. Contudo, enquanto para Edward Lopes este código interpretante teria sempre caráter ideológico, na medida em que inevitavelmente vinculado ao contexto histórico-pragmático em que produzido o discurso,[195] para Rosemiro Pereira Leal esta concepção seria inexoravelmente incapaz de emancipar o homem das estruturas de dominação pré-instaladas na realidade, subtraindo do direito a possibilidade de juridificação da sociedade.[196]

Assim, Leal propõe que a interpretação judicial seria o ajuste que o sublocador (autor do texto) realiza do discurso legal, mas o código linguístico interpretante seria o devido processo, que codifica a formação de sentidos com

> [...] vínculo auto-crítico-intradiscursivo (intradiscussivo) para todos os implicados de uma comunidade juridicamente (normativamente) constitucionalizada (co-institucionalizada) e candidata à autoria de uma sociedade jurídico-política em que destinadores e destinatários normativos estejam em simétrica paridade isomênica.[197]

Na democracia, a partir do instante em que o texto (teoria) institui o discurso (lei), esta não é mais objeto de interpretação correta

---

[195] LOPES, Edward. *Discurso, texto e significação*: uma teoria do interpretante. São Paulo: Cultrix, 1978. p. 9.

[196] LEAL, Rosemiro Pereira. *Processo como teoria da lei democrática*. Belo Horizonte: Fórum, 2010. p. 277.

[197] LEAL, Rosemiro Pereira. *Processo como teoria da lei democrática*. Belo Horizonte: Fórum, 2010. p. 277.

e exclusiva do destinador do (locador-instituidor) da normatividade e de seus locatários e sublocatários (decisores oficiais), porque o *interpretante* (neoparadigma processual) já é posto na rede normativa (sintagmática) como referente lógico-jurídico (*devido processo*) para toda a comunidade linguística constitucionalizada (coinstitucionalizada).

Há, nessa hipótese, uma "veredição" (correspondência) entre o texto a ser extraído pelo intérprete (denotação) como interpretação vinculada ao discurso e o interpretante dado pelo discurso (conotação) no instante mesmo de sua montagem (construção normativa).[198]

A veredição do sentido para Lopes, assim como para Pereira Leal, seria, portanto, a correspondência do texto ao discurso, aferível por meio da metalinguagem de forma intradiscursiva, como retorno ou correspondência do texto ao discurso que se quer interpretar.

Segundo Edward Lopes:

> Os mecanismos pelos quais o discurso controla a veredicção do sentido que lhe foi atribuído por um texto, aceitando-a ou não, demonstra duas coisas: (a) que o teste da verdade de um sentido deve ser praticado através de um retorno da interpretação ao discurso que ela pretende interpretar, ou seja, a veredicção é da ordem intradiscursiva, não extradiscursiva; (b) que se o texto se pensa prospectivamente, a partir de um macrodiscurso X, os microdiscursos X1, X2... Xn, contidos em X, se pensam retrospectivamente, a partir dos textos x1, x2... x-n, que os discursos X1, X2... Xn estão encarregados de referendar.[199]

No âmbito do direito, portanto, a observância do princípio da legalidade no âmbito de uma fundamentação democrática pressupõe, conforme ressalta o professor Rosemiro, considerar que os fundamentos da normatividade, já textualmente decididos nos níveis instituinte e instituído, equivalem a verdades endossistêmicas parametrizadoras da correção da decisão judicial.[200]

Leal ainda acrescenta, à concepção linguística de Edward Lopes sobre a veredição, que não se pode desconsiderar a realidade, mas não na perspectiva historicista e utilitarista em que a verdade é encontrada pela justificação amparada na pragmática revelada pelas necessidades

---

[198] LEAL, Rosemiro Pereira. *Processo como teoria da lei democrática*. Belo Horizonte: Fórum, 2010. p. 277.

[199] LOPES, Edward. *Discurso, texto e significação*: uma teoria do interpretante. São Paulo: Cultrix, 1978. p. 8.

[200] LEAL, Rosemiro Pereira. *Processo como teoria da lei democrática*. Belo Horizonte: Fórum, 2010. p. 278.

da comunidade, mas sim levando em conta, pelo contrário, que ela é a fonte primordial da refutabilidade de teorias. É que um acordo social de sentido (código do discurso) não poderia validar, por si só, ainda que de forma provisória, uma relação de fatores advindos do mundo da natureza (leis físicas):

> É, por isso, que não é cogitável desprezar o *Mundo I* de Popper como se fosse possível teorizar sem nenhum confronto (refutabilidade) com a realidade. O que não se pode crer é que a natureza (realidade) seja portadora de "verdades" intrínsecas e absolutas (não excepcionáveis ou infalíveis) como querem os indutivistas. O que Popper nos ensina é que a *relação semântica* entre o enunciado e o mundo não é verdadeira porque antes ocorrera a crença de que seria verdadeira, mas é verossímil pelo *medium* linguístico teórico-dedutivo de asserções hipotéticas ou conjecturas abertas a crítica (testes de resistência), visando a obtenção de *conhecimento objetivo*.[201] (Grifos no original)

Por outro lado, segundo as lições de Newton da Costa, mesmo para semiótica pura e não só para a semiótica aplicada,[202] seria imprescindível a utilização da pragmática – aqui referida pelo autor como questões que se relacionam com as pessoas que utilizam a linguagem, de naturezas psicológicas ou sociológicas relacionadas com a semiose –, ao lado da sintática e da semântica, para o entendimento perfeito do seu objeto de estudo, qual seja, linguagens ideais, que sequer possuem qualquer vínculo com a experiência sensível, como é o caso da matemática e da lógica. Segundo o filósofo, portanto, mesmo para as linguagens ideais construídas axiomaticamente, a pragmática é de se levar em consideração para o entendimento perfeito do objeto de estudo.

Costa assevera que "o estudo pragmático de uma linguagem ou de uma teoria engloba fatores sintáticos, semânticos, psicológicos, sociológicos e histórico-genéticos".[203] Contudo, Costa baseia sua afirmação no fundamento de que especialmente o princípio clássico da negação – que guarda evidente correlação com a refutabilidade da racionalidade crítica popperiana – só pode ser operacionalizado valendo-se da noção

---

[201] LEAL, Rosemiro Pereira. *Processo como teoria da lei democrática*. Belo Horizonte: Fórum, 2010. p. 278.

[202] Conforme lição de Newton da Costa, a semiótica pura consistiria no estudo de linguagens ideais construídas axiomaticamente e que não se acham vinculadas à experiência sensível. Já a semiótica aplicada teria como objeto o estudo de linguagens para cuja elaboração a experiência é imprescindível (COSTA, Newton. *Ensaio sobre os fundamentos da lógica*. 2. ed. São Paulo: Hucitec, 1994. p. 25).

[203] COSTA, Newton. *Ensaio sobre os fundamentos da lógica*. 2. ed. São Paulo: Hucitec, 1994. p. 30.

de verdade de Tarski (correspondência entre enunciados e fatos), o que inerentemente envolve a experiência de determinada sensação na análise de um objeto, mesmo quando se está a constatar apenas que "esta rosa não é vermelha".[204]

Quando se está a analisar enunciados mais complexos e/ou gerais – por exemplo: *todo homem é mortal* – é necessária uma ampliação do núcleo inicial da negação ("cuja natureza pragmática é patente"),[205] que implica por consequência certa idealização, de modo que a negação se dá pela lógica tradicional e não pela observação da realidade em si.

Ainda que não se abone – ao menos na perspectiva democrática da teoria jurídico-processual científica – em toda sua extensão tal concepção pragmática, especialmente a relevância de idiossincrasias sociológicas ou psicológicas das pessoas que usam a linguagem – o que efetivamente redundaria em solipsismo – verifica-se que, por outro lado, conforme ressaltamos anteriormente no presente trabalho, valendo-se especialmente das lições do próprio autor,[206] os axiomas científicos do direito são também uma abstração a partir da realidade concreta, formalizando juízos lógicos científicos a partir da lógica *utens*, ou seja, da observação das tradições jurídico-sociais para a formulação do poder constituinte originário, das teorias do contratualismo social e daí em diante.

Ao que nos parece, isso não implica automaticamente reconhecer que a realidade deverá servir como critério de justificação (código) pelo qual a metalinguagem se movimentará entre o texto e o discurso, para permitir o encaminhamento do sentido daquele. Deveras, reconhecemos que ao se advogar a realidade como justificação (código) do sentido atribuído ao discurso, isso, embora autores que advoguem essa perspectiva defendam que consista em justificar as crenças nos dados da experiência, na prática significa efetivamente justificar as provas e dados da experiência a partir das crenças.

Por outro lado, a perspectiva de Costa permite conjecturar que – além de fonte primordial de refutabilidade de teorias, como acima exposto – deverá ser levada em consideração não como dogma que estabelece o sentido linguístico das palavras e dos nomes utilizados pelo grupo ou por determinada ciência, mas que permite elencar parâmetros da experiência que conduziram à elaboração do conceito a

---

[204] COSTA, Newton. *Ensaio sobre os fundamentos da lógica.* 2. ed. São Paulo: Hucitec, 1994. p. 31.
[205] COSTA, Newton. *Ensaio sobre os fundamentos da lógica.* 2. ed. São Paulo: Hucitec, 1994. p. 32.
[206] COSTA, Newton. *Ensaio sobre os fundamentos da lógica.* 2. ed. São Paulo: Hucitec, 1994. p. 51.

serem considerados como coordenadas fundamentais de referência que garantirão uma estabilidade semântica mínima sobre a qual o discurso se desenvolverá, sem retirar a aptidão de que a metalinguagem seja capaz de interrogar os próprios fundamentos pragmáticos da linguagem cujo estudo é seu objeto.

4.5 O conceito como encruzilhada e a palavra como instante de um sistema semântico particular

Além das críticas de que a linguagem natural estaria inevitavelmente impregnada de ideologias vigentes na história social, bem como as impropriedades de (meta)linguagens puramente ideais para operacionalizar o direito, assim como daquelas baseadas em estruturas no plano gramatical, *sujeito-predicado*, no plano lógico, *substância-atributo* e no plano ontológico, *substância-ser*, é necessário, portanto, investigar a estrutura em que a metalinguagem jurídica, como vinculação do texto ao código do discurso, pode funcionar.

Como as palavras de uma língua natural se destinam ordinariamente a denotar preferencialmente da forma mais precisa possível um único gênero ou espécie de objeto, a linguagem se constrói sobre as pedras angulares dos princípios da lógica clássica da identidade e da não contradição. Assim, se determinada palavra designa um objeto e um objeto diverso deve ser designado por outras palavras, todos os objetos semelhantes àquele originalmente designado devem ser referidos pela mesma palavra.

Esta prática, contudo, conforme se infere, desconsidera a relatividade dos princípios básicos da lógica clássica demonstrada pelas lógicas não aristotélicas, assim como o conjunto de evidências científicas em outros campos do conhecimento, especialmente a física e a geometria. Desconsidera, ainda e sobretudo, a própria limitação temporal apontada por Newton da Costa ao princípio da identidade e ao da não contradição.

Segundo o professor, A é B e A não é C somente em determinadas condições temporais, pois A pode depois se tornar C sem necessariamente violar o princípio da não contradição. É o caso do seguinte exemplo: João é criança e não adulto. Passam-se os anos e depois João não é criança e é adulto.[207] Trata-se, deveras, da vetusta lição de Heráclito: A só é igual a A no mesmo momento.

---

[207] COSTA, Newton. *Ensaio sobre os fundamentos da lógica*. 2. ed. São Paulo: Hucitec, 1994. p. 117.

Assim, se a lógica clássica é inspirada nas características e interação dos objetos comuns: macroscópicos e basicamente estáticos, imutáveis, dotados de propriedades e mantendo relações entre si, como as substâncias de Aristóteles[208] e se esta lógica vigorou hegemônica durante milênios, a linguagem natural só pode ensejar uma linguagem em que as palavras também busquem a identidade mais precisa possível com o objeto referenciado.

Portanto, a lógica que fundamenta quase indissociavelmente nosso raciocínio pressupõe que o espaço é homogêneo e que os objetos na realidade preservam as propriedades dos objetos euclidianos. Contudo, a física quântica já demonstrou que não é este o caso e, não obstante, ainda praticamos a mesma lógica, "que decorre de uma visão estática e reducionista da realidade".[209]

Se os objetos e a realidade por consequência, em escala quântica, são diferentes disso, ou seja, se os objetos não são estáveis, carecem de propriedades e por consequência definição conceitual, decorre que as estruturas semânticas e sintáticas das quais nos valemos, assim como, por consequência, a própria linguagem ordinária ou científica devem ser revisitadas, pois edificadas em uma lógica incompatível com o estágio do avanço científico atual bem como limitadoras da expansão dos horizontes de compreensão da própria existência.

Por hipótese, assim como os objetos não são estáveis nem imutáveis, também determinada palavra poderia significar simultaneamente o objeto e o não objeto (A e ¬A). Ainda que não se chegasse tão longe, pode-se afirmar com maior grau de convicção que uma palavra que há 50 anos designava determinado objeto, hoje pode denotar outro objeto, seja porque a mecânica quântica provou que em "essência" este objeto não existe, seja porque A só é igual a A no mesmo momento T. Alterado T, relativiza-se o caráter absoluto do princípio da identidade. Em outros termos, a palavra contém significados dinâmicos e até contraditórios no mesmo momento T (lógicas não aristotélicas) ou, ao menos, quando alterado o momento T (lógica clássica).

Gastón Bachelard ao abordar os avanços na ciência lógica e o surgimento das lógicas não aristotélicas, em seu *A filosofia do não*, argumenta que "modificações tão profundas não podem deixar de se

---

[208] COSTA, Newton. *Ensaio sobre os fundamentos da lógica*. 2. ed. São Paulo: Hucitec, 1994. p. 116; 120.

[209] COSTA, Newton. *Ensaio sobre os fundamentos da lógica*. 2. ed. São Paulo: Hucitec, 1994. p. 116; 120.

repercutir em todos os a priori do conhecimento, em todas as formas da vida espiritual".[210]

Deveras, a aquisição de uma nova forma de construção do pensamento racional pode ter implicações em todas as ciências em geral. Alfred Korzybski, filósofo e matemático polonês, em sua obra *Science and Sanity: an introduction to non-aristotelian and general semantics*, trabalha as implicações gerais da construção do raciocínio não aristotélico generalizado.[211]

Para o autor, superando o que defendia a pedagogia clássica, o cérebro de uma criança nasceria inacabado e não inocupado. Seu acabamento se daria culturalmente, exatamente pela linguagem, por meio da instrução e da educação. Defende que seria necessário, para uma educação não aristotélica, que o cérebro fosse acabado como um organismo aberto que permitisse romper o determinismo cerebral.

Conforme destaca Bachelard, sobre a obra de Korzybski, ele baseia toda sua obra na linguagem matemática, por nos impor desde sempre reconhecer, sem abrir mão da correção, a mais clara das dualidades: o domínio dos sentidos e o domínio do espírito – afirma que "de todas as linguagens, a matemática é a mais estável e a mais inventiva".[212]

Defende que, de forma praticamente única, na linguagem matemática ocorre uma aparente contradição: ao mesmo tempo em que consiste em uma linguagem em que se reconhece plenamente que a palavra não se confunde em hipótese alguma com o objeto que designa, simultaneamente, também se trata de uma das mais precisas linguagens desenvolvidas pelo homem.

Em outras linguagens, a constância da identificação entre o significante e o significado é considerada indicadora de uma pretensa precisão. A linguagem natural, por exemplo, para se adequar à relatividade dos micro-objetos deveria ser tão ambígua, valendo-se de conceitos tão excessivamente vagos para se adequar ao princípio da indeterminação de Heisenberg que possivelmente comprometeria a própria comunicação.[213]

O discurso pela linguagem comum, portanto, baseada na lógica aristotélica pressupõe a mais absoluta aderência ao princípio

---

[210] BACHELARD, Gaston. *A filosofia do não*. 6. ed. Lisboa: Presença, 2009. p. 93.

[211] KORZYBSKI, Alfred. *Science and sanity*: an introduction to non-aristotelian systems and general semantics. 5. ed. New York: Institute of General Semantics, 1994.

[212] BACHELARD, Gaston. *A filosofia do não*. 6. ed. Lisboa: Presença, 2009. p. 114.

[213] COSTA, Newton. *Ensaio sobre os fundamentos da lógica*. 2. ed. São Paulo: Hucitec, 1994. p. 125.

da identidade e da não contradição. Assim, a comunicação ordinária se edifica na pretensão de relativa rigidez semântica das palavras e na pressuposição de que os sentidos e as proposições são uniformes ao longo do tempo e universalmente verdadeiras.

Segundo expõe Newton da Costa com base na obra de Aristóteles, sem o princípio da contradição a fundamentar o discurso, "os símbolos deixariam de atuar como símbolos" e não poderíamos mais refletir no discurso o real, ou seja, o discurso deixaria de ser apto a retratar o real porque a instabilidade semântica dos símbolos – que podem ser B e não B simultaneamente – os tornaria incoerentes com a forma como as coisas são na realidade objetiva (metafísica).[214]

Deveras, desde o prefácio de seu livro Korzybski defende que a preparação do ser humano para a não identidade, a partir da superação dos princípios da psicologia da forma e da obsessão psíquica pela identificação, tem um papel terapêutico acentuado, mesmo para adultos normais.

Ao invés de analisar a realidade a partir de fôrmas preconcebidas, rígidas e imutáveis, deve-se constantemente (re)construir as fôrmas. Pela técnica neuropsicológica do não elementarismo, o autor afirma que o psiquismo humano seria erguido por meio de séries de conceitos nas quais conceitos de cruzamento dariam sempre pelo menos uma dupla perspectiva de conceitos utilizáveis. Em situações de "encruzilhada de conceitos" a escolha passa a não ser entre uma interpretação verdadeira e útil por um lado e outra interpretação falsa e a ser desprezada por completo por outro lado.

A partir deste raciocínio, conforme define Bachelard, valendo-se das lições de Korzybski: "o conceito será essencialmente uma encruzilhada em que a liberdade metafórica tomará consciência de si própria"[215] e o ser humano estará apto a desenvolver seu *espírito científico*, na medida em que permanentemente remetido para a sua tarefa essencial de invenção, de atividade de abertura, de "divisão espiritual" denominado pelo autor polonês de *shifting character*.[216]

Sentido contrário, aduz que a falta de sincronismo entre a evolução do real e do social por um lado e a evolução da linguagem por

---

[214] COSTA, Newton. *Ensaio sobre os fundamentos da lógica*. 2. ed. São Paulo: Hucitec, 1994. p. 103.

[215] BACHELARD, Gaston. *A filosofia do não*. 6. ed. Lisboa: Presença, 2009. p. 112.

[216] KORZYBSKI, Alfred. *Science and sanity*: an introduction to non-aristotelian systems and general semantics. 5. ed. New York: Institute of General Semantics, 1994. p. 291.

outro tem sido a causa de uma epidemia de esquizofrenia: "sem uma revolução semântica profunda, o instrumento que é a linguagem irá em breve revelar-se inteiramente desadaptado".[217]

Segundo defende, a linguagem seria responsável por uma espécie de monomania (obsessão) que a impede efetivamente de acompanhar e se adaptar de forma sã a uma civilização em plena mutação. Assim, o monolinguismo[218] seria uma espécie de acorrentamento, uma privação da liberdade metafórica e sua solução não seria simplesmente o bilinguismo,[219] porque ao passar de uma para outra linguagem apenas são adaptadas por simples tradução, sem interferir na mania de compartimentação em fôrmas e sem interferir na ontologia da linguagem em si, conforme explica Bachelard:

> De facto, Korzybski queria reagir contra a ontologia da linguagem; quer substituir a palavra concebida como um *ser*, pela *palavra* concebida como uma *função*, como uma função susceptível de variações múltiplas. A sua nova semântica (*new semantic*) tende a fornecer a consciência das significações múltiplas. A regra educativa essencial é tomar consciência das estruturas variáveis.[220]

As palavras e por consequência a linguagem não são capazes, por si, de alterar ou criar novas realidades às quais se referem. O que propõe é que se utilize melhores palavras para descrevê-la, compreendê-la e comunicar-se, diante da constatação do descolamento entre significante e significado, o que permite a constante atualidade e verossimilitude dos conceitos. A possibilidade que se abre é de constituir e utilizar o significante da melhor forma, a partir do significado, dado o sistema semântico em que a palavra se insere, e não de alguma forma construir o significado a partir do significante.[221]

Aliás, este é um dos motivos pelos quais, ao tratarmos fundamentação das decisões jurídicas no Capítulo 5, destacaremos a importância

---

[217] KORZYBSKI, Alfred. *Science and sanity*: an introduction to non-aristotelian systems and general semantics. 5. ed. New York: Institute of General Semantics, 1994. p. 676.

[218] Na linguística o termo se refere a situações de comunidades ou países em que é falada apenas uma língua ou em que determinada pessoa domina apenas uma língua.

[219] Por consequência, o bilinguismo consistiria no domínio por determinada pessoa de mais de uma língua ou a utilização de mais de uma língua por um país ou comunidade.

[220] BACHELARD, Gaston. *A filosofia do não*. 6. ed. Lisboa: Presença, 2009. p. 115.

[221] Aliás, ao tratarmos da fundamentação, no Capítulo 5, buscaremos destacar a forma como o significante muitas vezes na fundamentação da decisão jurídica prevalece sobre o próprio significado, desvinculando-se até mesmo da realidade processual objetiva e do próprio contexto histórico e vigente que constituem os seus referenciais de denotação.

que se deve dar à resolução das questões fáticas do processo – a qual tem sido relegada a segundo plano pela impregnação na cultura jurídica pátria, ao que tudo indica, da percepção da importância precedente de teorias abstratas sobre a realidade. Vale consignar desde já, portanto, devido ao que exposto no parágrafo anterior, a relevância de que a decisão primeiro se dedique à solução das questões fáticas e somente depois ao acertamento do direito aplicável considerado o escopo fático já estabelecido, para que, na maior medida possível, os fatos não acabem sendo considerados provados por um enviesamento decorrente da consideração da precedência do significante sobre o significado.

O filósofo francês cita como exemplo de alteração semântica ordenada a evolução do conceito de *paralelas*, ao se passar de uma geometria euclidiana para uma geometria não euclidiana.

Pelo XII axioma da geometria de Euclides, o matemático grego enunciava:

> se duas linhas retas (AB, CD) encontram uma terceira linha (AC), de modo a formar ângulos internos, no mesmo lado, cuja soma é menor do que dois ângulos retos, então as duas retas, se continuadas, encontrar-se-ão em alguma distância finita no lado onde estão os ângulos cuja soma é menor do que dois ângulos retos.[222]

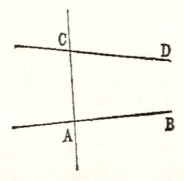

FIGURA 1 – Conceito de retas não paralelas na geometria euclidiana

Fonte: CASEY, John (Org.). *The first six books of the elements of Euclid*: and propositions I – XXI of book XI. 3. ed. Dublin: Hodges, Figgis & Co., 1885.

---

[222] CASEY, John (Org.). *The first six books of the elements of Euclid*: and propositions I – XXI of book XI. 3. ed. Dublin: Hodges, Figgis & Co., 1885. p. 6 (tradução livre).

A proposição 27 de Euclides estabelece a condição para que as linhas sejam paralelas: "se uma linha reta corta duas outras linhas retas de forma que os ângulos alternados sejam iguais, estas duas outras linhas retas são paralelas".[223] Por consequência, dessume-se do axioma das paralelas a proposição de que *por um ponto exterior a uma reta passa exatamente uma reta paralela* à *inicial*.

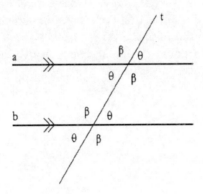

FIGURA 2 – Aferição de retas como paralelas na geometria euclidiana
Fonte: https://pt.wikipedia.org/wiki/Retas_paralelas.

Com o advento de novas geometrias, não euclidianas, tem-se que a palavra "paralelas" perdeu o seu *ser* e passou a exigir, para ser mais bem compreendida, ser considerada um instante de um sistema semântico particular. É que o significado da palavra comportava uma estrutura condicional, a pressuposição de que as retas estariam sempre sobre estruturas planas.

Na prática, a visão euclidiana da realidade encobria um erro filosófico essencial: diante da intuição ordinária e habitual da realidade a partir de objetos genéricos (sólidos, impenetráveis, individualizados, bem separados e localizados), não foi capaz de perceber uma premissa assumida inconscientemente, qual seja, a de que a superfície sobre a qual estão as figuras objeto de análise são todas planas (conforme, embora elementar, seja interessante reapreciar nas figuras 1 e 2 coladas acima).

---

[223] CASEY, John (Org.). *The first six books of the elements of Euclid*: and propositions I – XXI of book XI. 3. ed. Dublin: Hodges, Figgis & Co., 1885. p. 29 (tradução livre).

Revisada essa presunção – que não se impõe de forma absoluta na realidade, embora a intuição ordinária assim nos leve a crer – formam-se sistemas geométricos axiomáticos distintos do clássico (euclidiano), exatamente pela revogação do axioma das paralelas. Na imagem a seguir, é possível compreender facilmente como na geometria elíptica, por exemplo, não há nenhuma reta paralela à inicial; por sua vez, na geometria hiperbólica, existe não só uma, mas uma infinidade de retas paralelas à inicial que passam pelo mesmo ponto.

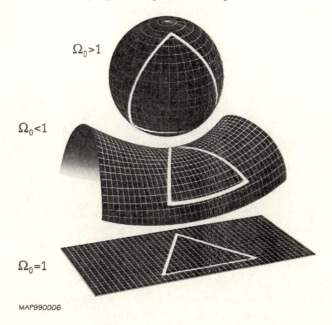

FIGURA 3 – Triângulo nas geometrias elípticas, hiperbólica e euclidiana

Fonte: https://pt.wikipedia.org/wiki/Geometria_n%C3%A3o_euclidiana[224]

Enfim, nas novas geometrias a palavra "paralela" perdeu seu significado absoluto, passando a encontrar a validade que lhe era anteriormente atribuída de forma universal somente em um sistema

---

[224] Da mesma forma que em relação às paralelas, pode-se observar na figura que na geometria elíptica a soma dos ângulos internos de um triangulo é maior que dois ângulos retos, enquanto na geometria hiperbólica esta soma é menor que dois ângulos retos. Na geometria euclidiana, conforme o axioma clássico, será sempre igual à soma de dois ângulos retos.

particular de postulados (geometria euclidiana). Como consignado acima, perdeu o seu *ser* e passou a consistir em um instante de um sistema semântico particular.

Os conceitos elementares a partir do sistema ternário (física clássica, lógica clássica e geometria clássica) são tidos como simultaneamente fixos e reais. Assim, não se possibilita pensá-los formalmente, na medida em que não se os liberta totalmente de seu conteúdo já que tal cisão, além de tida por desnecessária, não era sequer cogitada, pressupondo a especificidade substancial da permanência do real no tempo.

O conceito, pelo contrário, deve ser sensível a toda as variações das estruturas condicionais em que ele assume as suas justas funções, o que se torna impossível de ocorrer quando está sob uma *sobrecarga de conteúdos*. Como afirma Bachelard: "não se via que as essências devem ser definidas a partir das ex-estâncias, como agrupamento de condições lógicas".[225]

Nesse diapasão, a linguagem aristotélica – encantada pela identificação – torna-se obsoleta e descoordenada com o avanço da realidade devido à sobrecarga feita pela experiência sobre as palavras, que esmaga a liberdade formal do signo linguístico pelo peso do conteúdo que lhe é atribuído.

Desta sobrecarga de significado é que resultam as "profundas perturbações semânticas que impedem a compreensão recíproca dos homens do nosso tempo. Sofremos de uma incapacidade de mobilizar nosso pensamento".[226]

Não obstante a lógica não aristotélica demande esta liberdade formal da linguagem, Bachelard ressalva que não a rejeita absolutamente como sistema de regras. E dentro de eventual sistema de regras deduzido por meio das operações racionais conforme esta lógica é ela que deve ser observada, assim como as regras que forem formadas.

Como o saber é constituído de sistemas justapostos que se complementam na construção da ciência como um todo, a (res)semantização da palavra, dos conceitos e, enfim, da linguagem se dá não no interior de cada sistema, mas para permitir que se alterne de um sistema lógico-semântico para outro.

Bachelard adverte, em ressalva à própria *filosofia do não* – da lógica não aristotélica, da física não newtoniana e da geometria não euclidiana – que a relativização dos axiomas do racionalismo clássico

---

[225] BACHELARD, Gaston. *A filosofia do não*. 6. ed. Lisboa: Presença, 2009. p. 116.
[226] BACHELARD, Gaston. *A filosofia do não*. 6. ed. Lisboa: Presença, 2009. p. 116.

deve ser feita com parcimônia e gradualmente, evidenciando que esta filosofia não refuta ou propõe a invalidade da lógica aristotélica, tão somente propõe alternativa complementar igualmente válida.[227]

Ele propõe, por exemplo, que na física sejam conciliados os domínios científicos que concebem micro-objetos como corpúsculos e os que os concebem como fenômenos ondulatórios. Entretanto, esta união de teorias só pode ser feita modificando os métodos elementares do nosso pensamento.

E estes métodos elementares decorrentes da doutrina tradicional de uma razão absoluta e imutável de silogismos perfeitos e coerência incontestável devem se pôr em equilíbrio não só com a experiência imediata, mas também com a ciência em evolução. Especialmente considerando o quanto esta doutrina da razão está baseada em pressupostos filosófico-físico-matemáticos os quais já se provou não serem absolutos.

---

[227] BACHELARD, Gaston. *A filosofia do não*. 6. ed. Lisboa: Presença, 2009. p. 119.

CAPÍTULO 5

FUNDAMENTAÇÃO DEMOCRÁTICA

Conforme buscamos demonstrar no Capítulo 3, a evolução da ciência processual, alavancada pela consolidação teórica do princípio democrático como exigência concreta de legitimidade das funções estatais, explicitou que o contraditório e a fundamentação das decisões estatais são, por assim dizer, "duas faces da mesma moeda".

Até recentemente – em termos históricos – a fundamentação era considerada praticamente dispensável como requisito de validade das decisões estatais jurisdicionais, à qual competiria dizer o direito (*iuris dictio*), no sentido de revelá-lo aos súditos inabilitados da clarividência teológico-científica, desnecessária a explicitação do percurso lógico-discursivo de que se valera para chegar a tanto.

Concebido o juiz como apenas um transmissor da mensagem legal, a motivação da decisão estaria implicitamente presente no próprio texto legal.

Segundo registra Joseli Lima Magalhães, somente a partir do século XVIII é que a obrigatoriedade de motivar as decisões judiciais começou a constar nos ordenamentos jurídicos de diversos países. Segundo ressalta, entre o século XIV e o XVIII, a ausência de exigência de fundamentação decorria especialmente da estrutura de poder das nações, fortemente centralizado e despreocupado com a legitimidade do que decidido, no sentido da representatividade dos seus súditos.[228]

Segundo Theodoro, Nunes, Bahia e Pedron, até o advento do Código de Frederico II da Prússia, em 1784, a fundamentação da decisão

---

[228] MAGALHÃES, Joseli Lima. O princípio da fundamentação das decisões jurisdicionais como direito fundamental à concretização da democracia e suas conexões com o princípio do contraditório. *Anais do XIX Encontro Nacional do Conpedi*, Fortaleza, 2010. p. 4564.

estatal não era obrigatória e, pelo contrário, advogava-se que implicava uma quebra de praticidade e rapidez do sistema. Também assinalam que nas Ordenações Filipinas (a partir de 1603) constava a determinação de que o magistrado proferisse decisões absolutamente vinculadas ao que foi alegado e provado pelas partes, contudo ao *príncipe* reservava-se a prerrogativa de proferir decisões plenamente discricionárias, baseadas unicamente em sua consciência, já que o monarca "como autoridade suprema e soberana, personificada do Estado, era o próprio autor do direito para os seus súditos, estando livre para decidir".[229]

A importância da fundamentação ganha força progressivamente na medida em que a função jurisdicional passa a ostentar independência como poder responsável pelo exercício do sistema de freios e contra-pesos, controlando – na extensão que essa palavra pode assumir nos séculos em que idealizada a teoria – os demais poderes.

Com a consolidação da própria concepção de Estado de direito como *rule of law* – poder submetido ao que previamente determinado em leis –, passaram a ser necessárias "amarras" a justificar as próprias decisões judiciais.

Segundo Teresa Arruda Alvim,[230] o Estado de direito se caracteriza especificamente pela necessidade que se lhe impõe de expor as justificativas materiais perante o público, "tendo como pauta a ordem jurídica a que ele próprio se submete", demonstrando, portanto, que as intromissões que procede consubstanciam o reforço da submissão do Estado e dos cidadãos à lei.

Para Ronado Brêtas, em seu *Processo constitucional e Estado democrático de direito*, a fundamentação da decisão jurídica servirá para diversas finalidades: controle de constitucionalidade da decisão; tolhimento da interferência de ideologias e subjetividades do juiz; verificação da racionalidade da decisão (afastar erros de fato e de direito); possibilitar a correta estruturação dos recursos.[231]

Deveras, o princípio da motivação da decisão judicial somente veio a se tornar obrigatório no ordenamento jurídico pátrio por meio do art. 232 do Decreto nº 763, de 1890, que prescrevia que "a sentença deve

---

[229] THEODORO JÚNIOR, Humberto; NUNES, Dierle; BAHIA, Alexandre Melo Franco; PEDRON, Flávio Quinaud. *Novo CPC – Fundamentos e sistematização*. 3. ed. rev., atual. e ampl. Rio de Janeiro: Forense, 2016. p. 328.

[230] WAMBIER, Teresa Arruda Alvim. *Nulidades do processo e da sentença*. 6. ed. São Paulo: Revista dos Tribunais, 2007. p. 314.

[231] BRÊTAS, Ronaldo de Carvalho Dias. *Processo constitucional e Estado democrático de direito*. 4. ed. Belo Horizonte: Del Rey, 2018. p. 184.

ser clara, sumariando o juiz o pedido e a contestação os fundamentos respectivos, motivando com precisão o seu julgado, e declarando sob sua responsabilidade a lei, uso ou estylo em que se funda".

Desde então a exigência de que o ato decisório jurisdicional exponha os fundamentos que o levam a tomar determinada decisão sempre constou do arcabouço normativo brasileiro.

A Constituição brasileira de 1988, no art. 93, IX, garantiu que, sob pena de nulidade, todos os julgamentos dos órgãos do Poder Judiciário serão fundamentados. Garantiu, também, que não só o exercício da função jurisdicional pelo Estado exigiria decisões fundamentadas, mas também o exercício da função administrativa, por extensão do que consta no art. 93, X.

Por essas previsões expressas e abrangentes, portanto, não há dúvidas atualmente da exigência de que a fundamentação das decisões jurídicas estatais compõe o complexo normativo que constitui o devido processo legal, considerando não só o disposto no art. 5º, LIV, mas também no inc. LXI.

Em sede infraconstitucional, no Código de Processo Civil de 1973, encontrava-se estampado no art. 458, II, do Código de Processo Civil que, ao elencar os requisitos essenciais da sentença, incluíam-se: "os fundamentos, em que o juiz analisará as questões de fato e de direito". O art. 165 por sua vez, dispunha que sentenças e acórdãos deveriam conter os requisitos do art. 458 e que as demais decisões judiciais seriam também fundamentadas, ainda que de forma concisa.

Contudo, o Código de Processo Civil de 1973, apesar de positivar a obrigatoriedade de exposição da fundamentação de fato e de direito, ateve-se a explicitar parâmetros para a realização da análise das questões de fato – nos termos do art. 131 – mas não das de direito.

Antes de passarmos a analisar os parâmetros previstos em lei para a fundamentação das questões de fato da sentença e as considerações da literatura jurídica a este respeito, é necessário ressalvarmos que não se desconhece a imbricação das *questões de fato* com as *questões de direito*.

Realmente a apreciação da validade ou não de uma prova e até sua prevalência sobre outra também produzida no processo passarão necessariamente pela consideração de premissas que são eminentemente jurídicas a respeito do direito probatório. Por outro lado, a interpretação do direito aplicável à espécie não pode prescindir, de forma alguma, da consideração das peculiaridades fáticas constatadas a partir da consideração das provas.

Não obstante assim o seja, disso não decorre negar que a atividade racional de construção da decisão jurídica estatal passa necessariamente pela definição primeiro dos fatos a serem considerados – mesmo quando não há controvérsias fáticas entre as partes, quando a definição se dá implicitamente – e, depois, pela definição da norma aplicável diante da peculiaridade dos fatos tidos por ocorridos.

Por isso, mesmo havendo imbricação entre tais questões, mesmo reconhecendo que *questões de direito* sempre envolverão – e assim deve efetivamente ser – fatos e *questões de fato* sempre envolverão a análise de normas jurídicas – e é o recomendável –, em se tratando de atividades cognitivas distintas, assim como diferentes fases pelas quais a fundamentação deve perpassar, é possível dissecar a fundamentação entre estes *capítulos* para melhor compreender suas peculiaridades assim como as possibilidades de seu aperfeiçoamento, conforme a lógica da fundamentação jurídica na democracia.

5.1 A fundamentação das questões de fato do processo

Ao abordar os critérios com que o órgão jurisdicional apreciaria as questões de fato, o art. 131 do Código de Processo Civil de 1973 prescrevia: "O juiz apreciará livremente a prova, atendendo aos fatos e circunstâncias constantes dos autos, ainda que não alegados pelas partes; mas deverá indicar, na decisão, os motivos que lhe formaram o convencimento".

Como mencionado, o diploma legal se restringia a especificar critérios apenas para a fundamentação das questões de fato da decisão jurisdicional, mas não das questões de direito.

Talvez, por isso, muitos juristas[232] consideram que o "livre convencimento motivado" consubstancia regra para pautar a fundamentação não só de fato, mas também de direito do órgão jurisdicional. Outros consideram essa concepção uma confusão na análise do ordenamento jurídico pátrio.[233]

O princípio inicialmente – pelo menos se inferindo da sua redação e de sua localização no Código de Processo Civil de 1973 – nada mais fazia do que positivar no ordenamento jurídico pátrio um meio-termo

---

[232] Entre outros, por exemplo, STRECK, Lenio Luiz. Uma análise crítica dos avanços trazidos pelo NCPC. *Revista de Estudos Institucionais*, Rio de Janeiro, v. 2, n. 1, 2016.

[233] NEVES, Daniel Amorim Assumpção. *Manual de direito processual civil*. 8. ed. Salvador: JusPodivm, 2016. p. 668.

entre superados sistemas de valoração de provas, quais sejam o da prova tarifada e o do livre convencimento.

Em breve digressão, é oportuno registrar que pelo primeiro sistema, também conhecido como da verdade legislativa, a carga de convencimento da prova vem fixada em lei de forma prévia, abstrata e genérica. O julgador exercia, a rigor, um cálculo matemático, somando os pontos das provas produzidas por cada parte. O propósito deste sistema era restringir ao máximo qualquer liberdade do órgão jurisdicional na valoração da prova, na medida em que priorizava a quantidade de provas em detrimento de sua qualidade.

Já pelo segundo sistema, também conhecido como da íntima convicção ou como da verdade judicial, o julgador tinha absoluta liberdade na valoração da prova, considerando seu convencimento íntimo, que sequer reclamava exteriorização em motivação discursivo-normativa, tampouco, por consequência, sustentação nas provas dos autos.

Segundo o professor Danilo Knijnik:

> [...] o objetivo da doutrina medieval, ao operar à base da prova tarifada, fora, justamente, banir a arbitrariedade do juiz e, ao mesmo tempo, garantir alguma dose de racionalidade do acertamento fático (embora, na prática, isso não tenha ocorrido). A substituição de um sistema pelo outro [da prova tarifada para o da íntima convicção] acabou por detonar uma "tendência a reduzir a atividade cognoscitiva do juiz a um fenômeno de pura consciência, que se exaure sob o pano íntimo e imperscrutável da mera subjetividade", o qual acabaria reduzido a um momento misterioso e inefável, a ponto de não poder ser sujeito a análises e controles, portanto, impenetráveis a qualquer tipo de indagação.[234]

Pelo sistema reconhecido pelo Código de Processo Civil de 1973, do livre convencimento motivado, também denominado sistema da persuasão racional, é o decisor que atribui a carga de persuasão que entende adequada a cada uma das provas produzidas no processo ou a ele trazidas. Não está vinculado, salvo situações excepcionais expressamente previstas em lei, à valoração prévia feita pelo legislador. Por outro lado, não tem discricionariedade absoluta para fazer a valoração que bem entender, na medida em que deverá justificar de forma explícita e racional as escolhas às quais procede.

---

[234] KNIJNIK, Danilo. Os "standards" do convencimento judicial: paradigmas para o seu possível controle. *Academia Brasileira de Direito Processual*. Disponível em: www.abdpc. org.br/artigos/artigo37.doc. Acesso em: 10 abr. 2018.

Neste ponto é que este sistema começa a se mostrar problemático em perspectivas democráticas. Quais seriam os critérios para a aferição dos parâmetros da racionalidade cujo atendimento tornaria correta a decisão? Quais inobservâncias por outro lado tornam a decisão incorreta e muitas vezes até mesmo inválida?

A princípio, os critérios de racionalidade aos quais a literatura do direito processual ordinariamente se refere consistem (I) na necessidade de apontamento de fundamentos que ultrapassem a mera referência à equidade ou à conveniência, assim como (II) as máximas da experiência – ou seja, siga de certa forma, salvo apontamento de excepcionalidades específicas – como a dinâmica dos fatos ordinariamente se apresentam na realidade sócio-histórico-cultural.

Relativamente nessa direção é que expõe Moacyr Amaral Santos,[235] valendo-se das lições de Malesta, no sentido de que a arbitrariedade seria afastada pela "sociabilidade do convencimento", ou seja, a exigência de que a valoração seja a mesma que a que seria realizada por qualquer outra pessoa racional, devendo o juiz se convencer da mesma forma que seria convencida qualquer pessoa.

Carlos Alberto Álvaro de Oliveira também defende essa linha de pensamento, ou seja, que a valoração probatória deve respeitar as expectativas do ambiente a que se dirige, de forma que a decisão proferida se mostre pelo menos aceitável. Para o jurista, portanto, o juiz deveria buscar o consenso mais generalizado possível da sociedade em que inserida, proferindo uma decisão que atenda às expectativas sociais.[236]

Lenio Streck – embora se referindo à fundamentação da sentença em seus pontos de direito controvertidos – em sentido semelhante argumenta que a racionalidade que controla o convencimento do juiz, restringindo, portanto, sua liberdade, seria a intersubjetividade estruturante do direito.[237] Marcelo Cattoni assevera que a racionalidade da qual o julgador deve se utilizar deve ser uma que seja intersubjetivamente sustentável.[238]

---

[235] SANTOS, Moacyr Amaral. *Prova judiciária no cível e comercial*. 4. ed. São Paulo: Max Limonad, 1970. v. I. p. 354.

[236] OLIVEIRA, Carlos Alberto Álvaro de. *Do formalismo no processo civil*. São Paulo: Saraiva, 1997. p. 163.

[237] STRECK, Lenio Luiz. Uma análise crítica dos avanços trazidos pelo NCPC. *Revista de Estudos Institucionais*, Rio de Janeiro, v. 2, n. 1, 2016.

[238] OLIVEIRA, Marcelo Andrade Cattoni de. *Direito processual constitucional*. Belo Horizonte: Mandamentos, 2001. p. 152.

Segundo Barbosa Moreira:

> O princípio fundamental na valoração das provas, bem sabemos, é o da liberdade do juiz, é o princípio da livre apreciação das provas, expressamente consagrado no artigo 131. Mas liberdade de valoração não significa arbítrio. Todos sabemos que a liberdade de que o juiz goza é sujeita a determinados limites e sobretudo, sujeita à possibilidade de controle; do contrário, ela se converte ou se subverte em arbítrio judicial, que é coisa detestável. Ninguém mais do que os juízes deve detestar o arbítrio, inclusive o judicial. Há uma série de regras lógicas, que não podemos deixar de observar na apreciação das provas. Há leis da natureza que não podemos desconhecer, e há as máximas da experiência, às quais o Código mesmo faz referência, em outro dispositivo. Uma dessas máximas de experiência ensina que a prova colhida sob o contraditório, geralmente, é mais veraz. [...] Esse princípio deve estar presente no nosso espírito quando formos valorar uma prova atípica, quando estivermos diante de uma fonte de informação, à qual tivemos acesso por uma forma diferente da prevista na lei [...].[239]

Em sintonia com as formas de controle propostas pelos juristas supramencionados quanto à fundamentação relativa à valoração probatória – qual seja, a obrigatoriedade de explicitação discursiva que exponha aderência a uma racionalidade ou uma lógica (espontânea, *utens*) também percebida pelos demais indivíduos (partes, advogados, Ministério Público) que compartilham a mesma realidade – Neves consigna:

> São lições que me agradam imensamente porque a valoração das provas diz respeito aos fatos da demanda, o que, portanto, não exige qualquer conhecimento jurídico para ser feita. Significa dizer que qualquer pessoa racional, ainda que sem formação jurídica, tem capacidade de valorar a prova, em situação obviamente diferente daquela na interpretação e aplicação do direito objetivo ao caso concreto. [...]
> Não pode, por exemplo, o juiz ignorar um laudo pericial e DNA juntado aos autos afirmando ser descrente na ciência. Como também não pode "fundamentar sua decisão afirmando que não levará as testemunhas em consideração porque o ser humano não merece confiança. Até se pode dizer que nesses casos o juiz justificou suas opções valorativas da prova, mas é manifesto que tal "fundamentação" não pode ser admitida.[240]

---

[239] MOREIRA, José Carlos Barbosa. Provas atípicas. *Revista de Processo*, n. 76, p. 114-126, 1994. p. 125.

[240] NEVES, Daniel Amorim Assumpção. *Manual de direito processual civil*. 8. ed. Salvador: JusPodivm, 2016. p. 670.

Nesse diapasão, assevera que o juiz deve se guiar pela forma como se portaria qualquer pessoa racional em sua posição, na medida em que a valoração da prova não é uma atividade que essencialmente exija conhecimento do direito. "A motivação quanto aos fatos não é livre, mas guiada e vigiada pela percepção social do que se espera que o juiz faça em termos de valoração".[241]

Deveras, os conhecimentos jurídicos serão válidos e imprescindíveis ao exercício da função jurisdicional – especialmente considerando a linha teórica que estrutura a presente obra (do paradigma democrático do processo cujo instrumento é a jurisdição) – para garantir às partes que o procedimento de produção das provas se dê com respeito irrestrito às balizas discursivas fundamentais, especialmente a observância efetiva ao devido processo legal, à ampla defesa e à isonomia.

Em sentido similar é a lição de Aroldo Plínio Gonçalves,[242] ao afirmar que o julgador deve estar vinculado a elementos não subjetivos de modo que os litigantes possam contar com a mesma segurança "quer estejam diante de um juiz dotado de inteligência, cultura e sensibilidade invulgares, quer estejam diante de um juiz que não tenha sido agraciado com os mesmos predicados":

> O mais alto grau de racionalidade atingido pelos ordenamentos jurídicos contemporâneos, que se seguiu à conquista das garantias constitucionais, importa na superação do critério da aplicação da justiça do tipo salomônico, inspirada apenas na sabedoria, no equilíbrio e nas qualidades individuais do julgador.

De toda forma, na linha do que se expôs, ao menos na perspectiva teórico-normativa, o princípio do livre convencimento motivado nunca outorgou ao julgador, na vigência do Código de Processo Civil de 1973, liberdade no sentido de analisar e valorar as provas – muito menos analisar e interpretar o direito – como bem entender, discricionariamente, desconsiderando de forma arbitrária provas produzidas por uma das partes ou sem exteriorizar discursivamente os motivos que o levaram a dar preponderância a uma prova em detrimento da outra.

O Código de Processo Civil de 2015 alterou a redação que ora se analisa para passar a prescrever, no art. 371, que: "O juiz apreciará

---

[241] NEVES, Daniel Amorim Assumpção. *Manual de direito processual civil*. 8. ed. Salvador: JusPodivm, 2016. p. 670.

[242] GONÇALVES, Aroldo Plínio. *Técnica processual e teoria do processo*. 2. ed. Belo Horizonte: Del Rey, 2012. p. 38.

a prova constante dos autos, independentemente do sujeito que a tiver promovido, e indicará na decisão as razões da formação de seu convencimento".

Conforme se verifica, suprimiu-se a palavra "livremente" não só deste dispositivo assim como de todos os outros que anteriormente o faziam no Código de Processo Civil de 1973 (arts. 131, 353, 386, 439, parágrafo único; 1.107).

Como destaca Neves, as mudanças legislativas trazidas pelo novo Código de Processo Civil no que tange à fundamentação não trouxeram qualquer novidade, na medida em que "[...] continua o juiz livre – no sentido de não estar condicionado à valoração abstrata feita por lei – a dar a carga de convencimento a cada meio de prova no caso concreto".[243]

Conforme se verifica, o sistema do livre convencimento motivado, ao menos a teoria construída na literatura jurídica, nunca admitiu que o juiz deixasse de confrontar todas as provas produzidas para formar seu convencimento. Conforme Cassio Scarpinella Bueno,[244] tal linha teórica nunca admitiu que o juiz tivesse discricionariedade para apreciar provas de forma afastada da racionalidade.

Além do mais, das grandes alterações normativas feitas pelo novo diploma processual – notadamente aquelas constantes no art. 489, §§1º e 2º –, todas se voltaram a disciplinar a fundamentação da sentença quanto às questões de direito, não tendo sido quaisquer delas destinadas a reger a valoração de provas pelo juiz.

Nesse sentido, considerando que o sistema do livre convencimento motivado sempre consistiu em uma proposição teórico-normativa voltada a orientar como o julgador valorará as provas do processo, há de se reconhecer que não se poderia pretender que o sistema teria sido superado ou revogado pela simples supressão da palavra "livremente" sem a substituição por novas normas que fixassem diferentes diretrizes para tanto.

Isso não significa, por outro lado, afirmar que as demais alterações normativas procedidas no Código de Processo Civil não causaram impacto no sistema de valoração de provas. Mais do que a supressão da palavra "livremente", parece-nos que foi estrutural e providencial

---

[243] NEVES, Daniel Amorim Assumpção. *Manual de direito processual civil*. 8. ed. Salvador: JusPodivm, 2016. p. 668.

[244] BUENO, Cassio Scarpinella. *Manual de direito processual civil*. São Paulo: Saraiva, 2015. p. 312.

144 FABRÍCIO SIMÃO DA CUNHA ARAÚJO
A LÓGICA DA FUNDAMENTAÇÃO DAS DECISÕES JUDICIAIS...

a retirada da expressão "[...] ainda que não alegados pelas partes" do art. 131 do Código de Processo Civil de 1973.[245] Deveras, a supressão da palavra "livremente" e a supressão da previsão de que se poderia considerar fatos e circunstâncias dos autos ainda que não alegados pelas partes se somam com a positivação principiológica realizada nos artigos introdutórios do diploma, especialmente o art. 10, que vai em sentido diametralmente oposto ao que outrora prescrevia o art. 131.

É valido reproduzi-lo: "Art. 10. O juiz não pode decidir, em grau algum de jurisdição, com base em fundamento a respeito do qual não se tenha dado às partes oportunidade de se manifestar, ainda que se trate de matéria sobre a qual deva decidir de ofício".

Nesse diapasão, ainda que se concedesse o argumento de que o livre convencimento motivado ainda é a teoria que orienta o sistema de valoração de provas – com base no fato de que a liberdade nunca foi no sentido de arbitrariedade ou mesmo discricionariedade, mas sim possibilidade de consideração das peculiaridades probatórias do caso concreto, nunca passíveis de serem suficientemente consideradas pelo legislador –, é de se reconhecer que houve importante alteração do regime jurídico processual-probatório.

Por outro lado, o legislador poderia ter ido mais longe para transformar em norma corrente considerações teórico-científicas acerca do sistema de valoração de provas, restringindo-se, neste ponto, apenas a suprimir as expressões "livremente" e "consideração de fatos não alegados pelas partes" das normas processuais pertinentes.

Em linha com a declarada pretensão de alterar o sistema de valoração probatória (e de interpretação do direito, como exposto nos motivos da lei, pela comissão de juristas)[246] ou encerrar a *liberdade* do convencimento motivado do juízo, poderia também o legislador ter revogado a autorização geral e irrestrita de que o julgador determine a produção de provas de ofício (art. 130 do Código de Processo Civil de 1973 e art. 370 do novo Código de Processo Civil).[247]

---

[245] "Art. 131. O juiz apreciará livremente a prova, atendendo aos fatos e circunstâncias constantes dos autos, ainda que não alegados pelas partes; mas deverá indicar, na decisão, os motivos que lhe formaram o convencimento".

[246] SENADO FEDERAL. *Código de Processo Civil e normas correlatas*. 7. ed. Brasília: Coordenação de Edições Técnicas, 2015. p. 29.

[247] Não se discorda que haverá situações excepcionais em que se mostrará necessária a determinação da produção probatória de ofício pelo juízo. Não obstante, conforme mencionado, trata-se de hipóteses excepcionais que assim deveriam ter sido tratadas

O novo Código de Processo Civil trouxe efetivamente relevantes alterações a respeito da fundamentação jurídica da decisão – especialmente o art. 489, §1º do Código de Processo Civil – entretanto, a fundamentação das questões fáticas não foi objeto de maiores considerações diretas pelos dispositivos do novo diploma legal.

Conforme destaca Assumpção Neves, "[...] é preciso reconhecer que a exigência de fundamentação da valoração probatória não é suficiente para evitar arbítrios judiciais, e que é preciso melhores meios de controle da atividade jurisdicional nesse âmbito".[248]

É que não é demais consignar a primordial importância que assume na maioria dos casos o capítulo da fundamentação da decisão jurisdicional que se volta a definir – considerando o acervo probatório trazido pelas partes ao processo, sob o pálio do contraditório prévio ou diferido (nos casos de provas pré-constituídas) – como os fatos aduzidos pelas partes efetivamente se deram.

Conforme tivemos oportunidade de registrar no segundo capítulo, as hipóteses de insuficiência da lógica deôntica para se definir com segurança a norma jurídica aplicável ao caso concreto são excepcionais. Assim, a incerteza jurídica na maioria das vezes resta limitada à valoração das provas produzidas pelas partes e, nesse sentido, salutar trazer à baila a advertência do professor José Carlos Barbosa Moreira:

> Aqui tornamos a encontrar um assunto sobre o qual, mais de uma vez, tive ocasião de falar, mas a cujo respeito nunca é demais insistir. Refiro-me à necessidade, – esta, sim impostergável – de o juiz, em qualquer nível, pôr o maior empenho possível na fundamentação da sua decisão, sobretudo no tocante à matéria de fato e, portanto, à valoração das provas. Infelizmente, essa diretriz nem sempre é observada de modo cabal. Às vezes o juiz acha mais interessante estender-se um pouco mais na questão de direito, porque ela permite, às vezes, um "brilhareco", uma citaçãozinha em francês, em espanhol, que enfeita uma sentença; então, ela é examinada com maior carinho. No entanto, muitas e muitas vezes, para a solução do litígio ela importa muito menos do que a questão de fato. E, quando vamos procurar na sentença uma justificação cabal da posição que o juiz tomou em face de cada uma das provas, não

---

pelo legislador e não autorizando geral e irrestritamente a possibilidade de que o juízo determine sua produção sem sequer requerimento pelas partes, notadamente quando disponíveis os direitos em discussão e não demonstrados quaisquer empecilhos pelas partes para a produção da prova por seus próprios esforços.

[248] NEVES, Daniel Amorim Assumpção. *Manual de direito processual civil*. 8. ed. Salvador: JusPodivm, 2016. p. 669.

raro nos decepcionamos. É nesse momento que temos de caprichar, se me permitem o verbo: no momento de revelar, na fundamentação das sentenças como foi que formamos convencimento sobre cada uma das questões e fato relevantes. Não podemos passar por cima dela, assim como gato sobre brasa, como às vezes dizendo: "A prova colhida nos autos convenceu-me de que a versão correta é a do autor". Mas como? Isso não basta. Porque tal ou qual fato não ficou demonstrado? Ou porque ficou? [...] A rigor se estamos aceitando a versão do autor e não estamos aceitando a versão do réu, não bataria que disséssemos porque foi que achamos convincentes as provas oferecidas pelo autor. Precisaríamos dizer, também, porque não achamos convincentes as provas oferecidas pelo réu.[249]

Conforme se verifica, na linha do que também expusemos nos capítulos 2 e 4 da presente tese, a fundamentação das questões de fato do processo assume, grande parte das vezes, importância superior que a fundamentação das questões jurídicas para a consecução do princípio democrático no espaço processual, e existem parâmetros, desde antes da vigência do Código de Processo Civil de 2015, para o controle da decisão jurídica em relação às questões de fato do processo de modo a garantir que reflita da forma mais fidedigna possível a reconstrução dos fatos efetivamente realizada pelas provas produzidas pelas partes.

Parece simples frisar, mas a primazia do puro racionalismo abstrato, da lógica deôntica clássica, das teorias *a priori*, assim como e por consequência disso, na esteira do que destaca Barbosa Moreira, por simples vaidade em expor o conhecimento teórico-científico que possui, fez com que o decisor passasse a tornar os fatos secundários para implantação da sua percepção sobre a decisão correta.

Assim, em primeiro lugar, o decisor deve se colocar com humildade intelectual para que suas preconcepções acerca do que supõe ter ocorrido serem infirmadas e, assim, dispor da forma mais irrestrita as possibilidades de reconstrução discursiva. Após utilizadas, deve explicitar o mais percucientemente possível cada uma das conclusões que ele retira das provas para reconstruir a situação fática vivida pelas partes.

O que se propõe, portanto, a título de consideração da realidade na fundamentação, nada mais é do que o dever do decisor de expressamente ponderar as provas produzidas por ambas as partes e somente daí extrair a conclusão de quanto a como os fatos se deram.

---

[249] MOREIRA, José Carlos Barbosa. Provas atípicas. *Revista de Processo*, n. 76, p. 114-126, 1994. p. 126.

Não obstante, embora o parâmetro não tenha sido recentemente estabelecido, as incertezas quanto à consideração das provas e os resultados a que se chegará ainda são significativos. Assim, uma vez que o parâmetro principal a se observar é a obrigatoriedade de explicitação discursiva que exponha aderência entre a forma como se valora as provas e o resultado a que se chega com uma racionalidade ou uma lógica (espontânea, *utens*) também percebida pelos demais indivíduos (partes, advogados, Ministério Público) que compartilham a mesma realidade, importante investigar qual linguagem favorece tal exposição de forma democrática, assim como a própria concepção de racionalidade da realidade compartilhada.

5.2 Lógica *utens* como critério geral de valoração probatória: as regras da experiência comum

Segundo Barbosa Moreira, a apreciação da prova deve respeitar as máximas da experiência, para que não desague em arbítrio. Como ele afirma, conforme já exposto, "há uma série de regras lógicas, que não podemos deixar de observar na apreciação das provas. Há leis da natureza que não podemos desconhecer, e há máximas da experiência, às quais o Código mesmo faz referência [...]".[250]

Moacyr Amaral Santos, provavelmente o processualista brasileiro que mais se aprofundou na pesquisa e reflexão acerca da instrução probatória, em seu clássico *Prova judiciária no cível e comercial*, discorre sobre as *máximas da experiência* afirmando:

> A prova prima facie terá, assim, a estrutura de uma presunção fundada numa experiência da vida, vale dizer, de uma presunção calcada numa norma da experiência. Mas, conquanto consista numa presunção, dela se distingue, como se verá mais adiante. Será a prova extraída da experiência da vida, à vista de um fato e do que comumente ocorre segundo a ordem natural das coisas, e da qual lícito é o juiz utilizar-se quando difícil se tornar o emprego dos meios probatórios normais.[251]

Ao que nos parece, Barbosa Moreira e Amaral Santos, assim como os demais autores mencionados no último tópico (5.1), estão a pugnar

---

[250] MOREIRA, José Carlos Barbosa. Provas atípicas. *Revista de Processo*, n. 76, p. 114-126, 1994. p. 125.

[251] SANTOS, Moacyr Amaral. *Prova judiciária no cível e comercial*. São Paulo: Max Limonad, 1949. v. V. p. 451.

que a valoração da prova na fundamentação da sentença – além de todas as condicionantes para uma fundamentação democrática, conforme exposto (arts. 10, 489, §§1º e 2º do Código de Processo Civil c/c 5º, LIV e LV da Constituição brasileira) – deve guardar harmonia com a lógica espontânea (*utens*) também percebida pelos demais indivíduos.

A esta lógica, espontaneamente intuída pelos indivíduos, os processualistas denominam *máximas da experiência* e o Código de Processo Civil denomina "regras da experiência comum", explicitando no mesmo dispositivo legal que tais regras serão "subministradas pela observação do que ordinariamente acontece" (art. 375).

Originariamente elaboradas por Friedrich Stein, em sua obra *O conhecimento privado do juiz* (*Das Private Wissen des Richters*), as *máximas da experiência* foram por ele conceituadas como:

> definições ou juízos hipotéticos de conteúdo geral, independentes dos fatos concretos julgados no processo, e que procedem da experiência, porém independentes dos casos particulares de cuja observação foram induzidos e que, sobrepondo-se a estes, pretendem ter validade para outros novos.[252]

Luiz Guilherme Marinoni e Sérgio Cruz Arenhart destacam que tal conceito clássico das regras da experiência introduzido por Stein foi integralmente adotado por Carnelutti como "premissa maior do silogismo e assim permitiria ao juiz deduzir, a partir do fato percebido, a existência ou não do fato essencial".[253]

Deveras, verifica-se que em parte também é assim que o professor Moacyr Amaral Santos as concebia. Embora buscando afastá-las do escopo dos conhecimentos privados do juiz para advogar a legitimidade de sua utilização, ao desenvolver tal raciocínio acaba propugnando que tais noções seriam *verdades indiscutíveis*, já que não dependeriam mais de comprovação e críticas ulteriores. Infere-se, portanto, que para ele constituiriam no âmbito da fundamentação das questões de fato do processo, nas clássicas premissas gerais da lógica aristotélica:

> São as máximas de experiência noções pertencentes ao patrimônio cultural de uma determinada esfera social – assim a do juiz e das partes,

---

[252] STEIN, Friedrich. *El conoscimiento privado del juez*. 2. ed. Tradução de Andrés de la Oliva Santos. Madrid: Editorial Centro de Estúdios Ramón Areces, 1990. p. 22.

[253] MARINONI, Luiz Guilherme; ARENHART, Sérgio Cruz. *Prova e convicção*: de acordo com o CPC de 2015. 3. ed. São Paulo: Revista dos Tribunais, 2015. p. 172.

consideradas estas representadas no processo por seus advogados – e, portanto, são noções conhecidas, indiscutíveis, não podendo ser havidas como informes levados ao conhecido privado do juiz. Constituem elas noções assentes, fruto de verificação do que acontece de ordinário em numerosíssimos casos, e que, no dizer de CALAMANDREI, não dependem mais de comprovação e crítica mesmo, "porque a conferência e a crítica já se completaram fora do processo", tendo já a seu favor a autoridade de verdades indiscutíveis.[254]

Não obstante, Marinoni e Arenhart, apontando a falibilidade de tais inferências do senso comum, ressalvam que as regras da experiência não se identificariam perfeitamente com premissas maiores do raciocínio lógico-dedutivo clássico:

[...] as regras da experiência comum não são apenas aquelas que, induzida a partir da experiência, permitem um *raciocínio dedutivo capaz de afirmar a verdade de um fato*, mas também aquelas que, surgidas do senso comum e também ancoradas na experiência, são fundamentais para o juiz *compreender* um fato e, especialmente, a relação entre o indício e o fato essencial, ainda que não sejam capazes de garantir a *incontestabilidade do raciocínio inferencial que ligou um ao outro*. [...]

Como é possível perceber, a identificação das regras de experiência em regras gerais, devidamente consolidadas e capazes de garantir um raciocínio lógico-dedutivo suficiente para se concluir a respeito de um fato, se por um lado é capaz de racionalizar o problema e garantir maior segurança jurídica, por outro lado elimina do conceito de regras de experiência uma série enorme de situações em que o juiz tem de se voltar às regras de cultura para formar seu raciocínio, o que significa dizer que apenas retira do conceito de regras de experiência algo que, necessariamente, deve ser utilizado pelo juiz e controlado pelas partes.[255] (Grifos no original)

As regras da experiência tampouco se confundem com a liberdade do julgador de considerar fatos não provados pelas partes que não se desincumbem ao seu ônus probatório.

Equivale dizer, as *máximas da experiência* não se confundem com a notoriedade de determinado fato, a qual permite que se considere determinado fato verdadeiro, mesmo que a parte não produza

---

[254] SANTOS, Moacyr Amaral. *Prova judiciária no cível e comercial*. São Paulo: Max Limonad, 1949. v. V. p. 457.

[255] MARINONI, Luiz Guilherme; ARENHART, Sérgio Cruz. *Prova e convicção*: de acordo com o CPC de 2015. 3. ed. São Paulo: Revista dos Tribunais, 2015. p. 173.

quaisquer provas nesse sentido (art. 374, I do Código de Processo Civil). As *máximas da experiência* não podem suprir prova que à parte competia produzir.

Conforme diferencia Daniel Amorim Assumpção Neves:

> Enquanto os fatos notórios se referem a fatos determinados que ocorrem, a cuja existência têm acesso, de maneira geral, as pessoas que vivem em determinado ambiente sociocultural, as máximas de experiência são juízos generalizados e abstratos, fundados naquilo que costuma ocorrer, que autorizam o juiz a concluir, por meio de um raciocínio intuitivo, que em identidade de circunstâncias, também assim ocorra no futuro.[256]

Deveras, as disposições de ambos, antigo e novo códigos de processo, sobre o tema corroboram esta proposição, na medida em que, a nosso juízo, dispõem que as máximas da experiência, ou na terminologia legal as "regras da experiência comum", não consistem em meio de prova (o que se pode dizer, ao menos em sentido lato da notoriedade do fato) e sim critério subsidiário de valoração das provas a condicionar o sistema de valoração das provas do (livre ou não) convencimento motivado.[257]

Nas palavras de William Santos Ferreira, as máximas da experiência serão relevantes para discernir, "[...] quando da escolha dos meios de prova para o esclarecimento dos fatos, qual poderá ser a colaboração de cada um dos instrumentos, não havendo uma hierarquia, mas uma aptidão".[258]

No mesmo sentido são as lições de Luiz Guilherme Marinoni e Sérgio Cruz Arenhart:

> As regras da experiência são imprescindíveis para o juiz valorar as presunções e as provas. Isso quer dizer que as regras da experiência incidem sobre objetos destinados a conferir conhecimento para o juiz solucionar o mérito. As presunções e as provas, assim, são elementos formados no caso concreto, enquanto as regras da experiência permitem ao juiz extrair as conclusões a partir delas.

---

[256] NEVES, Daniel Amorim Assumpção. *Manual de direito processual civil*. 8. ed. Salvador: JusPodivm, 2016. p. 652.

[257] É certo que, embora a notoriedade do fato não se qualifique como meio de prova propriamente dito, uma vez considerado notório o fato, tal predicado tem o condão de excluí-lo do objeto da prova, o que não ocorre com as "máximas da experiência".

[258] FERREIRA, William Santos. *Princípios fundamentais da prova cível*. São Paulo: Revista dos Tribunais, 2014. p. 76.

É evidente que as regras da experiência não são provas, mas regras que servem para a compreensão ou valoração das provas e das presunções. Aliás, como o juízo sobre o mérito recai sobre as provas e as presunções, e não nas provas e nos indícios, as regras de experiência não atuam apenas quando do julgamento do mérito, mas também quando da elaboração da presunção.[259]

Nesse diapasão, tampouco "as regras de experiência comum subministradas pela observação do que ordinariamente acontece" podem ser utilizadas isoladamente para desconsiderar determinada prova produzida sob o pálio do contraditório, e não impugnada pelo *ex adverso* nem muito menos infirmada por prova por ele trazida aos autos.

Efetivamente, deixando consignado que a consideração das "regras da experiência comum" consiste, conforme exposto, em critério subsidiário de valoração das provas a condicionar o sistema do convencimento motivado, é possível registrar alguns exemplos no intuito de facilitar a compreensão:

- provas colhidas sob o pálio do contraditório têm maior probabilidade de veracidade que provas produzidas antecipadamente;[260]
- determinado documento com assinatura tem maior persuasão do que sem assinatura;
- um documento com assinatura também de testemunhas tem maior carga de verossimilhança que aquele sem tais complementos;
- a firma reconhecida em tabelionato de notas induz maior convencimento do que a firma não reconhecida;
- o documento produzido unilateralmente tem maior credibilidade do que aquele produzido mediante a participação de todos os interessados (por exemplo, boletim de ocorrência em que são ouvidas ambas as partes envolvidas e não apenas uma delas);
- a testemunha ocular tem maior credibilidade do que a chamada testemunha de "ouvir dizer" (*hearsey testemony*);
- o passar do tempo torna o depoimento da testemunha menos preciso;

---

[259] MARINONI, Luiz Guilherme; ARENHART, Sérgio Cruz. *Prova e convicção*: de acordo com o CPC de 2015. 3. ed. São Paulo: Revista dos Tribunais, 2015. p. 127.

[260] Exemplo dado por MOREIRA, José Carlos Barbosa. Provas atípicas. *Revista de Processo*, n. 76, p. 114-126, 1994. p. 125.

- a versão dos fatos sustentada pelo maior número de testemunhas em juízo, em regra, tem maior probabilidade de ser mais próxima de como efetivamente ocorreram;
- o laudo de DNA tem maior probabilidade de certeza do que prova testemunhal.

Há também situações específicas em que "a observação do que normalmente acontece" por quem avalia a prova lhe permitirá valorar o acervo probatório de uma forma ou de outra.

Suponhamos um acidente de trânsito ocorrido em uma curva em rodovia interestadual de pista simples, uma em cada sentido, separadas pela sinalização linear ao chão, onde o limite de velocidade era de 100km/h. O fato de que os veículos se chocaram na curva, durante chuva torrencial, é incontroverso. No sentido em que trafegava o réu, a curva era à sua esquerda. No sentido em que trafegava o autor, a curva era à sua direita.

Pois bem.

Aqueles que trafegam com frequência em rodovias de pista simples *comungam a experiência* de que, em *regra*, o que *ordinariamente acontece* é que o veículo que trafega próximo ao limite de velocidade (100km/h) que faz a curva à esquerda costuma se aproximar da faixa divisória das pistas, enquanto o veículo que faz a curva à direita costuma se aproximar da faixa divisória da pista com o acostamento.

Sendo esta a experiência comum do que ordinariamente acontece, não está o julgador autorizado a considerar que o réu invadiu a pista do autor caso este não produza quaisquer provas em seu favor. Não obstante, caso o autor produza provas em favor de sua tese, ainda que não haja testemunhas oculares ou perícia que afirme categoricamente que o acidente se deu de tal ou qual maneira, mas desde que suas provas corroborem razoavelmente sua tese, será possível acolhê-la uma vez que está de acordo com as *máximas da experiência*.

Colocando em termos sintéticos, o desafio para atender ao próprio ônus probatório daquele que argumenta que os fatos se deram de forma contrária às *regras de experiência comum subministradas pela observação do que ordinariamente acontece* será maior do que o daquele que argumenta que o que ocorreu foi o que costuma ocorrer.

Para exemplificar vale lançar mão de outra situação hipotética: a legislação prescreve que "o segurado perderá o direito à garantia se agravar intencionalmente o risco objeto do contrato" (art. 768 do Código Civil). Segundo interpretação pacificada do egrégio Superior Tribunal de Justiça, a embriaguez pura e simples ao volante não implica necessariamente a perda do direito à cobertura securitária, devendo o nexo de causalidade entre tal circunstância e o evento danoso restar provado nos autos.[261]

Pois bem. Nos casos de danos cuja indenização securitária se pede em juízo, advindos de acidente de trânsito em que se constatou que o segurado, além de encontrar-se relevantemente embriagado, violou dever de cuidado consubstanciado nas normas de trânsito previstas no Código de Trânsito Brasileiro (por exemplo, furou sinal vermelho), *a observação do que ordinariamente acontece* faz com que seja uma *experiência comum* a de que provavelmente a embriaguez tem nexo de causalidade com o evento danoso.

Nesse sentido, o desafio para o motorista se desincumbir de seu ônus probatório é mais intenso do que a seguradora, que a rigor já tem provas a seu favor que demonstram a violação de dever de cuidado pelo segurado e também o seu estado de embriaguez. Por outro lado, se inexistem provas de que o motorista violou qualquer dever de cuidado, as máximas da experiência não têm o condão de permitir que se considere provado que o acidente tem nexo de causalidade com o estado de embriaguez.

Não é demais repisar, contudo, que não é cabível o acolhimento de uma tese que argumenta fatos adequados às máximas da experiência caso não haja provas trazidas ao processo nesse sentido, tampouco é cabível tal acolhimento quando há provas mais persuasivas no sentido contrário. Conforme já asseverado, as *máximas da experiência* constituem critério subsidiário de valoração das provas a condicionar o sistema de valoração das provas do (livre ou não) convencimento motivado.

Equivale dizer, trata-se de critério que vincula a forma como as provas serão interpretadas, não podendo, portanto, a interpretação da prova simplesmente desconsiderar a própria existência de provas em sentido contrário, muito menos as previsões legais que indicam o valor que deve ser dado a determinadas provas.

Suponhamos, por exemplo, que se trata de uma ação de indenização por danos morais por realização de protesto indevido em desfavor da parte autora, que alega que devolveu a mercadoria por estar em desconformidade com o que foi adquirido, embora contra ela tenha sido sacada uma duplicata protestada por instituição financeira.

---

[261] Entre outros precedentes, STJ, T4 – Quarta Turma. AgRg no AREsp nº 450.149/DF 2013/0409084-8. Rel. Min. Maria Isabel Gallotti, j. 1º.4.2014. *DJe*, 28 abr. 2014.

A instituição financeira, em sua contestação, argumenta que não teria responsabilidade visto que teria feito o protesto na qualidade de endossatário mandatário, não lhe sendo, portanto, oponíveis exceções pessoais. A certidão de protesto indica que quem apresentou o título a protesto figurava como endossatário.

Nestes casos, ainda que o julgador saiba pela *observação do que ordinariamente acontece* que em regra o cartório não verifica efetivamente se houve ou não o endosso, mas se limita a registrar, neste ponto, o que for asseverado pelo apresentante, não poderá simplesmente desconsiderar a anotação do tabelionato de que havia endosso na certidão de protesto trazida, seja porque ao *ex adverso* competia produção de prova em sentido contrário (de que a instituição financeira não era endossatária) – a qual era plenamente acessível, na medida em que tem acesso ao título levado a protesto bastando solicitá-lo no respectivo tabelionato – seja porque a lei atribui especial valor à certidão de protesto, nos termos do art. 405 do novo Código de Processo Civil.

Vale repisar, *as máximas da experiência* como critério subsidiário de valoração das provas a condicionar a forma como se as examina caso a caso não têm o condão de desincumbir determinada parte de seu ônus probatório – especialmente se tratando de provas facilmente obtíveis – nem afastar oficiosamente e por completo (à míngua ao menos de suscitação pela parte nesse sentido, em situações em que a prova é difícil de ser produzida) a incidência das previsões legais específicas relativas à valoração de determinada prova.

Enfim, é impossível prever por antecipação as considerações racionais que permitirão acolher determinadas provas em detrimento de outras, sendo este precisamente um dos principais motivos pelos quais se abandonou o sistema da prova tarifada ou da verdade legislativa.

Não obstante assim o seja, é possível e necessário para se considerar devidamente fundamentada a decisão que se decline de qual regra da lógica espontânea, portanto, das máximas da experiência se está se valendo para acolher uma linha de argumentação fático-probatória e afastar outra linha também embasada em provas.

Nesse sentido, convém lançar mão novamente das lições de Marinoni e Arenhart:

> [...] é importante frisar que as regras da experiência devem ser relatadas e demonstradas na motivação da decisão. Ou seja: o juiz, através de argumentação racional, deve demonstrar a idoneidade da regra de experiência, assim como a oportunidade do seu uso para a decisão.

CAPÍTULO 5
FUNDAMENTAÇÃO DEMOCRÁTICA | 155

Essa é a única maneira de se garantir a racionalidade na utilização das regras da experiência e, ao mesmo tempo, a possibilidade de seu controle pelas partes, evitando que o juiz pense que pode utilizá-las sem qualquer critério, estabelecendo argumentos destituídos de qualquer valor. Embora isso pareça evidente, o fato é que as decisões, na prática, não aludem sequer às regras de experiência, e muitas vezes o juiz e as partes nem mesmo percebem a sua utilização. Portanto, a exigência de argumentação racional de validade das regras da experiência, embora imprescindível para a racionalidade da decisão e para o adequado uso do recurso, lamentavelmente não existe no cotidiano forense – o que é extremamente grave, especialmente quando considerada a dimensão da motivação das decisões.[262]

É claro que em se tratando de argumentos extraídos intuitivamente da observação da relação e da dinâmica entre os objetos, a probabilidade de estarem equivocados pode ser muito maior, contudo, é a sua explicitação discursiva percuciente na fundamentação da decisão que permite à parte o acesso à experiência do apontamento eficaz da aporia, demonstrando (até os limites linguísticos em que é possível fazê-lo) que aquela experiência tida por verdadeira não o é.

O jurista italiano Michelle Taruffo elenca critérios que permitiriam o controle e, portanto, a refutação pelos participantes do espaço processual, de determinadas regras da experiência comum. A regra da experiência necessariamente deve ser atual, ou seja, recorrente no momento em que a decisão que dela se vale é proferida. Além disso, deve se referir ao que acontece em geral, extraída, portanto, do senso comum da comunidade em que o fato está inserido.

O seu controle poderia se dar também pela verificação da base empírica que fundamenta tal "observação do que normalmente acontece", seja para pleitear contra a adoção de determinada *máxima* ou apenas para pugnar que o grau de probabilidade com que se a considera seja reduzido. Para tanto, a parte pode contrastar dados empíricos que demonstram não haver a recorrência necessária para torná-la uma regra da experiência ou que, ao contrário, os fatos demonstram regra inversa.[263]

---

[262] MARINONI, Luiz Guilherme; ARENHART, Sérgio Cruz. *Prova e convicção*: de acordo com o CPC de 2015. 3. ed. São Paulo: Revista dos Tribunais, 2015. p. 174.

[263] TARUFFO, Michele. Funzione dela prova: la funzione demonstrativa. *In*: TARUFFO, Michele. *Sui confini* – Scritti della giustizia civile. Bologna: Il Mulino, 2002. p. 561.

Prosseguindo, é de se registrar também que, embora a reforma do Código de Processo Civil tenha declaradamente se voltado a findar com a *liberdade* do convencimento motivado do julgador – seja na apreciação de provas, seja na interpretação do direito – nesta primeira fase da fundamentação da sentença reduziu a dimensão vinculante das hipóteses de tarifação prévia, geral e abstrata da prova, permitindo que sejam, ao menos a partir de análise sistemática do Código, temperadas pelas "regras de experiência comum subministradas pela observação do que ordinariamente acontece".

É que, se no Código de Processo Civil de 1973 a lógica espontânea só seria invocável porque aprecia o acervo probatório "em falta de normas jurídicas particulares", no novo diploma processual, passou a ser um critério geral de valoração das provas a condicionar o sistema de valoração das provas, o convencimento motivado.

Para fins de tornar a exposição mais didática, vale a transcrição, do antigo e do novo dispositivo, respectivamente:

> Art. 335. *Em falta de normas jurídicas particulares*, o juiz aplicará as regras de experiência comum subministradas pela observação do que ordinariamente acontece e ainda as regras da experiência técnica, ressalvado, quanto a esta, o exame pericial. (Grifos nossos)
>
> Art. 375. O juiz aplicará as regras de experiência comum subministradas pela observação do que ordinariamente acontece e, ainda, as regras de experiência técnica, ressalvado, quanto a estas, o exame pericial.

Conforme se depreende, se continua sendo certo que mesmo após a alteração legislativa as *máximas da experiência* não podem servir de argumento solipsista para simplesmente desconsiderar a existência de uma prova no processo, ou para simplesmente dar ganho de causa a determinada parte mesmo tendo produzido provas menos persuasivas a corroborar sua argumentação fática; com o advento do novo Código de Processo Civil, tornou-se ainda mais explícito que elas poderão servir como argumento (desde que explicite qual a regra da experiência comum em que se fundam, como as exemplificadas acima), para atribuir maior ou menor valor probatório às provas trazidas ou produzidas no processo, sejam elas (provas) quais forem – frise-se, ainda que prevista entre as reminiscências de prova tarifada no sistema jurídico-processual.

Não é desnecessário registrar, contudo, que caso a decisão se paute em regra da experiência não suscitada pelas partes, sobre a qual não tenham tido oportunidade prévia de se manifestarem, será imprescindível dar cumprimento ao disposto no art. 10 do Código de Processo Civil, evitando que sejam surpreendidas por fundamento não submetido ao contraditório e oportunizando-lhes contribuir efetivamente para a construção da decisão estatal.

5.3 *Standards* de prova ou critérios de suficiência probatória

Também é válido consignar que as máximas da experiência, como critério geral de apreciação das provas a condicionar o sistema de valoração probatória, não se confundem com os *standards de prova* que parte da literatura brasileira[264] tem utilizado, a partir da importação da experiência internacional (em especial a norte-americana), como método de controle da formação do convencimento judicial em termos de provas.

Conforme expõe Luís Felipe Kircher, "[...] os standards de prova ou modelos de constatação são, de forma singela, o 'quanto de prova' (nível de suficiência probatória ou grau de confirmação) que é exigido para que uma dada hipótese fática seja considerada verdadeira, ocorrida ou provada".[265]

Conforme expõe, podem ser definidos pelo menos três diferentes e básicos modelos de constatação ou também critérios de convencimento ou suficiência probatória: (I) a simples preponderância entre provas (*preponderance of evidence*), que consignaria apenas a maior probabilidade demonstrada por uma das partes de que os fatos tenham ocorrido da forma como sustenta; (II) prova clara e convincente (*clear and convincing evidence*), ou seja, uma probabilidade elevada; (III) prova além de dúvida razoável (*beyond a reasonable doubt*), que caracteriza uma probabilidade elevadíssima.

Além destes modelos básicos, haveria também aqueles observáveis para a prática de atos específicos. Por exemplo, para autorização

---

[264] A título de exemplo, KIRCHER, Luis Felipe. *O convencimento judicial e os parâmetros de controle sobre o juízo de fato*: visão geral, direito comparado e o Tribunal Penal Internacional. Disponível em: https://independent.academia.edu/LuisFelipeKircher. Acesso em: 15 abr. 2018 e KNIJNIK, Danilo. Os "standards" do convencimento judicial: paradigmas para o seu possível controle. *Academia Brasileira de Direito Processual*. Disponível em: www.abdpc. org.br/artigos/artigo37.doc. Acesso em: 10 abr. 2018.

[265] KIRCHER, Luis Felipe. *O convencimento judicial e os parâmetros de controle sobre o juízo de fato*: visão geral, direito comparado e o Tribunal Penal Internacional. Disponível em: https://independent.academia.edu/LuisFelipeKircher. Acesso em: 15 abr. 2018.

de buscas pessoais no processo penal americano, a suspeita razoável (*reasonable suspicion* – "acima de uma suspeita incipiente, não particularizada ou palpite")[266] e para a autorização de medidas coercitivas/cautelares severas como a prisão, a causa provável (*probable cause*). Esses *standards*, conforme se verifica do sistema em que se originam, são de grande valia nos sistemas jurídicos de *common law*, contudo, não nos parece que possuem no sistema brasileiro, de *civil law*, a validade e a eficácia que a literatura que os sustenta busca atribuir, especialmente para o sistema processual civil brasileiro.

Isso se afirma com base no fundamento principal de que carecem de amparo legal para serem adotados. Além desta razão e também em decorrência dela, são desnecessários para o controle da atividade de valoração probatória no processo ou, ao menos, devem ter sua função atribuída residualmente.

Aqui não nos referimos às regras ordinárias da experiência que na linha do sustentado constituem critério para análise e sopesamento do grau de persuasão de cada prova, assim como de todo o conjunto probatório produzido no processo, mas não desempenham a função de "critério de suficiência probatória" para a prolação do julgamento de procedência ou condenação nem improcedência ou absolvição.

Referimo-nos, sim, à circunstância de que no sistema de *civil law* a própria lei estabelece, em regra mediante conceitos jurídicos indeterminados, o critério de suficiência probatória necessária para a prolação de uma ou outra decisão específica.

Assim, para o deferimento da tutela provisória de urgência de natureza antecipada, será necessária a existência de elementos nos autos que evidenciem a probabilidade do direito e o perigo de dano ou o risco ao resultado útil do processo (art. 300 do Código de Processo Civil).

Para o deferimento de busca e apreensão de natureza criminal, no âmbito domiciliar, por sua vez, é necessário que se constatem "fundadas razões a autorizarem" (art. 240, §1º do Código de Processo Penal). Ao exigir que as razões que a *autorizarem estejam fundadas* em elementos dos autos, nada mais se está exigindo do que a mencionada *probable cause* acima referida.

Da mesma forma, a busca e apreensão criminal no âmbito pessoal é autorizada pelo Código de Processo Penal quando "houver fundada

---

[266] KIRCHER, Luis Felipe. *O convencimento judicial e os parâmetros de controle sobre o juízo de fato*: visão geral, direito comparado e o Tribunal Penal Internacional. Disponível em: https://independent.academia.edu/LuisFelipeKircher. Acesso em: 15 abr. 2018.

suspeita" (art. 240, §2º). Novamente, o conceito jurídico indeterminado já estabelece o critério de suficiência probatória (*standard de prova*) necessário para a autorização da medida. O mesmo se pode dizer do art. 312 do Código de Processo Penal que autoriza a decretação da prisão preventiva somente se provada a materialidade e constatado no processo indícios suficientes de autoria, aparentemente até extrapolando a chamada *probable cause*, na medida em que, quanto à existência do crime, exige-se *standard de prova* até superior à mera probabilidade e mais próximo da certeza.

Enfim, embora seja concebível que em determinadas circunstâncias os *standards de prova* possam desempenhar função subsidiária no controle do convencimento judicial no que tange à análise da suficiência probatória – mas não quanto à valoração propriamente dita, como mencionado acima – a questão na maioria das hipóteses processuais se resolveria democraticamente pela devida explicitação da correlação entre o respectivo conceito jurídico indeterminado (que estabelece o critério de suficiência probatória – *standard de prova*) com os específicos fatos constatados no bojo do processo que a antecedeu a partir das provas ali produzidas. A respeito deste tema, buscaremos nos dedicar no tópico 5.6 a seguir.

Além disso, o ônus da prova previsto em lei também desempenharia a função que em parte a literatura mencionada atribui aos *standards de prova*. Com efeito, o critério de suficiência probatória se resolveria pela verificação do atendimento pela parte do próprio ônus probatório, como critério que guiaria a ponderação entre provas e argumentos das partes no processo civil, observadas as máximas da experiência comum.

No processo penal, por sua vez, a condenação estaria na dependência do atendimento pela acusação, do ônus probatório que lhe incumbe, nos termos do art. 156 do Código de Processo Penal. Sendo este o caso, tem-se que a própria lei indica o critério de suficiência probatória como sendo, portanto, não a ponderação entre provas. Como o ônus é unilateral, à acusação cabe a produção de provas e, ao réu, não, bastando a este, portanto, por argumentos, irrogar incertezas razoáveis – se não amparadas em provas, ao menos dotadas de uma consistente lógica (clássica) – na narrativa da parte autora.

Assim, conforme se verifica, as regras de ônus da prova nos âmbitos civil e penal já permitem fixar os critérios de suficiência probatória aptos a controlar a fundamentação judicial do provimento final.

No primeiro vigora a *preponderance of evidence* temperada e apreciada conforme estiver prevista em lei a distribuição do ônus da prova para consideração da matéria especificamente considerada. No segundo, vigora a certeza além de dúvida razoável (*beyond a reasonable doubt*).

Tecidas as considerações no presente capítulo acerca da análise das questões de fato em si seguindo o critério geral de valoração das provas das regras ordinárias da experiência (*lógica utens*) pela observação do que normalmente acontece, em capítulo posterior, como mencionado acima, abordaremos a necessidade de explicitação na decisão jurídica da correlação entre os fatos constatados nos autos a partir das provas e os conceitos jurídicos indeterminados (como critérios de suficiência probatória) ou não.

5.4 A fundamentação das questões de direito na decisão jurídica

Conforme já consignado acima, a exigência da fundamentação das decisões jurídicas estatais restou expressa na Constituição brasileira de 1988 (arts. 93, IX e X e 5º, LXI) e implícita (art. 5º, XXXV, LIV e LV).

O Código de Processo Civil de 1973 erigiu a fundamentação à estatura de requisito essencial da sentença e das demais decisões judiciais (arts. 458, II; 165 e 458). Não obstante, o texto normativo só explicitou parâmetros para o segmento da fundamentação destinado à valoração de provas – acolhendo a teoria do *livre convencimento motivado* ou da *persuasão racional*, mas não para a interpretação e definição das questões de direito controversas entre as partes.

Por esse motivo, muitos juristas consideravam, conforme também já mencionado acima, que referido sistema vigia não só para a definição dos fatos no âmbito do processo, mas também para a definição das questões de direito.

Nesta linha, segundo reporta Joseli Lima, a prevalência das lições de Oskar Von Bülow na recente história do direito processual civil brasileiro implicou também o predomínio de concepções da Escola do Direito Livre, a que ele era adepto, entre as quais a de uma interpretação alargada do princípio do livre convencimento motivado, que permitiria valer-se de critérios que estariam além dos jurídicos para fundamentação (morais, sociológicos, políticos, econômicos, entre outros).[267]

---

[267] MAGALHÃES, Joseli Lima. O princípio da fundamentação das decisões jurisdicionais como direito fundamental à concretização da democracia e suas conexões com o princípio do contraditório. *Anais do XIX Encontro Nacional do Conpedi*, Fortaleza, 2010. p. 4565.

A própria comissão de juristas que coordenou os trabalhos legislativos finais para a aprovação do novo Código de Processo Civil consignou o seguinte:

> Se, por um lado, o princípio do livre convencimento motivado é garantia de julgamentos independentes e justos, e neste sentido mereceu ser prestigiado pelo novo Código, por outro, compreendido em seu mais estendido alcance, acaba por conduzir a distorções do princípio da legalidade e à própria ideia, antes mencionada, de Estado Democrático de Direito. A dispersão excessiva da jurisprudência produz intranquilidade social e descrédito do Poder Judiciário.
>
> Se todos têm que agir em conformidade com a lei, ter-se-ia, *ipso facto*, respeitada a isonomia. Essa relação de causalidade, todavia, fica comprometida como decorrência do desvirtuamento da liberdade que tem o juiz de decidir com base em seu entendimento sobre o sentido real da norma.[268]

Retrocedendo à análise da legislação precedente, tem-se que a disciplina atinente à fundamentação da decisão jurídica, notadamente quanto às questões de direito, era profundamente lacônica. O Código de Processo Civil de 1939 não trouxe critérios específicos para disciplinar suficientemente o dever de fundamentação, restringindo-se a erigir os "fundamentos de facto e de direito" como um dos conteúdos da sentença, contudo sem indicar que eventual sentença sem fundamentação seria desprovida de validade.

No que tange à valoração probatória, vigia desde então o livre convencimento motivado, reconhecido especialmente pelo art. 118 que prescrevia:

> na apreciação da prova, o juiz formará livremente o seu convencimento atendendo aos fatos e circunstâncias constantes dos autos, ainda que não alegados pela parte. Mas, quando a lei considerar determinada forma como da substância do ato, o juiz não lhe admitirá a prova por outro meio.

O Código de Processo Civil de 1973 praticamente repetiu a previsão normativa do anterior neste ponto, nada acrescentando de forma substancial.

---

[268] SENADO FEDERAL. *Código de Processo Civil e normas correlatas*. 7. ed. Brasília: Coordenação de Edições Técnicas, 2015. p. 29.

Nesse diapasão, conforme consignamos, o sistema de valoração das provas acabou sendo considerado por boa parte da literatura processualista como o sistema a reger não só a fundamentação das questões de fato do processo, mas também as questões de direito.

A partir da Constituição brasileira de 1988, com a previsão de extenso rol de garantias fundamentais discursivas (art. 5º LIV, LV, XXXV, XXXVI, LIII, LVI, LVII, LX, LXVIII, LXIX, LXXI, LXXIII, LXXIV e LXXXVIII) e a consequente constitucionalização do direito processual – trazendo, portanto, tais balizas fundamentais para o centro da configuração dos institutos processuais –, a fundamentação da sentença ganhou *status* de pressuposto não só de validade como de legitimidade democrática da decisão jurídica estatal.

Nesse diapasão, em consonância com os avanços teóricos alcançados também na própria concepção do contraditório, conforme exposto acima, a exigência de fundamentação, a partir da constituição da República *em* democracia em 1988 (art. 1º da Constituição), passa a possuir contornos teóricos que propõem que a legitimidade da fundamentação depende não só da exposição formal dos motivos que alicerçam a conclusão, mas também de que aqueles e esta estejam em imprescindível conexão com a argumentação e as provas produzidas pelas partes no espaço processual, assim como com a Constituição e a lei de regência da matéria.

A vetusta previsão normativa infraconstitucional de que ao magistrado era possível – em sede de valoração de provas, mas que acabou sendo alastrado também para a fundamentação de questões jurídicas da decisão – considerar livremente fatos e circunstâncias constantes nos autos ainda que não argumentados pelas partes passou a ser cada vez mais obsoleta.

Filiando-se à corrente que considera o sistema do livre convencimento o critério vigente não só para a valoração da prova, mas também para a fundamentação de questões jurídicas do processo, Rosemiro Pereira Leal assevera:

> A persuasão do juiz, no Estado Democrático de Direito, é construída pelos critérios que a lei estabelece para seu autoconvencimento ante os fatos e atos examinados. O julgador não pode decidir, assumindo o papel paternalista ou do *magister* em juízos de desvinculada subjetividade. [...]
>
> Após as constituições democráticas, aboliram-se os sistemas inquisitório e de livre convencimento, porque historicamente assentados em bases autocráticas e carismáticas de juízos de arbítrio, discricionariedade, conveniência e equidade, sem qualquer suporte no princípio da anterioridade e exterioridade normativas.

CAPÍTULO 5
FUNDAMENTAÇÃO DEMOCRÁTICA | 163

A reserva legal, como referente lógico-jurídico da legitimidade jurisdicional, erigiu-se em princípio constitucional de racionalidade na prolatação das decisões judiciais, o que torna imprescindível a fundamentação do ato jurisdicional em leis que lhe sejam precedentes.

No mundo de hoje, em que as conquistas teóricas de liberdade, dignidade e igualdade de direitos se firmaram, as decisões *secundum conscientizam* não têm substrato legal, porque adotam juízos de convicção íntima, sem que esta convicção esteja balizada em critérios legais.[269]

Assumindo o processo função estruturante na construção do Estado democrático de direito, voltado a garantir espaço discursivo para que o povo, *conjunto de legitimados ao processo*,[270] torne-se protagonista na condução das atividades estatais e na construção dos respectivos provimentos, a fundamentação não pode ser outra senão a que represente a *conclusão coextensiva da argumentação das partes*.[271]

Nesse sentido, Leal destaca que ao juízo é necessário assumir, no momento da prolação de decisões, "[...] o dever de compreensão teórica do discurso da democracia como esfera hermenêutica incambiável da aplicação da lei".[272]

Valendo-nos do que restou exposto no tópico 4.4, a fundamentação só pode ser considerada democrática quando recai sobre suportes teóricos extraídos intradiscursivamente do discurso e do texto pelo código que encaminha a elaboração dos dois, o devido processo.[273]

Assim, uma vez que a democracia se funda precipuamente na proibição da vedação da liberdade de interpretação e argumentação crítica e que o código interpretante é o devido processo, tem-se que os suportes teóricos em que se deve se basear a fundamentação são tais que observem o contraditório, a ampla defesa e a isonomia de forma a efetivar a concepção do processo como "instituição teórico-linguístico-autocrítica e jurídico-normativa de instalação da democracia".[274]

---

[269] LEAL, Rosemiro Pereira. *Teoria geral do processo*: primeiros estudos. 13. ed. Belo Horizonte: Fórum, 2016. p. 199/200.

[270] LEAL, Rosemiro Pereira. *Processo como teoria da lei democrática*. Belo Horizonte: Fórum, 2010. p. 59.

[271] LEAL, Rosemiro Pereira. *Teoria processual da decisão jurídica*. São Paulo: Landy, 2002. p. 26-27.

[272] LEAL, Rosemiro Pereira. *Teoria processual da decisão jurídica*. São Paulo: Landy, 2002. p. 135.

[273] LEAL, Rosemiro Pereira. *Processo como teoria da lei democrática*. Belo Horizonte: Fórum, 2010. p. 280.

[274] LEAL, Rosemiro Pereira. *Processo como teoria da lei democrática*. Belo Horizonte: Fórum, 2010. p. 71.

Nesse sentido, a fundamentação deve ser tal que explicite e que permita que se possa verificar – e efetivamente refutar, apontando aporias – se o texto (decisão fundamentada) que atribui sentido ao discurso (normas e institutos jurídicos objeto de interpretação) pertence e decorre realmente da teoria que orienta a codificação do discurso, que é o devido processo.

Dessarte, com base nas considerações que se vêm de expor no presente capítulo e nos fundamentos de interconexão entre contraditório, fundamentação e democracia é possível assentar que não só será inválida como será também ilegítima a sentença que: (I) desconsidere a reserva legal, não explicitando o suporte na lei e na Constituição – "princípio da anterioridade e exterioridade normativas";[275] (II) vale-se de argumentos não debatidos pelas partes no espaço processual, privadas, portanto, de sobre eles manifestarem-se; (III) deixa de apreciar quaisquer dos argumentos da parte vencida; ou (IV) vale-se de linguagem hermética ou obscura ou que se explicita de forma insuficiente ou incoerente, na medida em que não permite o controle do acerto e da legitimidade democrática da conclusão do juízo, blindando as partes, em todos os casos, do inafastável acesso à experiência e exercício de apontamento eficaz da aporia pelas partes – o que se realiza não só em relação ao discurso do *ex adverso*, mas também em relação ao discurso da autoridade estatal (art. 5º, XXXV da Constituição brasileira).

O primeiro requisito constitui simultaneamente exigência formal e material da fundamentação da decisão jurídica democrática, considerando que no sistema jurídico pátrio de *civil law* é a lei a fonte primordial e originária do direito que confere legitimidade para que o Judiciário, não integrado por representantes eleitos do povo, imponha às partes a vontade estatal.

Ademais, conforme registramos acima, o paradigma do Estado de direito e, por via de consequência, o democrático pressupõe o império da lei e a submissão do Estado à lei, motivo pelo qual, portanto, a construção dos provimentos estatais necessita guardar inevitável observância à reserva legal, como incambiável e intransigível pilar do sistema jurídico formalmente constitucionalizado.

E para que o princípio da legalidade não reste com caráter retórico, vale reiterar, conforme se buscou demonstrar no Capítulo 4 em que abordamos a linguagem processual democrática, é crucial que

---

[275] LEAL, Rosemiro Pereira. *Teoria geral do processo*: primeiros estudos. 13. ed. Belo Horizonte: Fórum, 2016. p. 199-200.

a decisão jurídica em sua fundamentação faça remissão à linguística intradiscursiva, ou seja, ao debate instalado e efetivado em antecedência sobre as balizas do contraditório, ampla defesa e isonomia, já que o devido processo é o código ou o referente lógico jurídico de constitucionalização da normatividade.

Quanto ao segundo aspecto, vale lançar mão das lições de André Cordeiro Leal, no sentido de que:

> mais do que garantia de participação das partes em simétrica paridade, portanto, o contraditório deve efetivamente ser entrelaçado com o princípio (requisito) da fundamentação das decisões de forma a gerar bases argumentativas acerca dos fatos e do direito debatido para a motivação das decisões.[276]

Dessarte, a decisão jurídica que se vale de fundamento a respeito do qual aqueles atingidos por ela não puderam se manifestar viola o princípio do contraditório e por consequência o democrático, na medida em que a função jurisdicional é exercida à revelia daqueles que titularizam o poder (art. 1º, parágrafo único da Constituição brasileira).

No terceiro aspecto, é didática a explicação de Fredie Didier Jr.:

> Aí, pois, está o cerne da questão: para acolher o pedido do autor, o juiz não precisará analisar todos os fundamentos da sua demanda, mas necessariamente precisa analisar todos os fundamentos da defesa do réu; para negar o pedido do autor, o juiz não precisa analisar todos os fundamentos da defesa, mas precisa analisar todos os fundamentos da demanda.[277]

Conforme se verifica, a decisão que acolhe a tese fático-jurídica sustentada por uma parte sem rechaçar todos os fundamentos do *ex adverso* não procedeu à submissão ampla e irrestrita da argumentação vencedora às ressalvas da argumentação vencida. Novamente, o apontamento de aporias pelo vencido resta superado não pela efetiva resistência à crítica da argumentação vencedora, mas sim por insuficiente amplitude da exposição do discurso estatal que sustenta a decisão jurídica à sindicabilidade e à superação.

---

[276] LEAL, André Cordeiro. *O contraditório e a fundamentação das decisões no direito processual democrático*. Belo Horizonte: Mandamentos, 2002. p. 105.

[277] DIDIER JR., Fredie; BRAGA, Paula Sarno; OLIVEIRA, Rafael Alexandria de. *Curso de direito processual civil*. 8. ed. Salvador: JusPodivm, 2013. v. 2. p. 355.

Em outras palavras, trata-se de uma indevida proteção do fundamento à vulnerabilidade da exposição à crítica racional. Sob o primado da democracia, a motivação da sentença deve se sustentar porque, plenamente exposta à crítica, resiste pela coerência da proposição teórico-científica que a sustenta e não porque a pessoa que exerce determinada função pensa de uma ou de outra forma.

Conforme destacamos em outra obra:

> O processo deve assumir, portanto, a posição de modelo discursivo-jurídico-construtivo de uma sociedade democrática, em que a adoção de determinada teoria não impeça de colocá-la em permanente problematização, falseabilidade e suspeita quanto aos seus eventuais obscuros traços ideológicos, já que suas causas devem ser sempre explicitadas e passíveis de submissão à constante concorrência teórica.[278]

Salutar é a distinção feita por Teresa Arruda Alvim Wambier, apontando que uma decisão fundamentada *suficientemente* pode não ser válida por guardar o vício da *incompletude* – ou seja, deixa de apreciar na integralidade todo o escopo de argumentos deduzidos no âmbito do processo pelas partes. Afirma que "decisão completa será necessariamente suficientemente fundamentada, mas a recíproca não é verdadeira. A suficiência da fundamentação não basta para que a decisão seja tida por completa".[279]

O professor Ronaldo Brêtas desenvolve o assunto buscando estabelecer ao certo a extensão semântica da expressão *argumento* para discernir e se posicionar acerca do que se considera como completude e a suficiência da fundamentação da decisão judicial.

Para tanto, vale-se das lições de Francesco Carnelutti expostas em seu *Instituciones del proceso civil* para consignar que, por *ponto*, concebe-se "o fundamento da pretensão ou da defesa que surge induvidoso ou incontroverso no processo". Quando sobre tal fundamento da pretensão paira controvérsia entre as partes, o ponto se converte em *questão*: "para Carnelutti questão é todo ponto controvertido ou duvidoso – de fato, de direito processual ou de direito material".[280]

---

[278] ARAÚJO, Fabrício Simão da Cunha. *A lealdade na processualidade democrática*: escopos fundamentais do processo. Rio de Janeiro: Lumen Juris, 2014. p. 148.

[279] WAMBIER, Teresa Arruda Alvim. *Nulidades do processo e da sentença*. 6. ed. São Paulo: Revista dos Tribunais, 2007. p. 326.

[280] BRÊTAS, Ronaldo de Carvalho Dias. *Processo constitucional e Estado democrático de direito*. 4. ed. Belo Horizonte: Del Rey, 2018. p. 182.

Os *argumentos*, por sua vez, seriam razões de justificação da posição que as partes advogam acerca das *questões* do processo (de fato e de direito), objetivando demonstrar racionalmente que aquele fundamento da pretensão ou da defesa (questão) deve ser tido como premissa válida no raciocínio lógico que conduzirá à resolução do conflito e à prolação da decisão.

> Atentos a essas formulações teóricas, na tentativa de se estabelecer a distinção técnica entre argumentos e questões e suas correlações com os princípios do contraditório e da fundamentação, chegamos à conclusão de que, no processo, as *razões de justificação* (argumentos) das partes, envolvendo as *razões da discussão* (questões), produzidas em contraditório, constituirão *base* para as *razões da decisão*, e aí encontramos a essência do dever de fundamentação, permitindo a geração de um pronunciamento decisório participado e democrático.[281] (Grifos no original)

Assim, a decisão, para que possa ser considerada completa, deve ser obtida não mediante a análise de todos os argumentos das partes propriamente ditos, mas por meio da resolução de todas as *questões* discutidas no processo, ou seja, dos fundamentos da pretensão e da defesa que são controvertidos no processo. Nesse desígnio (resolução das *questões*) é que, aí sim, serão aferidas necessariamente todas as razões de justificação da parte cuja pretensão ou defesa não foi acolhida pelo provimento, relativas às *questões* decididas em seu desfavor – uma vez que é possível que a parte tenha algumas questões decididas em seu favor e, não obstante, o provimento lhe seja desfavorável.

Quanto ao quarto aspecto, qual seja, a utilização de linguagem hermética ou obscura ou que se explicita de forma insuficiente ou incoerente, ocorre em decisões que se restringem a parafrasear o ato normativo sem o correlacionar à causa ou à questão decidida, valendo-se de expressões como: "indefiro por falta de amparo legal", "o juiz é livre para julgar segundo a sua própria convicção", "presentes os requisitos legais, defiro o pedido", "mantenho pelos próprios fundamentos", "conforme consta dos autos os fatos ocorreram de tal maneira", ou ainda "as provas dos autos corroboram as afirmações do autor", ou mesmo "é sabido que na prática não é assim que ocorre" e muitas outras.

---

[281] BRÊTAS, Ronaldo de Carvalho Dias. *Processo constitucional e Estado democrático de direito*. 4. ed. Belo Horizonte: Del Rey, 2018. p. 183.

Conforme se verifica, portanto, a fundamentação da decisão jurídica estatal, no paradigma democrático, tem umbilical conexão com o contraditório. Em realidade, o próprio instituto do contraditório para ser considerado efetivo no âmbito processual, conforme se expôs, exige que se tenha uma fundamentação *suficiente* (com linguagem não obscura, hermética ou lacônica) e *completa* (considerando todos os argumentos das partes e não se valendo de argumentos em relação aos quais as partes não puderam se manifestar).

Conforme Ronaldo Brêtas assevera, dedicando-se a explicar a imprescindibilidade da conexão da fundamentação com o princípio do contraditório e com o da congruência, "a decisão jurisdicional pode ser entendida como resultado final da contraposição dialética travada entre as partes", considerando o próprio princípio democrático como confluência da teoria de Habermas da teoria discursiva do direito e da democracia com a teoria do processo como procedimento em contraditório.[282]

> A decisão jurisdicional deverá ser o resultado lógico da atividade procedimental desenvolvida em torno das questões discutidas e dos argumentos produzidos em contraditório pelas partes em todas as fases do processo. [...]
>
> As razões de justificação (argumentos) das partes, envolvendo as razões da discussão (questões), produzidas em contraditório, constituirão base para as razões da decisão, e aí encontramos a essência do dever de fundamentação, permitindo a geração de um pronunciamento decisório.[283]

5.5 A fundamentação das questões de direito no novo Código de Processo Civil

O Código de Processo Civil de 2015, preocupado com a conexão legitimante entre o princípio do contraditório – e a própria essência do paradigma democrático como titularização do poder pelo povo – e a fundamentação da decisão jurisdicional, dedicou-se muito mais extensamente a estabelecer critérios para a fundamentação das questões de direito do que as questões de fato.

---

[282] BRÊTAS, Ronaldo de Carvalho Dias. *Processo constitucional e Estado democrático de direito*. 4. ed. Belo Horizonte: Del Rey, 2018. p. 186.

[283] BRÊTAS, Ronaldo de Carvalho Dias. *Processo constitucional e Estado democrático de direito*. 4. ed. Belo Horizonte: Del Rey, 2018. p. 181-184.

Desde o início do diploma legal, entre as "normas fundamentais do processo civil" elencadas em seu primeiro capítulo, apesar da expressa previsão constitucional (art. 93, IX), mas explicitando a estatura fundamental da fundamentação para a validade do processo jurisdicional, o Código reafirmou que "todos os julgamentos dos órgãos do Poder Judiciário serão públicos, e fundamentadas todas as decisões, sob pena de nulidade" (art. 11).

Quanto às questões de fato, como já se registrou, limitou-se a suprimir expressões que poderiam remeter – ou efetivamente remetiam – à vigência de um sistema de valoração das provas em que não vigorava a vinculação do julgador aos argumentos aduzidos pelas partes em contraditório ou até mesmo à realidade objetiva evidenciada pelas provas produzidas no processo.

Quanto às de direito, o legislador foi muito mais analítico, elencando de forma bem mais minuciosa exigências específicas não só quanto à formalidade discursiva (arts. 10 e 489, §§1º e 2º), mas também quanto ao conteúdo da fundamentação (art. 8º),[284] necessárias para que se considere devidamente fundamentada a decisão jurisdicional.

No que tange às exigências formais discursivas da fundamentação das questões de direito da decisão jurídica estatal, pela novidade e minúcia de critérios elencados no novo Código de Processo Civil, pedimos licença para transcrever:

> Art. 10. O juiz não pode decidir, em grau algum de jurisdição, com base em fundamento a respeito do qual não se tenha dado às partes oportunidade de se manifestar, ainda que se trate de matéria sobre a qual deva decidir de ofício. [...]
>
> Art. 489. São elementos essenciais da sentença: [...]
>
> §1º Não se considera fundamentada qualquer decisão judicial, seja ela interlocutória, sentença ou acórdão, que:
>
> I - se limitar à indicação, à reprodução ou à paráfrase de ato normativo, sem explicar sua relação com a causa ou a questão decidida;
>
> II - empregar conceitos jurídicos indeterminados, sem explicar o motivo concreto de sua incidência no caso;
>
> III - invocar motivos que se prestariam a justificar qualquer outra decisão;

---

[284] "Art. 8º Ao aplicar o ordenamento jurídico, o juiz atenderá aos fins sociais e às exigências do bem comum, resguardando e promovendo a dignidade da pessoa humana e observando a proporcionalidade, a razoabilidade, a legalidade, a publicidade e a eficiência".

IV - não enfrentar todos os argumentos deduzidos no processo capazes de, em tese, infirmar a conclusão adotada pelo julgador;

V - se limitar a invocar precedente ou enunciado de súmula, sem identificar seus fundamentos determinantes nem demonstrar que o caso sob julgamento se ajusta àqueles fundamentos;

VI - deixar de seguir enunciado de súmula, jurisprudência ou precedente invocado pela parte, sem demonstrar a existência de distinção no caso em julgamento ou a superação do entendimento.

§2º No caso de colisão entre normas, o juiz deve justificar o objeto e os critérios gerais da ponderação efetuada, enunciando as razões que autorizam a interferência na norma afastada e as premissas fáticas que fundamentam a conclusão.

De uma forma ampla, tem-se que o ponto de partida fixado para a promulgação do texto normativo foi o "problema do solipsismo decisório do magistrado e sua incompatibilidade com a ordem democrática".[285]

Theodoro, Nunes, Bahia e Pedron relatam que, com a crise do positivismo, os magistrados em geral se libertaram das amarras da lei, "usurpando a condição de donos do sentido do direito", implicando uma consequência direta, "[...] a reprodução da comunicação jurídica migra da centralidade de um legislador para a pluralidade difusa dos magistrados".[286]

Assim, voltando-se à concretização do próprio princípio democrático no âmbito processual, por meio do reforço à garantia fundamental do contraditório na perspectiva da democratização da destinação do sentido, tem-se que o rol de vícios de fundamentação que a invalidam previstos nos dispositivos mencionados, sem prejuízo daqueles previstos em outros artigos do Código, não é taxativo, mas sim exemplificativo,[287] bastando que a decisão incorra em um dos vícios gerais elencados acima, nos itens I a IV no último tópico.

Pelo mesmo motivo, ou seja, por decorrerem diretamente do princípio democrático e do contraditório – princípio instituivo do processo (arts. 1º, parágrafo único, e 5º, LIV e LV da Constituição brasileira) –, tais

---

[285] THEDORO JÚNIOR, Humberto; NUNES, Dierle; BAHIA, Alexandre Melo Franco; PEDRON, Flávio Quinaud. *Novo CPC* – Fundamentos e sistematização. 3. ed. rev., atual. e ampl. Rio de Janeiro: Forense, 2016. p. 327.

[286] THEDORO JÚNIOR, Humberto; NUNES, Dierle; BAHIA, Alexandre Melo Franco; PEDRON, Flávio Quinaud. *Novo CPC* – Fundamentos e sistematização. 3. ed. rev., atual. e ampl. Rio de Janeiro: Forense, 2016. p. 329.

[287] Este é o entendimento também do Fórum Permanente de Processualistas Civis – FFPC, registrado em seu Enunciado nº 303.

exigências aplicam-se a toda espécie de decisão jurídica estatal, não só no âmbito do exercício da função jurisdicional e na justiça comum, mas também, nas justiças especializadas, inclusive juizados especiais, assim como no bojo de processos administrativos, entre outros processos de que se vale o Estado no exercício de suas funções.[288]

As exigências previstas no Código e pela literatura – especialmente aquela desenvolvida na concepção constitucional de processo e na linha da teoria neoinstitucionalista – não implicam que a decisão deve ser extensa, basta que a decisão decorra dos argumentos e provas produzidas pelas partes e se exponha efetivamente à crítica (novamente a dicotomia suficiência x completude), seja pelo enfrentamento aberto a todos os argumentos aduzidos para infirmar a tese tida por vencedora, seja pela utilização de linguagem não hermética e de conteúdo suficientemente explicitado.[289]

Conforme se verifica, os dispositivos legais supratranscritos consubstanciam a tentativa normativa de impedir que o órgão jurisdicional incorra nos vícios que a concepção democrática da fundamentação da decisão jurídica estatal implica, conforme buscamos expor no capítulo anterior.

Vale novamente registrar. São eles: (I) desconsiderar a reserva legal, não explicitando o suporte na lei e na Constituição – "princípio da anterioridade e exterioridade normativas";[290] (II) valer-se de argumentos não debatidos pelas partes no espaço processual; (III) deixar de apreciar quaisquer dos argumentos da parte vencida ou (IV) valer-se de linguagem hermética ou obscura ou que se explicita de forma insuficiente ou incoerente, na medida em que não permite o controle do acerto e da legitimidade democrática da conclusão do juízo.

O esforço legislativo, ao que nos parece, embora tenha se voltado para o aprimoramento de todos os requisitos da fundamentação democrática relativa às questões jurídicas a serem decididas, voltou maior atenção e efetivou maiores alterações em relação ao último

---

[288] Neste sentido é o Enunciado nº 309 do FFPC. Em sentido contrário, o Enunciado nº 47 da Escola Nacional de Formação e Aperfeiçoamento da Magistratura – Enfam: "O artigo 489 do CPC/2015 não se aplica ao sistema dos juizados especiais".

[289] Este é o entendimento sufragado pela Enfam, no seu Enunciado nº 10: "A fundamentação sucinta não se confunde com a ausência da fundamentação e não acarreta a nulidade da decisão se forem enfrentadas todas as questões cuja resolução, em tese, influencie a decisão da causa".

[290] LEAL, Rosemiro Pereira. *Teoria geral do processo*: primeiros estudos. 13. ed. Belo Horizonte: Fórum, 2016. p. 199-200.

requisito, qual seja, a falta de transparência na linguagem que se volta à exposição dos motivos determinantes da decisão jurídica, definindo rol exemplificativo de situações em que isto pode ocorrer.

Entre as exigências específicas do novo Código de Processo Civil a este respeito, é importante refletirmos com mais profundidade a respeito da ausência de explicitação de conexão entre os argumentos de direito com a realidade fático-probatória constituída no processo.

5.6 Ausência de explicitação na decisão jurídica da correlação entre os fundamentos de direito com os específicos fatos constatados no processo

Conforme disposto nos incisos do §1º do art. 489 do novo Código de Processo Civil, não pode o juiz "se limitar à indicação, à reprodução ou à paráfrase de ato normativo, sem explicar sua relação com a causa ou a questão decidida". Não pode, tampouco, "se limitar a invocar motivos que se prestariam a justificar qualquer decisão"; invocar precedente sem demonstrar que o caso sob julgamento se ajusta àqueles fundamentos e afastar precedente sem demonstrar a existência de distinção entre ele e o caso em julgamento.

Da mesma forma, será ilegítima a fundamentação se, ao relativizar a força normativa de determinada norma em colisão com outra, além de enunciar as razões que autorizam a interferência em uma delas e enunciar os critérios gerais da ponderação efetuada, o juiz deixar de demonstrar as premissas fáticas que fundamentam a conclusão (art. 489, §2º do Código de Processo Civil).

A fundamentação das questões jurídicas, portanto, como esse rol de exigências evidencia, deve necessariamente conter dois aspectos mínimos: as considerações jurídico-normativas e as de correlação com a realidade fática apurada no bojo do processo, mas de uma imprescindível e particular forma em que reste suficiente e integralmente exposta como se dá a correlação entre eles.

Embora o dever disposto normativamente seja um tanto quanto elementar, o cenário da prática forense atual reclamou que restasse explicitamente positivado que o julgador, em toda e qualquer decisão, além de tecer considerações quanto ao aspecto jurídico-normativo para embasar a decisão, deverá também, necessariamente, sob pena de invalidade do ato processual, referir-se expressamente ao caso concreto.

Aqui vale advertir que não basta ao julgador proclamar que "o autor provou que cumpriu suas obrigações contratuais" ou que "

CAPÍTULO 5
FUNDAMENTAÇÃO DEMOCRÁTICA | 173

o réu demonstrou que não foi o causador dos danos alegados" de forma genérica, sem explicitar a interpretação que faz da terminologia legal, cotejando-a com as provas constantes dos autos que lhe permitem chegar a tal conclusão – inclusive fazendo indispensável referência às folhas do processo em que se encontram.

Além de explicitar quais são as provas constantes nos autos que o conduziram a presumir que os fatos ocorreram de uma ou outra forma, caso ambas as partes tenham produzido provas voltadas a infirmar a prova do *ex adverso*, é imprescindível que o julgador não se restrinja a declinar as provas (sempre obrigatoriamente indicando sua localização) que preponderaram para seu convencimento, mas também explicite as razões pelas quais se deve valorar as provas em conflito como o faz, ou seja, as razões lógicas (*utens*) por que se deve atribuir maior carga de persuasão a algumas provas e menor a outras.

Não é despiciendo registrar novamente, conforme buscamos fazer no tópico 5.2 acima, em que tratamos da fundamentação das questões fáticas do processo, que as razões de sobrelevar determinadas provas sobre outras não podem se restringir a "senti-me mais convencido por esta prova" ou "esta prova tem maior poder de convencimento".

Antes de mais nada, a exposição da valoração se dará com atenção à reserva legal, observando e declinando os critérios legais de que se vale para acolher determinada linha probatória em detrimento de outra. Por exemplo, as hipóteses de presunções legais e também de valoração probatória previstas antecipadamente em lei.[291]

Entretanto, considerando que as hipóteses de tarifação probatória são a exceção no sistema, na maioria das hipóteses o que é imprescindível ao julgador é que explicite as razões objetivas, intersubjetivamente sustentáveis,[292] ou adequadas à intersubjetividade estruturante do direito,[293] que provavelmente seriam aceitas por qualquer outra pessoa racional[294] ou mesmo que atendam às expectativas do ambiente a que se dirige.[295]

---

[291] Como exemplo, pode-se indicar, entre outros dispositivos, o disposto nos arts. 405, 406, 417, 425, 443, I e II do CPC e o art. 5º, LVI da Constituição brasileira.

[292] STRECK, Lenio Luiz. Uma análise crítica dos avanços trazidos pelo NCPC. *Revista de Estudos Institucionais*, Rio de Janeiro, v. 2, n. 1, 2016.

[293] OLIVEIRA, Marcelo Andrade Cattoni de. *Direito processual constitucional*. Belo Horizonte: Mandamentos, 2001. p. 152.

[294] SANTOS, Moacyr Amaral. *Prova judiciária no cível e comercial*. 4. ed. São Paulo: Max Limonad, 1970. v. I. p. 354.

[295] OLIVEIRA, Carlos Alberto Álvaro de. *Do formalismo no processo civil*. São Paulo: Saraiva, 1997. p. 163.

Em suma, portanto – e para que desde a literatura jurídica se observe a terminologia constante normativamente como pressuposto para a segurança jurídica a partir da operacionalização do direito via lógica clássica ou não clássica –, a valoração das provas deve ser procedida pela explicitação de razões conforme as "regras da experiência comum subministradas pela observação do que ordinariamente acontece" (art. 375 do Código de Processo Civil), como critério geral a condicionar o sistema de valoração das provas.

É no mesmo sentido que Daniel Assumpção Neves afirma que a valoração das provas pelo juiz é "[...] guiada e vigiada pela percepção social do que se espera que o juiz faça [...]",[296] e Aroldo Plínio leciona que o julgador deve utilizar elementos não subjetivos de modo que seja ele dotado de "inteligência, cultura e sensibilidade invulgares" ou não, as partes possam contar com a mesma segurança.

Assim, para que acolha determinada versão dos fatos sustentada por uma parte, rejeitando a versão aduzida pelo *ex adverso*, o juízo deve necessariamente explicitar razões como as exemplificadas no tópico 5.2 acima, ou seja, por exemplo, um maior número de testemunhas depôs em determinado sentido e menor número no sentido contrário; a determinados depoimentos não se deve dar elevada carga de persuasão porque relativa a fatos muito antigos, ou dado por pessoas que só *ouviram falar* dos fatos, entre outros.[297]

---

[296] NEVES, Daniel Amorim Assumpção. *Manual de direito processual civil*. 8. ed. Salvador: JusPodivm, 2016. p. 670

[297] No capítulo *supra* elencamos, exemplificativamente, algumas regras da experiência comum que instrumentalizam sua função como critério geral de valoração das provas a condicionar o sistema de valoração das provas: provas colhidas sob o pálio do contraditório têm maior probabilidade de veracidade que provas produzidas antecipadamente; determinado documento com assinatura tem maior persuasão do que sem assinatura; um documento com assinatura também de testemunhas tem maior carga de verossimilhança que aquele sem tais complementos; a firma reconhecida em tabelionato de notas induz maior convencimento do que a firma não reconhecida; o documento produzido unilateralmente tem menos credibilidade do que aquele produzido mediante a participação de todos os interessados (por exemplo, boletim de ocorrência em que são ouvidas ambas as partes envolvidas e não apenas uma delas); testemunha ocular tem maior credibilidade do que a chamada testemunha de "ouvir dizer" (*hearsey testemony*); o passar do tempo torna o depoimento da testemunha menos preciso; a versão dos fatos sustentada pelo maior número de testemunhas em juízo, em regra, tem maior probabilidade de ser mais próxima da real; o laudo de DNA tem maior probabilidade de certeza do que prova testemunhal.

5.7 A verdade objetiva como ideal regulador

A exigência de explicitação da correlação entre os argumentos de direito com os específicos fatos constatados no bojo do processo que antecedeu a decisão consubstancia, de certa forma, a própria garantia – até o grau em que isso é efetivamente possível – de que o direito será apreciado de forma objetiva, conforme as nuances e especificidades do caso concreto e não conforme preconcepções, ideologias e vieses do julgador.

É claro que alguma subjetividade sempre existirá na realização desta valoração probatória, assim como inviável crer que a verdade dos fatos discutidos no processo será efetivamente revelada além de qualquer dúvida, peremptoriamente, de forma que a interpretação dada pelo julgador seja sempre unânime entre as partes ou demais sujeitos processuais.

Por outro lado, não é pela impossibilidade de se alcançar a certeza absoluta e a verdade definitiva (material) que se torna dispensável ao julgador cumprir o dever a que nos referimos no presente capítulo: o de explicitar na decisão jurídica, de forma a permitir refutação, o percurso de operações lógicas que procedera para se concluir que os fatos se deram de uma forma e não de outra.

Pelo contrário, é justamente por esta impossibilidade que se torna imprescindível proceder desta maneira e também porque o critério de valoração probatória, conforme já alinhavado, considerará como preceito geral – respeitadas, por suposto, as presunções legais, as tarifações legais e demais normas pertinentes – não uma lógica formal ou metodologia preestabelecida, mas sim a lógica espontânea, a partir da observação do que normalmente acontece.

Nesse sentido mesmo é a concepção de Karl Popper sobre a verdade, valendo-se da teoria de Tarski, a qual Popper denomina metalógica e que concebe a existência efetiva de uma verdade objetiva, como a correspondência entre enunciados e fatos.

Com base na teoria de Tarski, Popper explica que pela teoria objetivista da verdade:

> [...] mesmo quando encontramos uma teoria verdadeira, em geral estamos apenas fazendo conjecturas e talvez seja impossível saber que ela é verdadeira.
>
> [...] uma grande vantagem da teoria da verdade objetiva ou absoluta é que ela nos permite dizer – com Xenófanes – que buscamos a verdade,

mas não podemos saber quando a encontramos. Não dispomos de um critério da verdade. Mesmo assim, somos guiados pela ideia da verdade como um princípio regulador (como diriam Kant ou Peirce).[298]

Conforme se verifica, a impossibilidade de se saber além de qualquer dúvida – com absoluta certeza – se determinada teoria é verdadeira ou não não faz com que inexista a verdade nem retira o valor da busca pela verdade como ideal regulador.

Da mesma forma, no processo, a investigação e a reconstrução dos fatos a partir das provas tem como ideal regulador a verdade quanto ao que realmente se passou, já assumindo essa premissa de que há uma versão verdadeira, objetiva e única dos fatos. Assim, a fundamentação ao embasar a conclusão do julgador sobre qual é a versão verdadeira dos eventos discutidos pelas partes deve ser tal que a exponha ao apontamento de aporias (art. 5º, XXXV da Constituição brasileira), em dois níveis.

Em um primeiro nível, embora não seja possível saber de forma absoluta – conforme ensinam Tarski e Popper em termos epistemológicos – se uma versão dos fatos é verdadeira, a contraposição desta versão por determinada prova de persuasiva solidez tem o condão de demonstrar que inequivocamente é falsa.

Nesse diapasão, embora sutil a diferença, a versão que se considerará no processo como correspondente aos fatos não será aquela cuja veracidade foi provada, mas sim aquela que, contando com provas que a sustentam e corroboram, não foi desconstituída pelas demais provas em sentido contrário no processo – observadas, é claro, as regras do ônus da prova, assim como presunções legais, provas tarifadas e demais normas pertinentes.

Em um segundo nível, explicitando as regras de valoração que conduziram à concatenação dos fundamentos e a conexões lógicas procedidas pelo julgador – especialmente as regras da experiência ordinária, mas também as regras reminiscentes de tarifação legal no sistema e as regras de ônus da prova –, é possível à parte infirmar os critérios utilizados na decisão pela demonstração das aporias ali existentes.

Vale reiterar, a circunstância da impossibilidade de constatação da verdade absoluta de como os fatos da demanda efetivamente

---

[298] POPPER, Karl. Verdade e aproximação da verdade. *In*: MILLER, David. *Karl Popper*: textos escolhidos. Rio de Janeiro: Contraponto; Editora PUC-Rio, 2010. p. 181.

ocorreram não pode implicar a exoneração do dever de considerá-los estritamente conforme provados, afastando-se de preconcepções, preconceitos e enviesamentos, tampouco a exoneração do dever de explicitar a correlação estrita entre o que se fundamenta na perspectiva jurídico-normativa e o que restou provado nos autos.

Por outro lado, não significa que se está defendendo um regresso à vetusta concepção de verdade real que justificava e até mesmo impelia o juízo, de ofício, de determinar a produção de provas em sua perseguição. Admitir que há uma verdade objetiva e que esta é o ideal regulador da resolução das controvérsias fáticas processuais não implica automaticamente compactuar com esta concepção.

Normalmente quando se fala da vetusta dicotomia verdade material e verdade formal, a opinião generalizada da literatura é que a segunda nada mais seria do que uma concessão da primeira (verdade material) à "valorização das formalidades do processo [...]".[299]

Aliás, conforme ressaltamos anteriormente, o legislador perdeu a oportunidade de regulamentar quais seriam as hipóteses excepcionais em que se torna legítima a determinação de provas de ofício pelo juízo. Apesar de declaradamente cioso em restringir a "liberdade" do convencimento motivado, não o fez. Manteve a possibilidade geral e irrestrita de forma idêntica à existente no Código de Processo Civil de 1973 (arts. 130 e 370 do antigo e novo Código de Processo Civil).

Conforme ressaltado, ainda que se produzisse um sem número de provas pelo juízo, nunca se chegaria à certeza de que a versão dos fatos finalmente tida por verdadeira realmente o seja. Provas com este viés só se prestariam a corroborar as presunções já inferidas do contexto argumentativo-probatório do processo, quando não as preconcepções do julgador que antecedem inclusive este contexto.

Conforme ressaltamos acima no item 4.4, ao pretexto de se estar justificando as crenças e conclusões nos dados da experiência o que se faz na prática é justificar as provas e dados da experiência a partir das crenças.

Assim, as provas do juízo acabam por se encerrar como viés de confirmação – com tendência a sempre confirmar o que a autoridade preconcebe como a versão verdadeira dos fatos – não contribuindo democraticamente para a reconstrução dos fatos discutidos no processo.

---

[299] STUCKY, Thales. Há limites na busca da verdade material? A restrição na juntada de provas após a impugnação na visão da CSRF. *Jota*, 12 dez. 2017. Disponível em: https://www.jota.info/opiniao-e-analise/colunas/coluna-do-carf/ha-limites-na-busca-pela-verdade-material-12122017. Acesso em: 20 maio 2018.

Conforme elucida Popper:

> O status da verdade no sentido objetivo, como correspondência aos fatos, e seu papel como princípio regulador podem ser comparados aos de um cume de montanha que fique permanentemente, ou quase permanentemente envolto em nuvens. O alpinista pode não apenas ter dificuldade para chegar lá; também pode não saber que chegou, pois talvez não consiga distinguir, imerso em nuvens, o pico principal e outros picos secundários. *Isso não afeta a existência objetiva do cume.* Quando o alpinista nos diz "não estou seguro de que cheguei ao verdadeiro cume", ele reconhece implicitamente a existência objetiva desse cume. A própria ideia de erro ou de dúvida (em seu sentido normal e direto) implica a ideia de uma verdade objetiva que talvez não alcancemos.
>
> Mesmo que o alpinista não possa ter certeza de haver chegado ao cume, em geral lhe será fácil reconhecer que não o alcançou (ou que ainda não o alcançou) – por exemplo, ao ser obrigado a rodear uma parede vertical que o obriga a retroceder. Da mesma forma, haverá casos em que teremos certeza de que não chegamos à verdade. Coerência ou consistência não são critérios de verdade, – pois sistemas comprovadamente consistentes podem ser falsos – mas incoerência e inconsistência estabelecem falsidade.[300] (Grifos no original)

Outra questão prática interessante que se coloca é a relativa ao tempo da produção de provas, especialmente a apresentação de documentos no bojo do processo. Rotineiramente, documentos são juntados após o prazo legal previsto para tanto, fora das hipóteses previstas em lei que o autorizem (art. 435 do Código de Processo Civil).

Assim, na primeira leitura, a admissão da existência de uma verdade objetiva implicaria superar quaisquer proibições procedimentais para que possa vigorar a verdade, como correspondência mais perfeita aos fatos efetivamente vivenciados.

Não obstante, esta leitura implica admitir, em homenagem à incessante busca da verdade real, não só provas produzidas de forma irregular do ponto de vista temporal, mas também outras espécies de excepcionalidades, como provas não constantes dos autos, consideradas pelo juízo arbitrariamente na sua experiência e, ainda, sobretudo, provas ilícitas, produzidas sob violação de direitos "materiais", dos mais variados graus de importância para a pessoa humana.

---

[300] POPPER, Karl. Verdade e aproximação da verdade. *In*: MILLER, David. *Karl Popper*: textos escolhidos. Rio de Janeiro: Contraponto; Editora PUC-Rio, 2010. p. 183.

Do ponto de vista processual-epistemológico, outrossim, a existência de uma prova a mais a corroborar a tese vencedora ou, ainda que apta a refutar a tese vencedora, não implicaria a certeza absoluta da verdade quanto aos fatos alegados pelo *ex adverso*, considerando que sempre será impossível a certeza plena quanto ao atingimento do cume de Tarski.

Nesse sentido, regra geral – não sendo possível nesta sede abarcar todas as possíveis exceções além das legais em que se autorizaria a apresentação intempestiva da prova documental –, em determinado momento deve-se contentar-se com as evidências existentes e reconhecer que se chegou ao mais democraticamente próximo da verdade objetiva.

Tudo isso considerado, retomando a linha de raciocínio que vínhamos desenvolvendo, a impossibilidade de se decretar de modo definitivo e absoluto a versão verdadeira dos fatos em um processo não pode servir de pretexto para o abandono de uma análise rigorosa e isenta das provas dos autos para concluir de forma objetiva e intersubjetivamente sustentável – em conformidade com as regras da experiência – como os fatos se deram.

Pelo contrário, o processo se volta, neste aspecto fático, à investigação e melhor reconstituição possível dos fatos, vinculando a conclusão sobre seu modo de ocorrência no mundo ao que houver sido demonstrado objetivamente, sob o pálio do contraditório, por provas interpretadas e valoradas pelas regras da experiência (como expressão da lógica *utens*), afastando, portanto, na maior extensão possível, ideologias, preconcepções e solipsismos, abrindo a decisão para as possibilidades da verdade objetivamente considerada, demonstrada e não dirimida por provas contrárias (ao menos no tempo e espaço processuais), a partir de uma postura epistemológica do julgador de humildade intelectual, cujo convencimento será construído a partir do que se passar processualmente.

Embora seja elementar registrar que o processo se volta à investigação da verdade dos fatos discutidos em juízo, tem-se que a concepção de verdade hoje praticada pela literatura e prática jurídicas em sua maioria é uma Verdade com V maiúsculo, como noção vaga e puramente metafísica – inerentemente inatingível e, portanto, objetivamente excepcional –, em contraste com a "*verdade de Tarski*", como correspondência aos fatos "que podemos escrever com a consciência tranquila, de maneira comum e com letras minúsculas".[301]

---

[301] POPPER, Karl. Verdade e aproximação da verdade. *In*: MILLER, David. *Karl Popper*: textos escolhidos. Rio de Janeiro: Contraponto; Editora PUC-Rio, 2010. p. 190.

Isso faz com que a investigação abandone constatações objetivas para se enveredar em subjetivismos e solipsismos para a obtenção da Verdade, como um saber transcendente e hermético, acessível apenas por eruditos, a ser revelada precipuamente mediante contribuição dos especiais atributos do decisor e não das peculiaridades da realidade que exsurge das provas do processo.

A decisão judicial, contudo, não se presta a encampar a intuição privilegiada do julgador ou seu intuito de que ela prevaleça a todo custo.

Arriscamos consignar que – da mesma forma que o processo não mais se presta a instrumento para a *juris dicção* e sim a jurisdição se presta a garantir às partes espaço jurídico-discursivo e probatório amplo, eficiente e eficaz para a defesa de uma tese – a decisão jurídica, mais do que almejar a correção na interpretação do acervo probatório, assim como na interpretação e solução das questões jurídicas, busca explicitar de forma mais clara e sindicável (refutável) possível os critérios de que se valeu para chegar a determinada conclusão. É que, conforme mencionado, a verdade não será estabelecida pela confirmação das provas do processo, mas sim, uma vez preenchidos os respectivos ônus probatórios, pela ausência de provas que refutem a versão prevalecente.

Embora se referindo à epistemologia, novamente são pertinentes as lições de Popper, ao defender a perspectiva filosófica falsificionista (ou crítica do conhecimento) em desfavor da perspectiva filosófica verificacionista ou justificacionista do conhecimento:

> [...] os falsificacionistas dizem, grosso modo, que aquilo que, em princípio, não pode (no momento) ser derrubado pela crítica é indigno (no momento) de ser seriamente levado em conta, mas o que, em princípio, pode ser derrubado dessa maneira, e no entanto resiste a todos os nossos esforços críticos de fazê-lo, pode ser falso, mas não indigno de ser seriamente considerado e pode até merecer crédito – mesmo provisoriamente.

> Reconheço que os verificacionistas querem defender a mais importante tradição do racionalismo – a luta da razão contra a superstição e contra a autoridade arbitrária. Exigem que só aceitemos uma crença *se ela puder ser justificada por provas positivas*, isto é, se ela se *mostrar* verdadeira ou, no mínimo, sumamente provável. Em outras palavras, exigem que só aceitemos uma crença se ela puder ser *comprovada* ou probabilisticamente *confirmada*.

> [Não obstante] [...] jamais poderemos fornecer razões positivas que confirmem a crença em que uma teoria é verdadeira[302] (Grifos no original)

---

[302] POPPER, Karl. Verdade e aproximação da verdade. *In*: MILLER, David. *Karl Popper*: textos escolhidos. Rio de Janeiro: Contraponto; Editora PUC-Rio, 2010. p. 186.

Isso não significa dizer, conforme segue expondo Popper, que o falsificacionismo seja cético quanto à existência de uma verdade objetiva ou que não seja possível distinguir a ciência racional da mera superstição:

> Contudo, ao contrário dos irracionalistas, nós, falsificacionistas, acreditamos haver descoberto um modo de realizar o antigo ideal de distinguir a ciência racional e as diversas formas de superstição, apesar do fracasso do projeto original indutivista ou justificacionista. Afirmamos que esse ideal pode realizar-se, simplesmente, reconhecendo-se que a racionalidade da ciência não reside no hábito de recorrer a evidências empíricas para apoiar seus dogmas – os astrólogos também fazem isso –, mas unicamente na *abordagem crítica*: uma atitude que, é claro, envolve a utilização crítica das provas empíricas (especialmente nas refutações), entre outros argumentos. Para nós, portanto, a ciência nada tem a ver com a busca da certeza, da probabilidade ou da confiabilidade. *Não estamos interessados em estabelecer que as teorias científicas são seguras, corretas ou prováveis.* Conscientes de nossa falibilidade, nosso interesse é criticá-las e testá-las, na esperança de descobrir onde erramos, aprender com os erros e, se tivermos sorte, conceber teorias melhores.[303] (Grifos nossos)

No plano jurídico-processual acabam sendo recorrentes as situações em que falta a explicitação da correlação dos argumentos de direito com as circunstâncias dos fatos efetivamente provadas nos autos.

Novamente tomamos como exemplo, por se tratar de questão recorrente em praticamente toda ação que tramita pelo Judiciário brasileiro, ajuizada por ou em desfavor de pessoa natural ou pessoa jurídica, do requerimento de gratuidade judiciária. O critério constitucionalmente previsto (art. 5º, LXXIV) para que a pessoa faça jus a gozar da assistência jurídica integral e gratuita é a comprovação de insuficiência de recursos.

Em outros termos, a decisão que conceder ou negar tal benefício deve necessariamente abordar como esse conceito jurídico indeterminado se manifesta na situação concreta, explicitando a correlação entre a argumentação jurídica e as provas constantes no processo – daí a terminologia normativa constitucional *comprovar* – de que quem o pleiteia não tem recursos suficientes para pagar as despesas do litígio (despesas processuais genericamente consideradas).

---

[303] POPPER, Karl. Verdade e aproximação da verdade. *In*: MILLER, David. *Karl Popper*: textos escolhidos. Rio de Janeiro: Contraponto; Editora PUC-Rio, 2010. p. 186.

A primeira incongruência que se verifica na questão específica é a incompatibilidade da previsão do Código de Processo Civil com o que dispõe a Constituição brasileira. O próprio novo diploma processual que declara em sua exposição de motivos ter visado "estabelecer uma expressa e implicitamente verdadeira sintonia fina com a Constituição Federal",[304] assim como impõe rigor metodológico na fundamentação jurisdicional relativa a conceitos jurídicos indeterminados e precedentes com fins de preservação da integridade, coerência e hierarquia do sistema jurídico e, por consequência, da isonomia e da segurança jurídica (art. 489, §1º, c/c art. 926), deixa de observar e, ao nosso ver, contraria efetivamente a disciplina constitucional sobre a matéria.

Enquanto a Lei Fundamental prescreve que somente será devida a "[...] assistência jurídica integral e gratuita aos que comprovarem insuficiência de recursos" (art. 5º, LXXIV), o novo Código de Processo Civil, distorcendo diametralmente o sentido da norma constitucional, prescreve que somente não será devida quando houver nos autos provas de suficiência de recursos (art. 99, §2º).

Além desta discrepância terminológica e semântica – a qual será objeto de análise adiante no tópico 5.9, em que abordaremos a necessidade de adoção de linguagem jurídica precisa e com rigor terminológico –, via de regra decisões jurídicas são proferidas em descompasso com os critérios jurídicos que as orientam, assim como com as circunstâncias fáticas constantes nos autos. No tópico 4.3 *supra*, abordamos o quanto o apontamento de parâmetros de referência ao conceito, na perspectiva de uma linguagem não aristotélica, permite que a atribuição de sentido se torne uma empresa protagonizada pelas partes.

Por outro lado, a metalinguagem em estrutura aristotélica, por sua vez, mantendo a essência do instituto como imutável e universal acaba tornando despicienda a explicitação de tais parâmetros, na medida em que sua Verdade transcende as particularidades do caso especificamente analisado no processo.

Portanto, ainda que se assuma que a previsão do art. 99, §2º do Código de Processo Civil é constitucional – o que se mostra duvidoso –, as decisões jurídicas a este respeito não se baseiam na análise das provas dos autos e na externalização do que retratam ou não, ou seja, a constatação objetiva se a parte tem ou não valores suficientes para

---

[304] SENADO FEDERAL. *Código de Processo Civil e normas correlatas*. 7. ed. Brasília: Coordenação de Edições Técnicas, 2015. p. 26.

arcar com as despesas processuais específicas para determinado ato processual.

Pelo contrário, decisões são proferidas valendo-se do mais variado espectro fático pressuposto possível, constante no processo e principalmente fora dele, raramente cotejando o valor específico das despesas processuais (taxa judiciária, custas e despesas processuais propriamente ditas) necessárias para se dar o próximo passo processual, tampouco as evidências probatórias de suficiência financeira da parte ou não para com elas arcar.

Nesses e em inúmeros outros casos, olvida-se ou abandona-se a análise objetiva da *verdade* trazida a lume pelas provas dos autos, em prol de preconcepções do julgador extraídas de casos semelhantes já julgados, ou constatações práticas retiradas da observação do que normalmente acontece, embora as *máximas da experiência*, conforme supra-alinhavado, são critério geral para valoração das provas, mas não meio de prova ou mecanismo supletivo do não atendimento pela parte de seu ônus probatório.

Como bem destaca o professor argentino Olsen Ghirardi, cujo trabalho acadêmico, em grande parte, gira em torno do "razonamiento judicial":

> Todo provimento deve respeitar dois princípios: a) o da verificabilidade; b) o da racionalidade. É preciso que a sentença seja uma obra da razão e é necessário que dita racionalidade seja expressada em fundamentos que permitam verificar o itinerário mental do juiz, quer dizer, as razões que o levaram à convicção de seu juízo conclusivo. Por conseguinte, a motivação da sentença, a expressão dos fundamentos racionais do provimento, deve ser de tal natureza que não aparente o cumprimento dos princípios exigidos, como mera aparência. Em outras palavras, a observância deve ser real, com o objetivo de que as partes possam contemplar a trajetória da fundamentação, os registros do seu caminho, verificar sua correção lógica e valorar sua argumentação dialética. As formulações dos juízos devem ser explícitas e claras e também patentemente reais.[305]

Somente a partir da compreensão de que o preenchimento dos requisitos legais deve ser aferido caso a caso – inteiramente a partir do que constar nos autos e não a partir de presunções não previstas em

---

[305] GHIRARDI, Olsen. Motivación de la sentencia y controle de logicidad. *Revista La Ley*, Córdoba, 1990. p. 123 (tradução livre).

lei ou de voluntarismos e vieses que forçam a constatação de fatos não efetivamente demonstrados por provas – é que o processo terá o condão de se constituir democraticamente em mecanismo de apontamento eficaz de aporias pelo debate racional e de progressiva depuração de erros, na valoração das provas trazidas ao processo ou na resolução das questões jurídicas.

Conforme ressaltamos anteriormente, a perspectiva epistemológica de que as crenças devem ser justificadas nos dados da experiência acaba se corrompendo em efetivamente justificar e interpretar as provas e os dados da experiência a partir das crenças.

> Nós também vemos a ciência como busca da verdade e, pelo menos desde Tarski, já não temos medo de dizê-lo. Aliás, só tendo como referência essa meta, a descoberta da verdade, podemos dizer que, mesmo sendo falíveis, esperamos aprender com nossos erros. Só a ideia de verdade nos permite falar com sensatez em erros e em crítica racional, e só ela possibilita o debate racional – ou seja, o debate crítico à procura de erros, com o sério propósito de eliminar tantos deles quanto seja possível a fim de chegar mais perto da verdade. Por isso, a própria ideia de erro – e falibilidade – implica a ideia de uma verdade objetiva como um padrão que talvez não possamos atingir. (Nesse sentido a ideia de verdade é reguladora).[306]

5.8 Linguagem jurídica hermética, vaga ou obscura

O novo Código de Processo Civil prescreve no art. 489, §§1º e 2º, que não será considerada fundamentada qualquer decisão "que empregar conceitos jurídicos indeterminados, sem explicar o motivo concreto de sua incidência no caso". Da mesma forma, será considerada fundamentada de forma viciada a decisão que deixar de explicitar os fundamentos determinantes do precedente que invoca. Ainda, será ilegítima a fundamentação se, ao relativizar a força normativa de determinada norma em colisão com outra, embora demonstre as premissas fáticas que fundamentam a conclusão, deixar de enunciar as razões que autorizam a interferência em uma delas e enunciar os critérios gerais da ponderação efetuada.

Conforme se verifica, todas as hipóteses abstratas previstas no Código de Processo Civil consistem em espécies do quarto gênero de

---

[306] POPPER, Karl. Verdade e aproximação da verdade. *In:* MILLER, David. *Karl Popper:* textos escolhidos. Rio de Janeiro: Contraponto; Editora PUC-Rio, 2010. p. 187.

vício formal da fundamentação delineado acima, como a utilização de linguagem hermética ou obscura ou que se explicita de forma insuficiente ou incoerente, na medida em que não permitem o controle do acerto e da legitimidade democrática da conclusão do juízo.

E as ponderações a serem feitas neste capítulo são úteis também como elucidação das exigências materiais de interpretação do direito trazidas pelo novo Código de Processo Civil no art. 8º: "Ao aplicar o ordenamento jurídico, o juiz atenderá aos fins sociais e às exigências do bem comum, resguardando e promovendo a dignidade da pessoa humana e observando a proporcionalidade, a razoabilidade, a legalidade, a publicidade e a eficiência".

Assim, a concretização de determinado conteúdo normativo no caso específico apreciado no bojo do processo não prescinde, portanto, da utilização de linguagem que permita às partes não só assimilar e compreender as razões que conduziram a tanto, mas também, especialmente, infirmá-las.

Inicialmente, é mister consignar que, embora o Código não faça referência, infere-se que se devem considerar conceitos jurídicos indeterminados como gênero que abrange também e até com mais razão as cláusulas gerais. É que, como técnica legislativa, apresentam grau de abstração muito maior do que os conceitos jurídicos indeterminados, tanto na definição legislativa dos contornos do conteúdo da norma, quanto na previsão das consequências jurídicas daí decorrentes.[307]

Assim, a *explicação do motivo concreto da incidência* de conceitos jurídicos indeterminados propriamente ditos envolverá a demonstração de como o contexto fático reconstruído a partir das provas dos autos – para tanto observando todas as exigências da fundamentação fática da decisão jurídica, supradelineadas – adequa-se ao conteúdo normativo previsto, o qual já está suficientemente delineado no dispositivo legal (no caso dos conceitos jurídicos indeterminados). Isso feito, as consequências jurídicas da ocorrência concreta da hipótese legal, tratando-se de conceitos jurídicos indeterminados propriamente ditos, já estão previstas em lei de forma considerável.

São exemplos de conceitos jurídicos indeterminados na legislação processual civil o preço vil da arrematação (art. 891), o caráter protelatório do recurso (art. 80, entre outros), a probabilidade do direito, o perigo de dano e risco ao resultado útil do processo (art. 300, todos do

---

[307] MARTINS-COSTA, Judith; BRANCO, Gerson. *Diretrizes do novo Código Civil*. São Paulo: Saraiva, 2002.

Código de Processo Civil), a insuficiência de recursos (art. 5º, LXXIV da Constituição brasileira) e, na legislação cível, por exemplo, os requisitos para a configuração da usucapião especial coletiva. Vale transcrever:

> Art. 1.228. O proprietário tem a faculdade de usar, gozar e dispor da coisa, e o direito de reavê-la do poder de quem quer que injustamente a possua ou detenha. [...]
>
> §4º O proprietário também pode ser privado da coisa se o imóvel reivindicado consistir em extensa área, na posse ininterrupta e de boa-fé, por mais de cinco anos, de considerável número de pessoas, e estas nela houverem realizado, em conjunto ou separadamente, obras e serviços considerados pelo juiz de interesse social e econômico relevante.

O dispositivo legal é repleto de conceitos jurídicos cujo conteúdo fático será dado no bojo da análise do caso concreto (extensa área, considerável número de pessoas, obras e serviços considerados pelo juiz de interesse social e econômico relevante). A consequência de sua verificação, contudo, já está dada pelo dispositivo legal, qual seja, a declaração da perda da propriedade pelo proprietário em favor daqueles que a possuem atualmente.

Em tais hipóteses, conforme asseverado, a exposição da ocorrência da hipótese legal praticamente se restringe à explicitação da correlação entre a realidade fática e o conteúdo do conceito jurídico indeterminado enquanto as consequências jurídicas da sua caracterização no caso concreto já estão previamente determinadas em lei.

Outro é o caso da *explicação do motivo concreto da incidência* de determinada cláusula geral, em que o conteúdo normativo é extremamente abstrato. Assim, a explicação exigirá maior esforço de argumentação jurídica e fática, visando demonstrar que no caso concreto a cláusula geral tem aplicabilidade, além de a fundamentação também se estender de forma exauriente quanto às razões das consequências jurídicas de sua ocorrência, na medida em que previstas de forma extremamente vagas na legislação.

São exemplos de cláusulas gerais na legislação processual civil, especialmente após o advento do novo Código de Processo Civil, a do poder geral de cautela (art. 139), a do devido processo legal, a da primazia da solução consensual do conflito (art. 3º, §§2º e 3º), a da primazia da resolução efetiva do mérito (art. 4º), a da boa-fé objetiva (art. 5º), a da cooperação (art. 6º), a da função social, a da razoabilidade e da eficiência (art. 7º), entre outras.

CAPÍTULO 5
FUNDAMENTAÇÃO DEMOCRÁTICA | 187

O Código Civil, praticamente o diploma responsável de forma inaugural por acolher extensamente as cláusulas gerais, traz em seu bojo inúmeras normas nesse sentido, como exemplo: a cláusula geral de proteção da pessoa humana (art. 12); a cláusula geral de interpretação dos negócios jurídicos conforme a boa-fé objetiva (art. 113); a cláusula geral de repressão ao abuso de direito (art. 187); a cláusula geral da função social dos contratos (art. 421); a cláusula geral da exigência de atuação contratual conforme a boa-fé objetiva (art. 422); a cláusula geral de responsabilização pela teoria do risco (art. 927); a cláusula geral da função social da propriedade (art. 1.228) e a cláusula geral da comunhão plena de vida (art. 1.511).

As cláusulas gerais, como técnica legislativa de matiz pós-positivista "propositalmente vaga para permitir a penetração de valores culturais na interpretação da norma jurídica", seriam, na concepção de Judith Martins-Costa:

> [...] mais do que um "caso" da teoria do direito – pois revolucionam a tradicional teoria das fontes – constituem as janelas, pontes e avenidas dos modernos códigos civis. Isto porque conformam o meio legislativamente hábil para permitir o ingresso, no ordenamento jurídico codificado, de princípios valorativos, ainda inexpressos legislativamente, de *standards*, máximas de conduta, arquétipos exemplares de comportamento, de deveres de conduta não previstos legislativamente, de direitos e deveres configurados segundo os usos do tráfego jurídico, de diretivas econômicas, sociais e políticas, de normas, enfim, constantes de universos metajurídicos, viabilizando a sua sistematização e permanente ressistematização no ordenamento positivo.[308]

Trata-se do acolhimento normativo da tese da teoria tridimensional do direito de Miguel Reale, no sentido de que toda e qualquer interpretação jurídica deve valer-se, além dos fatos e normas, dos valores vigentes em determinada sociedade:

> Se, por outro lado, se enuncia dada consequência, declarando-a obrigatória, é sinal que se pretende atingir um objetivo, realizando-se algo de valioso, ou impedindo a ocorrência de valores negativos. Finalmente, essa correlação entre fato e valor se dá em razão de um enlace deôntico, isto é, em termos lógicos de dever ser, com que se instaura a norma.

---

[308] MARTINS-COSTA, Judith. O direito privado como um "sistema em construção": as cláusulas gerais no projeto do Código Civil brasileiro. *Revista da Faculdade de Direito da UFRGS*, Porto Alegre, n. 15, p. 129-154, 1998.

Desse modo, verifica-se que o momento lógico expresso pela proposição hipotética, ou a forma da regra jurídica, é inseparável de sua base fática e de seus objetivos axiológicos: fato, valor e forma lógica compõem-se, em suma, de maneira complementar, dando-nos, em sua plenitude, a estrutura lógico-fático-axiológica da norma de direito. Isto não impede, é claro, que, por abstração, sejam postos entre parênteses os aspectos fático e valorativo. Quando se quer, porém, ter um conceito integral da norma é necessário estudar os três fatores em sua correlação dinâmica.

Quando, pois, dizemos que o Direito se atualiza como fato, valor e norma é preciso tomar estas palavras significando, respectivamente, os momentos de referência fática, axiológica e lógica que marcam o processo da experiência jurídica, o terceiro momento representando a composição superadora dos outros dois, nele e por ele absorvidos e integrados.

É essa teoria que denominamos "normativismo concreto", para cujo estudo esperamos que consultem uma de nossas obras fundamentais, O Direito como Experiência.

O certo é que, enquanto que para um adepto do formalismo jurídico a norma jurídica se reduz a uma "proposição lógica", para nós, como para os que se alinham numa compreensão concreta do Direito, a norma jurídica, não obstante a sua estrutura lógica, assinala o "momento de integração de uma classe de fatos segundo uma ordem de valores", e não pode ser compreendida sem referência a esses dois fatores, que ela dialeticamente integra em si e supera.

Há, em suma, em toda norma jurídica um elemento lógico ou proporcional que pode ser estudado de duas maneiras distintas: ou em si mesmo, isto é, em seu significado formal (Lógica Jurídica Analítica, como, por exemplo, a Deôntica Jurídica) ou em sua correlação dialética com os elementos factuais e valorativos (Lógica Jurídica Dialética).[309]

O culturalismo jurídico que fundamenta a teoria tridimensional do direito de Miguel Reale parte da concepção de que a cultura é a base de todas as ciências sociais. A ciência social não pode se desvencilhar do momento e da evolução histórico-cultural de determinada sociedade. No direito também não seria diferente, não se poderia legislar ou operar um sistema jurídico alheio ao paradigma da cultura jurídica brasileira então vigente.[310]

A concepção tridimensional do direito, especialmente a ser empregada na interpretação de normas jurídicas de conteúdo vago,

---

[309] REALE, Miguel. *Lições preliminares de direito*. 25. ed. São Paulo: Saraiva, 2002. p. 95-96.
[310] REALE, Miguel. *Filosofia do direito*. 20. ed. São Paulo: Saraiva, 2002.

com reduzida densidade normativa – como são as cláusulas gerais em maior grau, mas também os conceitos jurídicos indeterminados –, traz inúmeras dificuldades para a operacionalização democrática do sistema jurídico, conforme tivemos oportunidade de tangenciar em outra oportunidade, ao analisarmos a concepção predominante na literatura jurídica e acolhida pelo novo Código de Processo Civil da lealdade processual como sinônimo da boa-fé objetiva, como cláusula geral, inclusive abandonando a terminologia clássica da ciência processual (lealdade) para substituí-la em reprodução da terminologia do instituto de direito civil.[311]

Entre tais apontamentos, destacou-se de forma sucinta a tendência de regressão ao solipsismo no propósito da utilização argumentos de valores vigentes socialmente e a utilização da linguagem natural. Não obstante termos lançado tais críticas, nossas observações foram pontuais, circunscritas à questão da lealdade e boa-fé processuais em si.

Ora, como vimos delineando na presente tese, a exigência da fundamentação democrática é que a decisão jurídica se abstenha de (I) desconsiderar a reserva legal, não explicitando o suporte na lei e na Constituição – "princípio da anterioridade e exterioridade normativas";[312] (II) valer-se de argumentos não debatidos pelas partes no espaço processual; (III) deixar de apreciar quaisquer dos argumentos da parte vencida ou (IV) valer-se de linguagem hermética ou obscura ou que se explicita de forma insuficiente ou incoerente, na medida em que não permite o controle do acerto e da legitimidade democrática da conclusão do juízo.

Portanto, mesmo quando a decisão jurídica se fundamentar em terminologias normativas abertas e de baixa densidade normativa – sendo válido frisar que sempre, tratando-se de conceitos jurídicos indeterminados, cláusulas gerais ou até precedentes, em menor ou maior grau haverá mais de uma interpretação quanto ao sentido da norma ou do precedente, até mesmo por seu caráter normativo (abstrato, geral e impessoal) – deverá sempre observar os critérios de I a IV.

---

[311] ARAÚJO, Fabrício Simão da Cunha. *A lealdade na processualidade democrática*: escopos fundamentais do processo. Rio de Janeiro: Lumen Juris, 2014. p. 26 e ARAÚJO, Fabrício Simão da Cunha. O dever de atuação processual discursiva no novo CPC: a substituição da lealdade pela boa-fé e outras inovações positivadas. *Revista Amagis Jurídica*, ano VII, v. II, n. 13, jul./dez. 2015.

[312] LEAL, Rosemiro Pereira. *Teoria geral do processo*: primeiros estudos. 13. ed. Belo Horizonte: Fórum, 2016. p. 199-200.

Em especial, deverá atentar para o cumprimento da exigência de validade e legitimidade constante no item IV, valendo-se de linguagem democrática, conforme exposto no Capítulo 4, especialmente externalizando critérios de vinculação do texto ao código do discurso normativo, assim como em consideração das palavras utilizadas na terminologia legal como instantes de um sistema semântico particular construído no espaço e tempo processuais, seja para fundamentação da aplicação de cláusulas gerais, princípios e precedentes, seja na aplicação de conceitos jurídicos indeterminados.

5.9 Linguagem jurídica precisa e o rigor terminológico

Em grande parte das lides a lógica deôntica clássica, ao menos quanto às questões de direito, é suficiente para o encaminhamento integral ou praticamente integral da fundamentação da decisão, na medida em que não suscitadas dúvidas quanto à norma aplicável ou quanto à semântica dali decorrente.

Em ambos os casos, suficiente ou não a lógica clássica, não obstante, à fundamentação competirá abordar um a um os requisitos de incidência da norma tida por aplicável, correlacionando-os com os fatos depreendidos das provas existentes nos autos – na esteira do que se expôs nos capítulos anteriores – para então aplicar as consequências previstas em lei.

A atividade de subsunção, conforme destaca Joseli Lima Magalhães, citando Eduardo Couture, "[...] nada mais é que o encadeamento ou enlace lógico de uma situação particular, específica e concreta, com a previsão abstrata, genérica e hipotética realizada de antemão pelo legislador".[313]

Na consideração destes requisitos, acima de questões estéticas, o imprescindível é a atividade argumentativa com rigor técnico e metodológico de demonstração de que o conceito legal, geral, abstrato e impessoal encontra-se presente na realidade dos autos, ou seja, que os referenciais hipotéticos que constituem determinada previsão legal podem ser vislumbrados no plano fático-concreto do processo.

Nesse diapasão, o rigor metodológico, com base no cálculo proposicional clássico, consiste em elencar os requisitos normativos

---

[313] MAGALHÃES, Joseli Lima. Técnica normativa estrutural das decisões jurisdicionais no Estado democrático de direito. *Revista Brasileira de Direito Processual* – RBDPro, Belo Horizonte, ano 18, n. 71, jul./set. 2010. p. 121.

expressamente e explicitar discursivamente porque se os considera preenchidos no caso em análise.

Por exemplo, nos termos do art. 300 do Código de Processo Civil a tutela provisória de urgência, de natureza cautelar ou antecipada, será concedida, liminarmente ou após justificação prévia (art. 300, §2º), quando houver: (I) elementos que evidenciem a probabilidade do direito alegado; (II) elementos que evidenciem a existência de perigo de dano ou de risco ao resultado útil do processo, sendo que (III) em se tratando de tutela provisória de urgência de natureza antecipada não será concedida quando houver perigo de irreversibilidade dos efeitos da decisão.

Conforme se verifica, a decisão que aprecia eventual pedido de tutela de urgência deve necessariamente abordar tais requisitos um a um para acolher ou rejeitar o pedido. Assim, para cada um deles, é necessário que a decisão se dedique separadamente, destinando, ao menos para cada um, um diferente parágrafo.

Para a apreciação do preenchimento ou não de cada um dos requisitos, necessariamente apreciando os argumentos das partes (ou ao menos da parte autora, caso a parte ré ainda não tenha se manifestado no bojo do processo), demonstrará as razões fáticas – necessariamente explicitando onde estão as provas nos autos que o conduziram a chegar a determinada presunção ou conclusão –[314] e jurídicas devido às quais se deve considerar que há elementos (fáticos e jurídicos) que permitem considerar que (I) o direito pleiteado é provável, (II) há risco de dano à parte autora ou ao resultado útil do processo caso a liminar não seja deferida e (III) não há perigo de irreversibilidade dos efeitos da decisão.

Conforme se verifica, a fundamentação das questões jurídicas no processo poderá ser considerada democrática, visto que explícita, clara, compreensível e plenamente sindicável se, na maioria das situações jurídicas, realizar operações lógicas fundamentais de subsunção entre premissa menor (fato constatado a partir das provas produzidas no processo) e premissa maior (norma – hipótese legal) de forma metodologicamente rigorosa.

---

[314] E, caso ambas as partes tenham produzido provas voltadas a infirmar a prova do *ex adverso*, é imprescindível que o julgador não se restrinja a declinar as provas (sempre obrigatoriamente indicando sua localização) que preponderaram para seu convencimento, mas também explicite as razões por que se deve valorar as provas em conflito como o faz, ou seja, as razões por que se deve atribuir maior carga de persuasão a algumas provas e menor a outras.

Deveras, a vinculação da decisão judicial (texto) ao código do discurso se dá pela observação, consideração, acolhimento ou refutação do que as partes argumentaram no âmbito processual e que constituiriam os referenciais fático-jurídicos a permitir atribuir significado aos significantes normativos, situando-os como um instante de um sistema semântico particular, tanto no plano do texto quanto do discurso.

Para tanto, para que as operações lógicas sejam feitas de forma estritamente rigorosa e para que se possa lograr vincular o texto ao discurso pelo seu código, um dos requisitos básicos é a imprescindível observância da terminologia legal, como adverte Barbosa Moreira, ao anotar:

> [...] curiosamente um fator que concorre em larga medida para colorir de artificialismo a linguagem forense é a inoportuna preocupação estética que levam alguns a inventar sucedâneos para denominações técnicas, cuja repetição se pretende evitar. Assim se esquece que, em regra, vocábulos e expressões desse gênero simplesmente não têm sinônimos, e, portanto não há outro jeito senão reiterá-las – como se faz com octógono, ou com apócope, ou com proa, sempre que se quer aludir respectivamente, ao polígono de oito lados, ou à supressão de fonema ou silaba no fim de palavra, ou à parte anterior da embarcação. Outros escrúpulos estilísticos ativados fora de hora inspiram modos de dizer francamente risíveis. À petição com que se começa uma ação chama a lei, e todos bem andaríamos em chamar-lhe "inicial": mas, no temor de repetir o simples e na verdade insubstituível adjetivo, mimoseia-se alternadamente a pobre petição, que não tem como protestar, com uma sequência de qualificativos diversos, cada qual mais esdrúxulo – de "exordial" a "vestibular", passando por "inaugural" e "prefacial". A modesta e singela contestação vê-se convertida em pretensiosa "peça de bloqueio". Apelidos vários têm-se dado, inclusive em acórdãos do Supremo Tribunal Federal, ao recurso extraordinário: "apelo extremo", "apelo raro", e até "irresignação derradeira".[315]

A título de ilustração, em momento anterior expusemos a sempre recorrente questão da gratuidade judiciária como exemplo de demonstração de extrapolação da análise objetiva das provas e das circunstâncias constantes no processo e dos fatos daí depreendidos (premissa menor) para subsumir à hipótese legal (premissa maior) um indeterminado leque de noções subjetivas, em regra formadas

---

[315] MOREIRA, José Carlos Barbosa. *A linguagem forense*. Temas de direito processual. 7ª Série. São Paulo: Saraiva, 2001. p. 247.

por poucos fatos processuais e repleta de presunções, preconceitos, preconcepções e vieses.

Podemos voltar a analisar o exemplo, agora para demonstrar como, em regra, na fundamentação forense contemporânea a não observância da terminologia legal implica a desconsideração da própria lógica clássica elementar, uma vez que a premissa maior é desconhecida pelas partes e varia conforme variarem as visões de mundo, valores, ideologias do destinador do sentido.

Assim, viola-se o princípio da não contradição, pois ao argumento de a análise se pautar pela premissa maior da "insuficiência de recursos" (art. 5º, LXXIV da Constituição brasileira), ou seja, se a parte tem recursos para arcar com as despesas para a prática de determinado ato, a decisão pauta-se por analisar se a parte pode ou não ser considerada pobre, se está em "estado de miserabilidade", em "estado de penúria", pior, se haveria provas de que tem boas condições de vida ou se é rica, ou mesmo se teria condições de arcar com despesas hipotéticas e diferidas que sequer estão na iminência de serem impostas.

Enfim, embora inexista dúvida a respeito da norma jurídica aplicável (arts. 5º, LXXIV da Constituição brasileira e arts. 98 a 102 do Código de Processo Civil) e que, portanto, aplicável de forma razoavelmente estrita a lógica deôntica pelas clássicas operações racionais de subsunção – até porque a própria norma fixa referenciais objetivos (suficiência de recursos) praticamente matemáticos para a denotação –, o resultado a que se chegará torna-se absolutamente imprevisível na medida em que a premissa maior formalmente empregada difere da premissa maior materialmente considerada ao apreciar a premissa menor, ou seja, é contraditório ao longo do *iter* racional.

Nesse diapasão, é imprescindível que haja coincidência sintática entre o que dispõe a lei (discurso) que embasa a decisão e a fundamentação do provimento (texto). Em outras palavras, é primordialmente necessário inicialmente que os significantes constantes na norma estejam também presentes na decisão judicial. Em consonância com as lições de Barbosa Moreira, são também as lições de Moacyr Amaral Santos, afirmando que a precisão e a clareza da decisão pressupõem a utilização de "[...] linguagem simples, em bom vernáculo, com aproveitamento, quando for o caso, da palavra técnica, do vocábulo jurídico".[316]

---

[316] SANTOS, Moacyr Amaral. *Primeiras linhas de direito processual civil*. 9. ed. São Paulo: Saraiva, 1988. p. 21.

Por outro lado, é certo que as exigências democráticas da fundamentação da decisão jurídica estatal não se restringem à observância do rigor metodológico na utilização da terminologia normativa e científica, para realização da subsunção da premissa menor à premissa maior, como se essa operação garantisse inequívoca previsibilidade e correção dos resultados alcançados.

No segundo capítulo, buscou-se explicitar justamente isso – o uso da lógica formal, *docens*, não é capaz de basear a resolução de toda a ordem de problemas enfrentados pelo ser humano, diante da complexidade da existência e da própria dinamicidade da realidade, da evolução social, cultural e até mesmo biológica.

Conforme pudemos destacar anteriormente, nos casos em que inquestionável a norma aplicável ao caso concreto, a lógica deôntica desempenha satisfatoriamente a função de estruturação do raciocínio que encaminhará construção da solução a ser dada, especialmente nos casos em que a norma em cotejo possui maior densidade normativa em termos de um significado mais determinado.

Enquanto nestes casos – normas com elevada densidade normativa, significado mais determinado ou mesmo conceitos jurídicos indeterminados –, na fundamentação da decisão jurídica estatal se reclamará menor esforço reflexivo a partir das argumentações das partes, em decorrência da suficiência do silogismo clássico em quase todo o percurso de significação do discurso, para que possa ser considerada democrática; em outros casos, para que se atenda às exigências democratizantes mencionadas neste trabalho, exigir-se-á empenho complementar da fundamentação, a começar pelo reconhecimento da insuficiência do silogismo clássico.

São casos em que se discute no âmbito do processo qual norma é aplicável para a solução do conflito de interesses deduzido no processo assim como em que a resolução passa pela denotação de norma cujo significado é dotado de elevada incerteza, ou seja, possui baixa densidade normativa, como é o caso das cláusulas gerais e dos princípios jurídicos propriamente ditos.

Não obstante, é importante registrar antes de prosseguir, que nenhuma decisão jurídica, segundo nos parece a partir dos estudos do presente trabalho, pode prescindir da lógica clássica para estruturar formalmente o encaminhamento das operações racionais que realiza, nem por outro lado poderá contar exclusivamente com ela para completar o percurso de atribuição de sentido ao discurso jurídico-normativo, a partir do código que o informa.

A solidez racional, estética e metodológica do discurso da fundamentação, sem confrontação com a realidade dos autos, ou seja, com o contexto probatório efetivamente produzido em juízo, não tem o condão por si só de preencher as exigências processuais democráticas do provimento. É imprescindível que esse discurso logicamente estruturado externe correção que extrapole a estética lógico-metodológica e efetivamente resista aos testes que a realidade lhe impõe.

Não significa, contudo, que a adequação metodológica é dispensável. Pelo contrário, a lógica deôntica é de fundamental importância para que as exigências de democraticidade da fundamentação restem observadas, especialmente na perspectiva da necessidade de segurança jurídica, da democratização da destinação do sentido e na da isomenia.

Nesse sentido, a maioria absoluta dos conflitos de interesses submetidos a um processo será devida, democrática e quase inteiramente – em termos de percurso da denotação – resolvida por uma lógica deôntica, dedutiva, observando a hierarquia das normas e realizando-se pelo silogismo entre premissa maior como norma e menor como fatos para daí se derivar a resolução.

No estágio atual do cenário processual (jurisdicional ou não) no Brasil, a simples observância da lógica deôntica clássica, da hierarquia das normas, da própria primazia da lei sobre as fontes secundárias do direito, da linguagem precisa e do rigor terminológico será capaz de ensejar uma melhora extraordinária na qualidade e legitimidade das decisões estatais proferidas no âmbito de inúmeros autos balizados pelo devido processo democrático.

5.10 Princípio da identidade e princípio da tautologia

Aprofundando ainda o dever de rigor terminológico da fundamentação jurídica na democracia, antes de tecermos ulteriores considerações sobre a denotação do discurso jurídico-normativo, é importante alinhavar que a observância do dever de precisão da nomenclatura de que se vale na decisão não implica necessariamente a utilização de linguagem estruturada pela lógica clássica ou pelo princípio da identidade.

No segundo e quarto capítulo desta obra discorremos sobre as acentuadas imbricações entre a lógica aristotélica, seus postulados e o pensamento científico de diversas áreas do conhecimento, assim como com a linguagem natural e até mesmo científica, ao menos a linguagem jurídica em geral.

Pois bem. Embora as evidências científicas indiquem que a impropriedade do postulado da identidade para percepção e fundamento da realidade, seja na perspectiva física (material), seja do ponto de vista formal, como fundamento absoluto da lógica e por consequência da linguagem, Bachelard em seu livro *A filosofia do não* faz uma ressalva muito relevante.

É que não se pode confundir o postulado da tautologia com o postulado da identidade ou, nas palavras do autor, "não existe nada em comum entre a permanência da significação de uma palavra e a permanência das propriedades de uma coisa".[317]

Como esclarece o filósofo francês, o postulado da tautologia assenta que em uma mesma página a mesma palavra deve manter a mesma significação. Caso se a empregue num novo sentido e caso o contexto não seja claro o suficiente para que o novo sentido seja evidente, é preciso assinalar explicitamente a alteração semântica. Este princípio regula tudo, mesmo o imaginário, o fantástico, o irreal. Estabelece especialmente um acordo tácito constante entre o autor e o leitor. É o próprio princípio da leitura.[318]

Contudo, a permanência da significação de uma palavra não significa a permanência das propriedades de uma coisa. Assim, é imprescindível discernir o postulado da tautologia e o postulado da identidade. Este último pressupõe a permanência do objeto ou no mínimo a permanência de uma característica ou de um conjunto de características.

A derrogação (ou pelo menos a mitigação) do postulado da identidade pelas evidências científicas contemporâneas não deve implicar, portanto, necessariamente, a restrição nem muito menos a derrogação do postulado da tautologia, como instrumento de garantia da segurança jurídica, do contraditório, da isomenia, enfim, da democraticidade da fundamentação.

No âmbito jurídico-processual, conforme argumentamos acima, é exigido rigor terminológico para que a denotação de um texto observe o aspecto sintático do discurso, ou seja, que o texto seja dado a partir dos mesmos significantes ali constantes. O significado, contudo, poderá variar conforme a concepção que se buscou expor no Capítulo 4, considerando o significado como instante de um sistema particular, construído a partir do código do discurso.

---

[317] BACHELARD, Gaston. *A filosofia do não*. 6. ed. Lisboa: Presença, 2009. p. 101.
[318] BACHELARD, Gaston. *A filosofia do não*. 6. ed. Lisboa: Presença, 2009. p. 101.

Nesse sentido, não ofende o princípio da tautologia tampouco o dever de rigor terminológico do órgão jurisdicional a atribuição de sentido ao discurso normativo diversa da feita em tempos passados ou, especialmente, em casos diversos. Deveras, conforme buscaremos demonstrar no tópico seguinte, a própria integridade do direito impõe que assim o seja.

O dever de rigor terminológico a que nos referimos no tópico anterior, conforme mencionamos, exige que os significantes cujo significado se denota no âmbito do processo para a situação fática particular ali apreciada sejam os mesmos significantes constantes no discurso normativo.

O princípio da tautologia, por sua vez, exige que os significados utilizados ou alcançados na fundamentação se mantenham constantes ao longo do processo, pelo menos no âmbito de cada juízo perante o qual tramitam os autos.

Ademais, com amparo nos princípios do contraditório e da isomenia nas concepções expostas no presente trabalho, tem-se que pelo princípio da tautologia se exige que o significado de determinado significante seja constante não só na fundamentação, mas entre peças processuais (petição inicial, contestação, recursos, decisões judiciais) – notadamente, é necessário que guarde consistência linear entre a argumentação das partes e a fundamentação do provimento, como especial mecanismo de controle para a efetiva vinculação do texto ao código do discurso, conforme expusemos no tópico 4.4.

Além disso, os princípios institutivos do processo e da democracia permitem-nos depreender do princípio da tautologia, também, a exigência de que os significados constantes no discurso e no texto sejam, a princípio, os correntes na ciência do direito, nos limites em que isso tenha sido dado ou se possa depreender da argumentação das partes, notadamente na petição inicial, contestação, recursos.

Dessa forma, se as partes não se debruçam sobre eventual alteração semântica de determinado discurso normativo, pelo princípio da tautologia, deve ser considerado o significado corrente do instituto, implicitamente acolhido pelos sujeitos processuais parciais. Caso tal questão seja objeto de debate entre estes, aí sim estaria autorizada a variação do significado no bojo do próprio processo, conforme decorrer do código que informa o discurso objeto de análise.

Isso se torna ainda mais relevante com a ampliação dos casos no direito pátrio de precedentes vinculantes a partir do Código de Processo Civil de 2015, assim como das democráticas exigências do diploma normativo em relação à fundamentação da decisão judicial, as quais efetivamente impõem correlatamente às partes um reforçado ônus argumentativo.

Conforme expõem Aurélio Viana e Dierle Nunes:

> [...] a doutrina vem reconhecendo que o dever de fundamentação, assim como previsto no artigo 489, §§1º e 2º, acaba por indicar uma espécie de espelhamento para a atuação os demais sujeitos processuais.
>
> Se o juiz é obrigado a observar o dever de fundamentação analítica as partes devem fazer o mesmo, de tal modo que o advogado do autor por exemplo, ao exercer a pretensão em juízo, não pode se limitar a fazer mera indicação, a reprodução ou paráfrase de ato normativo sem explicar sua relação com a causa ou a questão decidida, sendo vedado também o emprego de conceitos jurídicos indeterminados sem que se explicite o motivo concreto de sua incidência no caso.
>
> Constata-se a existência de um ônus argumentativo a ser observado pelos sujeitos processuais. [...]
>
> Na seara do direito jurisprudencial, constitui equívoco a mera invocação de precedente ou enunciado de súmula sem que se identifique seus fundamentos determinantes e que se demonstre que o caso sob julgamento se ajusta àqueles. A decisão judicial (interlocutória, sentença ou acórdão) que violar esse dever de fundamentação será impugnável. Por sua vez, se a parte ignorar tal ônus pesará sobre seus ombros uma situação desfavorável como, v.g., a improcedência liminar do pedido, nos termos do artigo 332; daí falar em ônus argumentativo.[319]

A este respeito dos ônus argumentativos das partes com a nova configuração do processo civil brasileiro, buscaremos nos debruçar um pouco mais detidamente no item 5.11 a seguir.

De toda forma, o que o princípio da tautologia interpretado democraticamente vedará são alterações semânticas não declaradas do discurso normativo e por consequência do texto da fundamentação do provimento jurídico, como se cada momento ou fase processual pudesse comportar ou representasse momentos semânticos particulares e independentes entre si, ou mesmo como se os sentidos pudessem divergir dos vigentes sem prévio debate acerca da ressemantização pelas partes.

Por outro lado, o que os avanços da lógica como ciência autônoma e fundamentadora das demais ciências implicam a concepção do

---

[319] VIANA, Antônio Aurélio de Souza; NUNES, Dierle. *Precedentes*: a mutação do ônus argumentativo. Rio de Janeiro: Forense, 2018. p. 395-396.

princípio lógico clássico da identidade e permitem constatar no âmbito da lógica jurídica e da linguagem da fundamentação do provimento jurídico é que o objeto jurídico analisado, por exemplo, um instituto do direito, não mantém sua essência, suas propriedades e sua identidade invariáveis ao longo de diferentes circunstâncias, especialmente de tempo e espaço.

Ademais, eventuais alterações de significado do discurso jurídico não são decorrências de um ato de vontade do intérprete, mas sim da lógica explicitada nas bases instituintes do sistema normativo respectivo e que orientou sua elaboração, consideradas as peculiaridades fáticas que referenciam a explicitação do texto.

A possibilidade de revisitação dos significantes, o aperfeiçoamento semântico do sistema jurídico instituinte ou constituído e, portanto, a abertura do sistema jurídico não podem se dar por juízos arbitrários, não submetidos à fiscalidade democrática. Assim, a mitigação do princípio da identidade não implica restrição à segurança jurídica ou à isomenia, desde que observado o princípio da tautologia, assim como a vinculação do texto ao código do discurso.

Conforme propugna a teoria neoinstitucionalista do direito, a evolucionariedade e a própria abertura do sistema devem ser resolvidas pelo devido processo, de modo intradiscursivo, valendo-se do código linguístico que encaminhou o discurso de justificação coinstituinte do sistema normativo.[320]

5.11 Denotação do discurso jurídico-normativo

Não basta a observância da lógica clássica como estrutura de raciocínio, desconsiderando que há vários textos implícitos no mesmo discurso[321] que é, conforme já assentado, um dos axiomas da linguística, qual seja, da multissignificação dos discursos e da inevitabilidade da polissemia. Como adverte Rosemiro Pereira Leal, "o juiz não pode, portanto, decidir em face de uma lei vazia à qual possa emprestar conteúdos de pessoal sabedoria, clarividência e magnanimidade".

A este respeito, Luis Alberto Warat, também citado por Leal, advertiu:

---

[320] LEAL, Rosemiro Pereira. *Processo como teoria da lei democrática*. Belo Horizonte: Fórum, 2010. p. 280.
[321] LOPES, Edward. *Discurso, texto e significação*: uma teoria do interpretante. São Paulo: Cultrix, 1978. p. 3.

Desde Roma até os dias atuais podemos encontrar sempre a produção jurídica construindo-se em torno da paternidade. As instituições também funcionam paternamente como produtoras da subjetividade. A paternidade opera, então, como um significante todo-poderoso, que permite evocar um relato legendário colegitimador de uma inquestionável sabedoria do comentário. Isto permite situar a lei como um lugar vazio, por onde circulam significações e alegorias, que fazem a lei falar. Assim, a lei se encontra como um lugar inicialmente vazio por onde transitam os doutores, fazendo esse vazio seu lugar de poder.[322]

Dessarte, ao mesmo tempo em que é imprescindível o rigor metodológico na fundamentação da sentença, como vinculação do texto às expressões linguísticas (significantes) constantes na norma legal, é imprescindível atentar-se para a circunstância de que isso não é suficiente para se considerar democrática a fundamentação.

Não obstante, antes de se adentrar em mais profundas reflexões a respeito do significado de determinado significante legal, é essencial e primordial frisar, como já feito acima, o dever básico da fundamentação de observar o aspecto sintático da norma, como delimitação do universo de suas possibilidades semânticas.

Isto posto, além da vinculação da intepretação aos limites da terminologia legal, como premissa maior, é mister atentar para o fato de que a concretização de conceitos jurídicos indeterminados, cláusulas abertas previstas, princípios jurídicos e precedentes judiciais aplicáveis ao caso concreto e a forma como se dará sua incidência tampouco decorrem de discricionariedade do órgão julgador.

Lenio Streck adverte quanto à possibilidade de se "[...] cair na falácia da semântica ou na crença da plenipotenciaridade dos conceitos, como se fosse possível a uma lei, a uma súmula ou a uma ementa jurisprudencial prever todas as hipóteses de aplicação de forma antecipada".[323]

Trata-se de proposição que de certa forma se encontra encampada no novo Código de Processo Civil que impõe aos tribunais pátrios o dever de, além de uniformizar sua jurisprudência, mantê-la estável, íntegra e coerente (art. 926 do Código de Processo Civil). Segundo Streck:

---

[322] WARAT, Luis Alberto. *Introdução geral ao direito II*: a epistemologia jurídica da modernidade. Porto Alegre: Sergio Antonio Fabris, 1995. p. 82.

[323] STRECK, Lenio Luiz. Uma análise crítica dos avanços trazidos pelo NCPC. *Revista de Estudos Institucionais*, Rio de Janeiro, v. 2, n. 1, 2016. p. 153.

CAPÍTULO 5
FUNDAMENTAÇÃO DEMOCRÁTICA | 201

[...] haverá coerência se os mesmos princípios que foram aplicados nas decisões o forem para os casos idênticos; mas, mais do que isto, estará assegurada a integridade do direito a partir da força normativa da Constituição. A coerência assegura a igualdade, isto é, que os diversos casos terão a igual consideração por parte dos juízes. Isso somente pode ser alcançado através de um holismo interpretativo, constituído a partir do círculo hermenêutico. Já a integridade é duplamente composta conforme Dworkin: um princípio legislativo, que pode aos legisladores que tentem tornar o conjunto de leis moralmente coerente, e um princípio jurisdicional, que a lei, tanto quanto possível, seja vista como coerente nesse sentido. [...] Trata-se de uma garantia contra as arbitrariedades argumentativas. A integridade limita a ação dos juízes; mais do que isso, coloca efetivos freios, através das comunidades de princípios, às atitudes solipsistas-voluntaristas. A integridade é uma forma de virtude-política [...].[324]

Por isso, com base no sistema jurídico-normativo vigente em nosso ordenamento (art. 5º, *caput*, II, c/c LIV, LV, c/c 93, IX da Constituição brasileira c/c art. 489, §1º, VI e §2º, c/c 926 do Código de Processo Civil, entre outros), a fundamentação deverá guardar aderência à intersubjetividade estruturante do direito – à integridade do direito –, a qual exige que os "juízes construam seus argumentos de forma integrada ao conjunto do direito [...] a integridade significa rechaçar a tentação da discricionariedade",[325] considerando os casos em suas especificidades e nuances particulares como realidade única, integrante e simultaneamente constitutiva de um sistema semântico particular.[326]

Como defende Rosemiro Pereira Leal, conforme já expusemos com especial atenção à questão no tópico 4.4, o interpretante (código) está situado e vinculado não só à rede normativo-jurídica como referente ao qual o sentido está vinculado, mas também à linguística

---

[324] STRECK, Lenio Luiz. Uma análise crítica dos avanços trazidos pelo NCPC. *Revista de Estudos Institucionais*, Rio de Janeiro, v. 2, n. 1, 2016. p. 156-157.

[325] STRECK, Lenio Luiz. Uma análise crítica dos avanços trazidos pelo NCPC. *Revista de Estudos Institucionais*, Rio de Janeiro, v. 2, n. 1, 2016. p. 157.

[326] Aqui é importante destacar que se usa a expressão *integridade* para se referir à exigência de coerência do sistema normativo e de decisões jurídicas sem automaticamente se abonar a concepção de "direito como integridade" referida e criticada no item 2.4.5. Com efeito, a concepção que se criticou é a que considera aspectos extrajurídicos como costumes e moral, assim como aspectos jurídicos como a história decisional, como premissas das quais geométrica e classicamente se deriva "mediante cálculo" a síntese, a qual confunde a validade do resultado com sua veridição, já que para tanto apenas considera a correção das operações racionais procedidas e não a efetiva correspondência com os fatos que referenciam tanto as premissas como o resultado a que se chega.

intradiscursiva como referente lógico-jurídico que, a partir do processo em que particularidades fáticas são consideradas, provadas e constatadas, *coinstitui* a normatividade.[327]

Por isso, em termos da teoria neoinstitucionalista do processo, a fundamentação jurídica que observa a integridade consistiria naquela que compõe e integra, guardados os limites e nuances da situação fática do processo em que é proferida, a (re)construção do metatexto a partir do discurso, vinculado ao interpretante (código referente-linguístico) e não pela referência generalizante à Constituição, a quaisquer outros referenciais abstrato-prescritivos ou teorias jurídico-científicas que restringem ou mesmo desconsideram a refutação pela própria particularidade fática do caso concreto.

Dessarte, os parâmetros de aferição da observância desta "racionalidade intersubjetiva" ou "rede normativo-jurídica" são não só os referenciais abstrato-prescritivos, mas também os concretos. Ambos parametrizam determinado discurso jurídico e devem ser analisados por meio do devido processo (código do discurso), o qual permitirá o seu cotejamento e confronto com os fatos efetivamente considerados provados no bojo do processo sob a égide do contraditório.

Vale frisar, então, que o acertamento do sentido de determinado ato normativo pelo processo não pode prescindir, conforme se buscou demonstrar ao longo da presente tese, da consideração dos elementos fáticos envolvidos – da realidade pertinente –, não só aqueles que situam e referenciam historicamente o discurso, mas também aqueles especificamente provados no processo.

Na consideração de referenciais fático-histórico-temporais do discurso, contudo, vale frisar, não se poderia valer-se de fontes indevassáveis ou indiscerníveis do passado (*it's known*) que são os *topoi*. Tampouco são refutáveis conjecturas fáticas de previsão de futuro sobre resultados e repercussões generalizados e insondáveis que se espera conforme for a deliberação judicial. Entretanto, seria possível valer-se de considerações sobre a razão prática, a partir de dados objetivos e estudos acerca da realidade passada (e não de teorias passadas).

É claro que considerar eventuais referentes históricos concretos não significa que seriam admissíveis argumentos "[...] meramente retórico performativos, que apenas escondem raciocínios subjetivistas

---

[327] LEAL, Rosemiro Pereira. *Processo como teoria da lei democrática*. Belo Horizonte: Fórum, 2010. p. 280.

lato sensu nas decisões judiciais".[328] É necessário que os argumentos utilizados sejam tais que permitam refutação e falseabilização pela apresentação de dados concretos que os infirmem na lição de Popper,[329] ou que preencham uma suficiente condição hermenêutica de sentido, conforme argumenta Lenio Streck.

Nesse sentido é que se lançou mão do exemplo da questão da gratuidade judiciária no tópico 4.3 *supra*, no sentido do estudo estatístico do Dieese acerca do que se deve considerar o salário mínimo necessário para preencher as necessidades vitais básicas do brasileiro "com moradia, alimentação, educação, saúde, lazer, vestuário, higiene, transporte e previdência social".

Esse critério a referenciar parcialmente a denotação da expressão *insuficiência de recursos* prevista em sede constitucional (art. 5º, LXXIV) e legal (art. 98 do Código de Processo Civil) é capaz, a partir de sua confrontação com as provas iniciais das condições financeiras das partes e das despesas processuais cuja isenção se solicita, de permitir à parte apresentar argumentos e provas aptas (art. 98, §2º do CPC) a evidenciar as aporias do raciocínio procedido para a denotação do discurso.

Esse cuidado – consideração expressa, detida e primordial da realidade retratada nos autos pelas provas –, especialmente, permitirá trazer maior democraticidade às decisões judiciais tendo a verdade objetiva como ideal regulador da resolução das questões fáticas do processo, o que, na maioria das vezes, não gerará dúvidas acerca do ato normativo a ser aplicado ou de qual o seu significado para regular o conflito que é objeto do processo.

A necessidade de reflexão sobre o sentido atribuído a determinado discurso surgirá a partir da suscitação das partes, no bojo do processo, como elemento não só de garantia do contraditório formalmente considerado, mas também da necessidade de vinculação do texto (decisão judicial) ao código do discurso, que é o devido processo.

Por outro lado, quando as partes suscitam diferentes interpretações ao discurso normativo, a denotação a partir do código do discurso para se chegar ao texto passará pela consideração dos referidos referenciais abstrato-prescritivos e concretos dos significantes a serem interpretados, conforme abordado pelos sujeitos processuais.

---

[328] STRECK, Lenio Luiz. *Dicionário de hermenêutica*: quarenta temas fundamentais da teoria do direito à luz da crítica hermenêutica do direito. Belo Horizonte: Casa do Direito, 2017.

[329] POPPER, Karl Raimund. *Lógica da pesquisa científica*. São Paulo: Edusp, 1985.

É necessário gizar, diante do atual movimento de "jurisprudencialização" do direito pátrio, que a mesma lógica se aplica a eventual pleito de não aplicação do padrão decisório vigente (art. 927 do Código de Processo Civil) ao caso apresentado. Ou seja, é necessário que as partes o suscitem logo nas peças de início da fase postulatória (petição inicial e contestação), os padrões de semelhança e diferença em relação aos casos passados, para pleitear que o caso presente seja julgado conforme reinterpretação de determinada norma ou diversa *ratio decidendi*.

Nesse sentido é que Aurélio Viana e Dierle Nunes, em seu *Precedentes: a mutação no ônus argumentativo*, destacam:

> Portanto cabe ao advogado, desde a petição inicial, indicar padrões de semelhança e diferença em relação aos casos passados e, se for o caso, lançando mão da técnica da distinção de forma a viabilizar, argumentativamente, que as individualidades não sejam olvidadas.
>
> É de fundamental importância iniciar um raciocínio com base em analogias e contra-analogias, empreendendo-se uma análise comparativa entre o passado e o presente, e a petição a ser redigida deve dispor, em item próprio, a distinção entre os casos.
>
> Na hipótese em que a pretensão do autor, em tese, puder conflitar com um dos padrões decisórios enumerados no artigo 927, por exemplo, cabe ao advogado extrair a *ratio decidendi* do referido padrão. Deve ainda indicar os motivos pelos quais o destino do próprio caso não deve se dar com base no que fora anteriormente decidido. Caberá na petição inicial, preferencialmente no tópico exposição dos fatos, formular item próprio voltado à demonstração do *distinguishing* (distinção). [...]
>
> No caso da incompatibilidade da pretensão da tese do autor ou do réu em relação a um padrão decisório, é de fundamental importância que se inaugure diálogo em torno do padrão ainda no primeiro grau, por ocasião da petição inicial ou da defesa, pois, à medida que se adia esse tipo de discussão, aumentam as chances o uso estratégico do precedente por parte dos tribunais, como critério de inadmissibilidade recursal para fins de redução da carga de trabalho, ganhando força, à evidência, o denominado ônus da dialeticidade recursal.
>
> Por tudo que foi visto, a tendência é que os tribunais passem a reconhecer a existência do ônus argumentativo em torno do direito jurisprudencial ao longo de todo o *iter* processual, não apenas nas instâncias recursais.[330]

---

[330] VIANA, Antônio Aurélio de Souza; NUNES, Dierle. *Precedentes*: a mutação do ônus argumentativo. Rio de Janeiro: Forense, 2018. p. 385; 393.

Assim, a supressão do livre convencimento motivado – para aqueles que acreditam que só pelo advento do novo Código de Processo Civil houve o reconhecimento legislativo da impossibilidade de o juiz valer-se da própria consciência e convicções pessoais e solipsistas para fundamentar a decisão – decorre também da previsão do novo Código de que o direito deve ser operado de forma a observar sua integridade.

Isso se constata pela consideração da distinção que a literatura procede entre a estabilidade da jurisprudência e o dever de manter sua coerência e integridade.

A expressão *estabilidade da jurisprudência* constava solitária no projeto de novo Código de Processo Civil (art. 926), o que foi alterado. Argumenta-se que o cumprimento deste dever não pressupõe a consideração do caso concreto, uma vez que se trata de valor autorreferente, como destaca Streck.[331] Ou seja, basta que a decisão seja a mesma ao julgar inúmeros casos que o dever de estabilidade estará observado, independentemente das peculiaridades que apresentarem entre si.

O dever de manter a integridade e a coerência da jurisprudência, conforme se extrai do que foi exposto acima, envolve considerar necessariamente a facticidade do caso, suas especificidades e nuances, uma vez que predicam a estabilidade – não da decisão como resultado final ou solução prática da controvérsia (valor autorreferente supramencionado) –, mas sim da decisão como preservação, reiteração e aplicação dos mesmos princípios para casos idênticos, exigindo, ao contrário da estabilidade pura e simples, solução prática diversa para casos que, muitas vezes bastante parecidos, sejam diversos.

No mesmo sentido, são muito relevantes as advertências de Dierle Nunes e Antônio Aurélio de Souza Viana, ao destacarem que os precedentes não mais podem ser interpretados como classicamente sempre se o fez na tradição da *civil law*. Nela, apesar de os precedentes exercerem força na fundamentação da decisão jurídica dos casos posteriores, embora meramente persuasiva, a construção racional que os considera preocupa-se apenas com o elemento dispositivo do precedente, ou seja, o que foi efetivamente decidido no caso anterior. Não há tradição de análise profunda sobre as questões jurídicas e especialmente fáticas dos casos anteriores, a qual é imprescindível para

---

[331] STRECK, Lenio Luiz. Uma análise crítica dos avanços trazidos pelo NCPC. *Revista de Estudos Institucionais*, Rio de Janeiro, v. 2, n. 1, 2016. p. 156.

que se possa adequadamente extrair a *ratio decidendi*, diferenciando-a dos meros *obter dicta*.[332]

Somente a consideração da *ratio decidendi* do precedente, a partir dos referenciais fáticos e jurídicos específicos do *leading case* – ao invés da simples consideração do padrão decisório, é que permitirá considerar a jurisprudência não estável no sentido de engessada, mas efetivamente íntegra e coerente.

E a depreensão da *ratio decidendi* de determinado precedente, por sua vez, não é atividade que se proceda a partir de método lógico--dedutivo clássico, cuja observância garanta por si só, para além da validade do resultado do raciocínio, a sua correção:

> Com efeito, extrair a norma de um precedente judicial dependerá sempre do conjunto normativo como um todo, das razões que lhe subjazem e das *circunstâncias apresentadas pelo novo caso*. Não é possível, portanto, estabelecer um método de definição da *ratio decidendi* (norma precedente) como superior ou correto *a priori, sua compreensão deve ser guiada à luz das circunstâncias do caso concreto* e pela dimensão argumentativa do Direito. O método de definição da *ratio* torna-se menos importante crescendo em relevância o controle racional da decisão que interpreta o precedente e concretiza sua norma, em perfeito paralelo à problemática da definição da norma legal.[333] (Grifos nossos)

A respeito do tema também são pertinentes as lições de Virgílio Afonso da Silva, para quem, ao decidir os casos diante *de sua específica singularidade*, o juiz deve se visualizar como participante de um complexo empreendimento em cadeia, as inúmeras decisões, estruturas, convenções e prática são a história. Seu trabalho é, portanto, continuar essa cadeia, dando continuidade a essa história por meio das decisões que profere agora. Assim, para o autor, o magistrado deve interpretar os antecedentes jurídicos precisamente porque tem a responsabilidade de levar adiante tal itinerário, pautado por tais antecedentes e não partir em alguma nova direção.[334]

---

[332] VIANA, Antônio Aurélio de Souza; NUNES, Dierle. *Precedentes*: a mutação do ônus argumentativo. Rio de Janeiro: Forense, 2018. p. 378-379.

[333] MACÊDO, Lucas Buril de. *Precedentes judiciais e o direito processual civil*. Salvador: JusPodivm, 2015. p. 322.

[334] SILVA, Virgílio Afonso da. O proporcional e o razoável. *Revista dos Tribunais*, São Paulo, ano 91, v. 798, p. 23-50, abr. 2002. p. 41.

Conforme lição do professor Marcelo Cattoni:

> o julgador, procurando colocar-se na perspectiva de sua comunidade, considerada como uma associação de coassociados livres e iguais perante o direito (*community of principle*), deve compreender o Direito positivo como o esforço dessa mesma comunidade para desenvolver o melhor possível o sistema de direitos básicos (nos termos da tese *Law as integrity*); e deve participar, criticamente, dessa (re)construção (*The chain of Law*).[335]

Importante registrar que em nossa concepção os deveres de estabilidade, coerência e integridade da jurisprudência, embora tenham ganhado força normativa e relevância com a explicitação literal feita pelo novo Código de Processo Civil, sempre foram exigências inerentes à própria noção de sistema normativo e judiciário, e já estavam presentes de forma implícita na própria noção de organização sistemática, recursal e hierárquica (axiomática) do Judiciário brasileiro (art. 92 em diante da Constituição brasileira) e também no direito/garantia fundamental à segurança, o qual efetivamente não se restringe à segurança pública como sensação de respeito à incolumidade física e patrimonial, mas também se manifesta como segurança jurídica, como expectativa (e efetiva) estabilidade e previsibilidade do sistema jurídico-institucional (art. 5º, *caput* e II da Constituição brasileira).

Alhures defendemos que a democraticidade da fundamentação da decisão jurídica estatal depende de que o provimento se abstenha de (I) desconsiderar a reserva legal, não explicitando o suporte na lei e na Constituição – "princípio da anterioridade e exterioridade normativas";[336] (II) se valer de argumentos não debatidos pelas partes no espaço processual, privadas, portanto, de sobre eles manifestarem-se; (III) se omitir em apreciar quaisquer dos argumentos da parte vencida ou (IV) utilizar linguagem hermética ou obscura ou que se explicita de forma insuficiente ou incoerente, na medida em que não permite o controle do acerto e da legitimidade democrática da conclusão do juízo.

É necessário destacar que aqui o 1º e o 4º requisitos se entrelaçam – o acatamento ao princípio da reserva legal abrange não só a explicitação pelo provimento estatal do suporte que encontra na lei e

---

[335] OLIVEIRA, Marcelo Andrade Cattoni de. *Direito processual constitucional*. Belo Horizonte: Mandamentos, 2001. p. 152.

[336] LEAL, Rosemiro Pereira. *Teoria geral do processo*: primeiros estudos. 13. ed. Belo Horizonte: Fórum, 2016. p. 199-200.

na Constituição, mas também que a consideração da norma se dê em coerência e integridade com os casos anteriormente julgados, de forma que os fatos, as circunstâncias específicas e os princípios que conduziram tais decisões sejam levados em consideração como referências a se contrastarem com as do caso objeto do processo e, conforme o caso, sejam preservados e reiterados ou, por outro lado, expressamente afastados (*distinguishing*) ou superados (*overruling*).

5.12 Democraticidade como ideal regulador da fundamentação

Conforme se pretendeu delinear no presente capítulo e no anterior, o princípio democrático impõe uma série de exigências formais e materiais à fundamentação da decisão jurídica estatal, as quais se voltam a tornar cada vez mais efetivos os princípios institutivos do processo – contraditório, ampla defesa e isonomia – e por consequência a própria democracia. Nesse sentido é que se pode falar que a fundamentação deve ser submetida a um "controle de democraticidade", na expressão de Rosemiro Pereira Leal.[337]

Embora possa parecer trivial, é imprescindível que se faça ressalva quanto ao que nos parecem ser as limitações desse objetivo, com a finalidade de se evitar o argumento reducionista de que, a partir da constatação prática da persistência de decisões jurídicas incorretas e de vícios de fundamentação em situações em que observadas as ponderações da presente tese, seriam de todo inservíveis.

É que, por mais que se estabeleçam critérios relevantes para que a fundamentação das decisões jurídicas estatais, por mais que sejam cada vez mais adstritas ao direito e ao princípio democrático, sempre haverá um grau de incerteza e de pessoalidade na sua execução pela pessoa do juiz, o que não impede que se busque cada vez mais aperfeiçoar os parâmetros exigidos para tanto, reduzindo progressivamente a subjetividade e a discricionariedade, cientes de que nunca se chegará ao grau de total objetividade e controle do ato concreto por previsões normativas genéricas, abstratas e impessoais.

Na prática, ainda que se estabeleçam controles normativos, teóricos, científicos tendentes (e ainda que eficazes) a diminuir o grau da

---

[337] LEAL, Rosemiro Pereira. *Processo como teoria da lei democrática*. Belo Horizonte: Fórum, 2010. p. 162.

discricionariedade na valoração das provas e na interpretação do direito, sempre existirá determinado grau de incerteza e de impossibilidade de controle em que se dependerá do senso de comprometimento, ética, assim como de autorrestrição (*self-restraint*) do julgador.

Nesta zona de impossibilidade de controle prévio mediante exigências teórico-normativo-científicas, só mesmo a honestidade ético-cultural, integridade e um senso arraigado de correção e justiça permitirão que decisões absurdas ou pelo menos manifestamente incorretas deixem de ser proferidas.

Até porque, como se assentou, a fundamentação tem como principal função não evidenciar a correção da posição do órgão competente sobre determinada questão, mas sim a explicitação das operações lógico-racionais realizadas, seja a respeito da análise dos fatos e provas, seja a respeito da análise das normas aplicáveis à espécie, para permitir que as partes, em grau de recurso, tenham a possibilidade de apontar de forma eficaz as aporias em que se incidiu.

Assim, por outro lado, somente em sede de última instância judicial é que a preocupação se torna preponderantemente (mas não exclusivamente, pela necessidade de legitimação racional da decisão), mais do que a explicitação das operações racionais procedidas, a sua correção formal, assim como a correção material do resultado alcançado, uma vez que não mais haverá possibilidade de apontamento para uma instância superior das aporias e vícios da fundamentação em que incorrera a decisão.

Não obstante, embora lamentável, sempre será possível preencher formal e retoricamente as exigências legais do art. 489, §§1º e 2º do Código de Processo Civil. A presente obra não poderia, contudo, tentar endereçar tais casos na medida em que, como registrado, temos dúvidas de que a própria ciência jurídica estaria apta a prevenir situações como tais.

Isto não diminui a importância do aperfeiçoamento do caráter democrático da fundamentação e, por consequência, do processo, nem torna despiciendo o seu próprio registro. Muitas vezes o que se verifica, como advertido no início deste capítulo, é que o reconhecimento da impossibilidade de uma neutralização completa do elemento subjetivo do decisor na prolação do provimento acaba tornando-se justificativa para render-se, acatar e até se legitimar o extremo oposto, abandonando por completo qualquer tentativa de objetividade discursiva na fundamentação.

Vale frisar: não é porque se reconhece ser impossível atingir a absoluta certeza e objetividade como se o "controle de democraticidade" da fundamentação pudesse ser equiparado ao cálculo lógico-formal clássico, que se retira automaticamente qualquer valor deste mister, ou que se reconhece que nenhum avanço em termos de incremento do grau de certeza e segurança jurídica poderão advir desta empresa.

A observância das exigências impostas pelo princípio democrático à fundamentação da decisão jurídica tem o condão de tornar mais efetiva a experiência do apontamento eficaz da aporia, seja na perspectiva de ampliar a participação na construção da decisão a ser proferida, seja na de aumentar a previsibilidade da decisão, seja no incremento das probabilidades de acerto, na medida em que até mesmo a simples formalização do percurso lógico-racional pelo decisor desempenha a relevante função de permitir-lhe, mais lucidamente, perceber, infirmar e interrogar as próprias convicções e precompreensões e deixar de incidir nas eventuais incorreções em que incorreria caso a fundamentação do provimento se restringisse a explicitação de-cursiva da sua opinião.

Assim, da mesma forma que a verdade objetiva pode ser considerada o ideal regulador da análise dos pontos fáticos controvertidos no processo mesmo cientes de que nunca se alcançará o grau pleno de certeza da verdade, a democraticidade – no sentido de exposição efetiva da fundamentação à crítica, pela explicitação das operações racionais procedidas e atendimento aos requisitos democráticos – é o ideal regulador da própria fundamentação da decisão jurídica.

Embora não seja possível neutralizar por completo toda e qualquer discricionariedade do decisor, é possível aperfeiçoar e desenvolver parâmetros, como se buscou fazer na presente obra para aumentar o grau de sindicabilidade da fundamentação da decisão estatal, de forma que a decisão efetivamente reflita a conclusão coextensiva da argumentação das partes, vinculando o texto ao código do discurso normativo, e que se garanta efetivamente o acesso à experiência do apontamento eficaz da aporia (art. 5º, LIV, LV e XXXV da Constituição brasileira).

CAPÍTULO 6

CONCLUSÃO

Na presente obra buscou-se investigar a hipótese de que os avanços científicos da ciência lógica permitem constatar, sobretudo, a prevalência que a realidade tem sobre os mecanismos que a partir dela se constituem, reduzindo-a à formalização. Por isso, considerando que a lógica formal e a deôntica também devem ser impactadas por esta constatação, pretendeu-se verificar se e como tais avanços se refletiriam na decisão jurídica, de modo a permitir que a realidade infirme no âmbito processual-democrático – respeitados, portanto, ampla defesa, contraditório e isonomia – até mesmo conclusões extraídas a partir argumentos concatenados de forma logicamente perfeita.

A validade racional abstrata de determinada fundamentação pode ser mais bem testada e refutada caso a realidade à qual se refere, constituída pela valoração probatória dos autos, seja realizada de forma percuciente, com a observação de exigências e critérios democratizantes. Nesse diapasão, poderá refinar e até mesmo infirmar determinados pressupostos teóricos que, a princípio, abstratamente se consideravam aplicáveis para determinada situação concreta.

A consideração, contudo, da realidade fática no âmbito processual deve ser especialmente abordada pois tem grandes chances de implicar submissão às preconcepções e solipsismos do destinador do sentido, considerada a forma não proposicional como em regra espontaneamente se infere a lógica. Assim, a linguagem processual democrática deve ser tal que não se estruture precipuamente sobre a identificação da realidade ou do objeto do discurso e de sua essência, mas decline os referenciais que condicionam o significado das palavras, conceitos e normas objeto de interpretação.

Iniciando o trabalho de pesquisa sobre a lógica considerada em sentido amplo, foi possível demonstrar que a palavra condensa elevada polissemia, abrangendo um vasto espectro semântico desde a Grécia antiga, desde a concepção restrita de Aristóteles, como *ciência da demonstração e do saber demonstrativo* até a concepção ampla da Bíblia, revelada especialmente no evangelho de João, como a ordem universal que precede a própria existência, a verdade que subjaz a existência de todas as coisas e que conduz à vida virtuosa.

Por muito tempo, por influência do trabalho de Aristóteles o estudo da lógica se restringiu ao estudo dos silogismos categóricos e dos sistemas de argumentação, por isso é que se habituou, historicamente, denominar o estudo da lógica de estudo das inferências válidas ou das leis do pensamento para corretamente se demonstrar a verdade.

A lógica menor – estudo dos métodos e princípios para distinguir o raciocínio correto do incorreto – prevaleceu de tal forma que muitas vezes é tido como sentido único da palavra. Não obstante a literatura sobre o assunto não tenha deixado de registrar a persistência da acepção maior da lógica, pela qual se perscruta se determinado pensamento, além de correto, é também verdadeiro, ou seja, guarda correspondência com a realidade.

Além desta distinção, os filósofos do assunto também distinguiam a lógica científica da espontânea, destacando que aquela se distingue desta como o que é (esteticamente) perfeito difere do imperfeito e que aquela seria apenas um aperfeiçoamento metódico desta. Ambas são aptas a demonstrar a verdade, contudo, esta se restringiria a enunciar verdades menos complexas.

Os filósofos em geral também distinguem a lógica *docens* da lógica *utens*, no sentido de que esta estaria representada por hábitos de raciocínio de natureza intuitiva, os quais não demandariam aprendizagem, ao contrário do raciocínio formal, que consistiria naquela lógica.

Embora classicamente conceba-se que a lógica *utens* não permitiria a aferição da verdade de problemas complexos, tampouco se poderia concluir pela prevalência da lógica *docens* sobre a *utens*, na medida em que alguns autores contemporâneos como Susan Haack, Janos Sarbo e József Farkas destacam, com base nas lições de Charles Peirce, que os sistemas formais como um todo são desenvolvidos e revisados a partir de juízos intuitivos de validade extrassistemática de argumentos informais, de modo que, sendo esta lógica o resultado da adaptação da mente ao universo, toda a lógica *docens* se sustenta sobre a lógica implícita do cérebro (*utens*).

Outra distinção que foi delineada no presente trabalho foi a existente entre o *logos* e o *noûs*. Platão defendia que as palavras e o pensamento discursivo (*logos*) por consequência seriam inadequados para expressar o que o intelecto capta. Só este (*noûs*) seria capaz de captar a coisa ela mesma e chegar ao real. O discurso e a apreensão sensível seriam parte do processo de conhecimento, mas apenas como etapas a serem vencidas em um caminho a apontar para a realidade superior das coisas mesmas.

Aristóteles, por sua vez, defende que o *noûs* seria o pensamento não discursivo que permite ao homem a apreensão dos primeiros princípios, dos pontos de partida indemonstráveis dos quais decorre o conhecimento científico. Seria a capacidade de captar de forma não discursiva o caráter necessário de certas verdades básicas, pontos de partida indemonstráveis – a evitar os regressos *ad infinitum* –, que funcionam como princípios pressupostos em toda demonstração.

Dessa forma, o pensamento não discursivo seria uma espécie de posse (apreensão indivisível) sobre a realidade, de presença diante do objeto contemplado e não de predicação sobre ele. A mente capta o mundo dos fatos e reage a ele de forma não proposicional e não discursiva, sendo, segundo C. S. Lewis, possível aferir se a reação (emocional) é adequada ou não à razão, uma vez que tal mundo possuiria valores imanentes que integram uma ordem objetiva.

Nesta perspectiva, o *noûs* ganha caráter minimamente proposicional, na medida em que a realização (presença perante o fato, assimilação) enseja determinada reação adequada ou não, conforme a razão prática, cujos princípios fundamentais têm validade absoluta. Para Marcondes, contudo, o *noûs* permanece privado e incomunicável, esgotando-se no seu próprio instante, impassível de qualquer elaboração.

Verificou-se, portanto, que a lógica espontânea, a *utens* e o nôus congregam alguns elementos em comum, como faculdade inata que permite ao ser humano conhecer a realidade ou habilidade de adaptação da mente ao universo, aproximando em termos a concepção lógica grega à da concepção bíblica de razão imanente do universo, λόγος, como ordem universal que a tudo antecede, que em tudo está e que, portanto, rege a interação e a existência de todas as coisas.

A lógica *científica*, a *docens* e o *logos*, por sua vez, partem da emulação daquelas, retratando em signos, linguagem e discurso as verdades básicas a que só se teria acesso por meio delas, na esperança de que a replicação das verdades realizadas intuitivamente garantisse não só a validade da solução de questões mais complexas, mas também sua correção.

Dos trabalhos de Aristóteles em diante, prevaleceu a concepção formal da lógica – o que talvez possa ser atribuído aos estoicos que a ela se referiam apenas na acepção restrita de doutrina do discurso demonstrativo – como método de enfrentar problemas complexos e demonstrar a validade da solução encontrada pela crença de que a exteriorização e a correção das operações mentais realizadas garantiriam uma compreensão unívoca da realidade, reconfortando o espírito, como faziam os mitos.

Esta prevalência demonstra, entre outras coisas, a maior relevância e importância do ponto de vista epistemológico que se atribui, na ciência como um todo, à demonstração da verdade sobre a própria percepção da verdade; muito embora esta última constantemente evidencie os equívocos das abstrações procedidas por aquela.

Releva-se, então, um paradoxo para a filosofia e em consequências sucessivas, para o direito, para o processo e para a fundamentação jurídica: embora a posse (realização) das verdades mais básicas e fundamentais da realidade seja a finalidade da filosofia, o discurso (*logos*) é incapaz de conduzir até tanto. Para o direito democrático, a questão se aprofunda ainda mais, na medida em que pressupõe que as decisões jurídicas sejam, não só corretas, mas também sindicáveis, o que só poderia se dar pela expressão proposicional da realidade (discurso).

Aprofundando no estudo específico da lógica clássica e seus fundamentos verificamos que Aristóteles considerava a lógica e a metafísica disciplinas do campo da teologia, dadas a imutabilidade, a universalidade e a perpetuidade das substâncias que são seu objeto de estudo, já que relacionados, ao menos no primeiro caso, com o estudo dos princípios e causas primeiras das coisas.

Não obstante, nestas disciplinas estudava o ser *qua* ser, ou seja, não o ser abstratamente considerado, mas sim o ser existente, na qualidade como existe, inclusive, os axiomas e princípios primeiros da dedução, portanto, estudados da forma como pertencem a tudo que existe e não como um objeto particular separado de todos os outros.

A lógica aristotélica baseava-se em três princípios vetores que refletiam uma realidade imutável, estática e permanente por trás das aparências que são transitórias: o princípio da identidade, da não contradição e do terceiro excluído. O primeiro, do qual decorreriam os dois outros por dedução, seria, em termos sucintos, o de que o ser se identifica pelos seus atributos essenciais, pelos quais se distingue de todos os outros. Assim, o universo se dividiria entre as coisas que são e entre as que não são, sendo as coisas mutuamente exclusivas (princípio da não contradição) e mutuamente exaustivas (princípio do terceiro excluído).

Destes princípios primordiais da lógica clássica decorre o princípio da negação, pelo qual uma proposição P é verdadeira se e somente se ¬ P for falsa. Quando expressa fatos facilmente observáveis pelos sentidos (ex.: P = esta rosa é vermelha), permite facilmente a aferição da verdade da proposição. Entretanto, quando em relação a enunciados mais complexos (ex.: P = todo homem é mortal), a correção não pode ser aferida pelos sentidos, dando-se então, também pelo princípio da negação, mas de forma a (auto) referenciar o próprio sistema axiomático em que a proposição é constituída. Daí decorre, portanto, a dificuldade relativa à concepção de verdade e falsidade na maioria das questões científicas, especialmente aquelas relacionadas às ciências humanas.

Entretanto, os princípios básicos da lógica clássica, em especial o da identidade, com o desenvolvimento da física e da geometria e a indicação de que a realidade não seria tão estática, nem os objetos tão individualizados, impenetráveis e bem separados como se acreditava, acabaram sendo relativizados por evidências teórico-científicas, especialmente no âmbito da física quântica e da geometria não euclidiana.

O espírito científico vigente até o século XX era constituído essencialmente por um sistema ternário sustentado sobre a lógica clássica, a geometria euclidiana e a física newtoniana. Uma vez demonstrada a fragilidade das intuições simples que fundamentavam todos os três fundamentos, todo o espírito científico contemporâneo passou a merecer reformulações.

É que este espírito científico clássico guardava como particularidade implícita, tanto na intuição como no conhecimento discursivo, a sensibilidade interna e externa do objeto do conhecimento. Externamente, o objeto guarda a especificidade de sempre poder ser localizado do ponto de vista da geometria euclidiana; internamente, o objeto guarda a especificidade substancial, qual seja, a da permanência do real no tempo.

Hoje, contudo, conclui-se a partir das referidas evidências científicas que tal objeto não passa do objeto genérico de conhecimento, sendo possível que outros se apresentem com particularidades que infirmem as referidas, antes pressupostas como absolutas. Deveras, pelo princípio da incerteza ou da indeterminação de Heisenberg sequer é possível determinar simultaneamente a localização e a velocidade – sua permanência no tempo – de determinado objeto, uma vez que o instrumento de medida interfere com o fenômeno, fazendo variar de modo incontrolável outras grandezas ligadas à partícula.

Portanto, compreende-se que o objeto que se localiza estaticamente na intuição ordinária é, no mínimo, mal especificado. Em outras palavras, a proposição de localização de um objeto no espaço e a de sua localização no tempo só têm sentido *lógico* quando consideradas de forma isolada, contudo, quando unidas, são destituídas de sentido.

Novamente, a lógica clássica e, especificamente, o silogismo aristotélico e a lógica proposicional restam contrariados, na medida em que ancorados, entre outros postulados, no de que a conjunção de duas sentenças com sentido sempre é dotada de sentido.

Dessa forma, a realidade acabou demonstrando que a lógica clássica, embora plenamente harmônica com a intuição e percepção sensível ordinárias não poderia ser o arcabouço estrutural-discursivo a sustentar de forma absoluta e universal o raciocínio tido por correto.

Em outros termos, o raciocínio ancorado piamente na identidade, na não contradição pressupõe uma concepção fortemente substantiva, colocando o sujeito de forma precedente e emancipada dos predicados, esforçando-se artificialmente para acomodar dentro do mesmo sujeito (significante) as inúmeras manifestações predicativas, engendrando-o como único, absoluto, preexistente à observação e invariável. Os predicados, por sua vez, são situados de forma longínqua e periférica, tornando-se inaptos à efetiva caracterização do sujeito.

Além das alterações da lógica proporcionadas pelos avanços da física, o desenvolvimento dos próprios estudos de lógica tornou-a cada vez mais abstrata pela representação de seus postulados pela linguagem algébrica, de forma inclusive a servir de fundamento para todas as demais ciências, inclusive a matemática.

Como disciplina fundamental, a lógica tornou-se progressivamente mais dogmática e apodítica na medida em que impassível de se valer de outra linguagem formalizante para sua análise e crítica, sob pena de cair em circularidade. Este é um outro motivo pelo qual se adverte quanto ao cuidado para aplicá-la a sistemas axiomáticos concretos, que possuem conteúdo efetivamente existente na realidade.

Diante das aporias acumuladas relativamente à lógica clássica, foram desenvolvidas lógicas não aristotélicas, assim denominadas

CAPÍTULO 6
CONCLUSÃO | 217

por derrogarem ao menos uma das três leis básicas do pensamento (identidade, não contradição e terceiro excluído).

Além da relativização da correção das operações mentais, apenas pela sua adequação às prescrições da lógica clássica, também se constatou que todo sistema axiomático, seja ele qual for, sempre contará com proposições consideradas verdadeiras que não podem ser demonstradas nem negadas dentro do próprio sistema, ou seja, são verdadeiras por intuição. E mais, segundo Tarski, a verdade de uma proposição nunca poderá ser efetivamente demonstrada verdadeira por uma fórmula do próprio sistema lógico da proposição.

Por isso, segundo Newton da Costa, a expressão *verdade lógica* é desprovida de sentido. Embasado na teoria da correspondência reformulada por Alfred Tarski, o filósofo trabalha o conceito de *quase-verdade* ou *verdade pragmática* pela qual, embora não se tenha certeza quanto à verdade de determinada teoria, se ela pelo menos logra "salvar as aparências" está mais próxima dela que outras observações que não as salvam. Daí o pleito de Costa de que a lógica clássica não se tornou superada, mas sim convive com as não clássicas, na medida em que, em determinados campos de conhecimento, ela salvaria as aparências. Também por isso assevera que não se poderia falar em uma única lógica verdadeira.

A lógica deôntica, por exemplo, considerada uma lógica clássica complementar, como espécie do gênero, não se ocupa da verdade dos conteúdos contidos no discurso, mas sim da correção das operações racionais de inferência nele realizadas.

A aferição de verdade que permite, portanto, é de caráter apenas formal, que consistirá apenas na verificação de se a norma se funda em axiomas do sistema por meio de inferências lógicas – não tem o condão de averiguar, por exemplo, se o dever de ser contido na norma é observado efetivamente na realidade. Assim, a verdade para a lógica deôntica, na linha kelseniana pelo menos, encerrar-se-ia em última análise apenas em um atributo decorrente do ato de promulgação da lei pelo órgão competente.

Hans Kelsen e o próprio George Henrik von Wright, considerado o fundador da lógica deôntica, reconhecem ao final de suas reflexões conjuntas a este respeito que, embora efetivamente existisse uma relação lógica-hierárquica-dedutiva entre as normas, a utilidade dela se circunscreveria à aferição da inserção da norma no sistema axiomático normativo a que pertencente, mediante inferências lógicas de 1º grau.

Entretanto, sua incapacidade de aferição material da verdade dos argumentos e normas implicaria falta de aplicabilidade prática para o direito.

Por esse motivo é que autores realistas advogam que sequer haveria de se falar em lógica das normas ou das proposições normativas, já que o direito não se constituiria em sistema ordenado de regras e sim em prática social cuja função é justificar a solução normativa dada ao caso concreto.

O cálculo deôntico proposicional seria impossível – ao menos não com a precisão inerente à lógica – já que estaria sempre condicionado a considerações morais, éticas e pragmáticas, metanormas que não estariam organizadas axiomaticamente e que seriam sempre incapazes de antecipar mudanças no mundo.

Não obstante, ainda que tal cálculo não seja preciso como a lógica formal, tampouco é absolutamente arbitrário. Isso porque o raciocínio lógico-dedutivo será em regra necessário na decisão jurídica para o afunilamento dedutivo desde os axiomas até as normas para definição da norma ou das normas aplicáveis ao caso concreto, assim como em regra para explicitação dos fatos que constituem o contexto concreto a ser composto pela via do processo.

Em regra, toda decisão exigirá uma justificação interna, qual seja, aquela primordialmente voltada à demonstração da validade formal da decisão, demonstrando o percurso válido das operações mentais realizadas, de forma axiomática-dedutiva, seja para a definição da norma aplicável, seja para a subsunção fato-norma (premissa menor – premissa maior).

Quando, contudo, o raciocínio lógico-dedutivo for incapaz de apontar com precisão a norma adequada (premissa maior) a reger o caso concreto ou o contexto fático a ser considerado como provado nos autos e servir como premissa menor, seria necessária também a denominada justificação externa. Equivale a dizer, antes de se proceder à dedução a partir da(s) premissa(s) escolhida(s), que é necessário justificar porque se a(s) escolheu, com o intuito de legitimá-la. Aqui, argumentos puramente dedutivos são insuficientes, na medida em que a validade (adequação axiomático-dedutiva) de determinada premissa está insuficientemente imbricada com sua veracidade.

Nestes *hard cases* é necessário que a justificação demonstre que as premissas e as conclusões gozam não só de validade, mas também de veracidade. O fato de o cálculo proposicional clássico, nestes casos, não permitir se chegar a uma única decisão correta não implica renunciar à ideia da existência de uma resposta correta como reguladora da fundamentação na medida em que, pelo menos, se logrará reduzir progressivamente a arbitrariedade e aumentar a sindicabilidade e o protagonismo do cidadão em sua construção.

Há teorias lógicas que lidam com as contradições que a realidade impõe ao raciocínio formal – por exemplo, a prevalência de uma premissa em determinados casos, mas não em outros relativamente semelhantes, ou mesmo os resultados a que chegam diferentes intérpretes relativamente ao mesmo caso – como é o caso da lógica paraconsistente.

Não obstante, ainda que o modelo formal da lógica paraconsistente possa efetivamente auxiliar o intérprete para aumentar o controle sobre a arbitrariedade, especialmente mediante programas computacionais que convivam bem com as contradições do direito, verifica-se que o sistema lógico formalizado sempre será insuficiente para reger a integralidade da experiência humana.

A lógica científica (*docens*) e o *logos* estrito senso (em contraponto ao *noûs*) sempre caminhará a reboque das recorrentes (re)formulações extrassistemáticas de argumentos informais cuja validade semântica no direito tenderá a prevalecer sobre a sintática, especialmente, portanto, a partir da lógica *utens*.

Enfim, ainda que a lógica paraconsistente permita conferir racionalidade abstrata às decisões em que a lógica deôntica clássica mostra-se insuficiente, ao que nos parece, a correção da resposta advinda se encerraria em termos de validade e não de veracidade, de modo que não permitiria a fiscalidade discursiva irrestrita já que impossibilitaria que a realidade constatada no processo refutasse o próprio sistema lógico antevisto (anteformulado) para a sua solução.

Além de perscrutar abstratamente as condições sintáticas de validade do raciocínio, é necessário abordar também as condições concretas de verossimilitude da solução proposta.

Pelo desenvolvimento das pesquisas em torno da hipótese inicialmente estabelecida e também considerando os questionamentos expostos no início do presente trabalho, foi possível constatar que os avanços da lógica e a física microscópica permitiram trazer aportes importantes à lógica deôntica clássica, especialmente a concepção de que a realidade tem sempre o condão de infirmar as abstrações e reduções teóricas que dela procedemos e que, por esse motivo, estas têm sempre valor relativo, devendo prevalecer, sempre, a realidade, como a percebemos – embora sempre criticamente –, sobre tais mecanismos desenvolvidos para compreendê-la ou operá-la.

Nesse diapasão, a lógica que rege o direito deve ser aquela que decorre simultaneamente das inferências feitas a partir da observação dos seres vistos pelo homem a olho nu e também a partir da observação feita em escala microfísica. Significa gizar, deve-se considerar a realidade fática construída no processo pela participação protagonista das partes como fonte primordial de referência, refinamento e refutação do discurso normativo – a depender de quem o invoca, a própria parte ou o *ex adverso* – contudo, deve-se também sempre a considerar de forma (auto)crítica, já que formulada a partir de métodos imperfeitos e capacidades limitadas para sua percepção mais acurada.

A observação dos objetos microfísicos e os avanços da geometria permitiram, sobretudo, demonstrar que os cânones lógicos clássicos – princípio da identidade, da não contradição e do terceiro excluído –, estruturadores de praticamente todas as esferas do conhecimento humano, não eram absolutos. Ao mesmo tempo, contudo, demonstraram também que o fiador mais acurado do desenvolvimento da ciência – e a nosso ver, incluída a ciência jurídica – é sempre a realidade, que em sua dinamicidade incessante nunca pode ser abarcada inteiramente pelas abstrações formais dela depreendidas.

Assim, considerando o paradigma do Estado democrático do direito e a concepção do processo como fator preponderante e até mesmo primordial na construção e efetivação da democracia, passamos a examinar como as constatações e as conclusões a que se chegou a respeito da lógica podem impactar e aperfeiçoar a fundamentação das decisões jurídicas.

Com a extensa constitucionalização das garantias fundamentais e a formulação das teorias do processo constitucional e da teoria neoinstitucionalista, a jurisdição tornou-se instrumento do processo, competindo-lhe garantir, sob pena de nulidade, a observância das balizas discursivas procedimentais aptas a entregar aos cidadãos a posição protagonista na (re)construção do sistema normativo, uma vez sendo ele o titular do poder jurisdicional (art. 1º, parágrafo único da Constituição brasileira).

Nesse diapasão, o contraditório torna-se, muito além de pressuposto de validade ou procedibilidade processual, pedra angular para que o processo possa ser tido como mecanismo de legitimação democrática.

Para que o protagonismo dos sujeitos processuais legitimados ao processo (povo) não seja retórico, contudo, é imprescindível que, além da observância formal das garantias processuais discursivas, seja também considerada a perspectiva linguística processual, de forma que isonomia entre sujeitos processuais se revele efetivamente como "conclusão coextensiva da argumentação das partes".

A linguagem natural é incapaz de oferecer elementos linguísticos que permitam interrogar os próprios fundamentos socioculturais impregnados em seus termos. O provimento jurídico acaba se restringindo à identificação unilateral e solipsista da maior correspondência entre a tese de uma das partes e a regra natural (ética, moral, costumeira ou religiosa), restringindo o método que deve preponderar na fundamentação democrática que é o da possibilidade da eliminação do erro, ou do "apontamento eficaz da aporia".

Por outro lado, a rejeição da linguagem natural não pode se converter em abono a uma linguagem exclusivamente (ou mesmo preponderantemente) simbólica ou ideal. Embora esta espécie de linguagem potencialize o alcance das reflexões e incursões racionais puramente abstratas, assim como facilite tratar de conceitos altamente complexos, é inadequada para reger sistemas axiomáticos concretos, na medida em que implica a desconsideração das nuances da realidade das situações jurídicas vividas em concreto dada a progressiva obliteração de hiatos de compreensão e de suposições infundadas no processo de indução imprescindível à redução do fenômeno ao seu símbolo.

Portanto, constituindo-se a linguagem jurídica eminentemente em uma metalinguagem – uma linguagem (argumentação, fundamentação, literatura) que se volta a estudar um objeto que já é uma linguagem (normas e conceitos científicos) –, embora não possa ser exclusivamente ideal e simbólica, sendo necessário que guarde pontos de contato com a realidade, não o pode fazer atribuindo valor ontológico à palavra, como se o seu significado fosse um predicado que com ela se confundisse e se ligasse de forma imutável e invariável.

A discussão linguística a respeito de um objeto linguístico deve ser feita considerando os elementos da realidade como referentes do passado e do presente, como coordenadas fundamentais para a destinação do sentido. É que a realidade está constantemente a impor a desarmonia e a incongruência entre o conceito histórico, seus referenciais pragmáticos – originários e contemporâneos –, visto que estes se limitam pelo tempo e espaço, ao contrário do pleito de permanência e universalidade dos conceitos.

A metalinguagem deve ser tal que se empreenda no movimento entre o discurso (objeto da interpretação) e o texto (sentido do discurso) com vinculação ao código que orientou a criação do discurso.

A metalinguagem permitiu na linguística que o texto não fosse arbitrário conforme quisesse seu autor ou o do discurso, mas sim que estivesse necessariamente vinculado ao código que permitiu sua codificação, como interpretante regulador do sentido intradiscursivo. Pode-se dizer que o código é o interpretante do discurso para atribuição de seu sentido e que, no caso do discurso jurídico, o código é o devido processo.

O processo, como espaço de liberdade conjectural ampla garantido pela jurisdição, valer-se-á da metalinguagem não aristotélica. Nesta, a realidade – elementos históricos, teóricos e práticos – é levada em consideração não como código interpretante ao qual o texto e o discurso encontram-se vinculados (realidade como justificação), mas sim como parâmetros da experiência que orientaram à elaboração do discurso a serem considerados (mas não necessariamente acatados) como coordenadas cardeais na elaboração do texto (destinação do sentido).

Por isso, seria possível emancipar da rigidez semântica das palavras e da pressuposição de que os sentidos e os conceitos são uniformes ao longo do tempo – sem cair na ambiguidade excessiva que decorreria da emulação na comunicação da indeterminação de Heisenberg – situando a palavra como instante específico de um sistema semântico particular e considerando o conceito como uma espécie de encruzilhada de significados utilizáveis que permite operá-lo de forma não apofântica.

Nesse diapasão, ao mesmo tempo em que o texto se vincula ao discurso pelo seu código interpretante (devido processo), permite-se a estabilização dos sentidos de forma apta a interrogar os próprios fundamentos da linguagem normativa aplicável ao caso concreto, garantindo simultaneamente estabilidade semântica mínima como requisito de isomenia entre os sujeitos processuais, assim como da própria integridade do direito.

Assim, na democracia a fundamentação da decisão jurídica ganha ainda maior relevância, diante de sua correlação com o princípio do contraditório, do qual se poderia dizer constituir o resultado concreto e efetivo e, portanto, a culminação da lógica e da linguagem que encaminharem o debate processual.

A resolução das questões fáticas do processo na fundamentação se rege pelo princípio do convencimento motivado, pelo qual o juízo deve considerar os fatos conforme exsurgir do cotejamento racional de todas as provas e argumentos (relativos às questões fáticas) trazidos pelas partes.

Considerando que a lógica clássica em grande parte dos processos judiciais é apta a apontar com suficiente clareza a norma jurídica aplicável assim como seu sentido, restringindo a discussão das partes em torno de questões fáticas, considerando também a elevada importância do exame da realidade fática comprovada no processo para os demais casos em que se debate sobre qual é a norma aplicável, ou sobre o sentido ou a extensão de sua aplicação, tem-se que a fundamentação a este respeito sobreleva, em relevância, até mesmo a fundamentação das questões exclusivamente jurídicas.

Diante de tal importância, buscamos perscrutar os parâmetros que orientam a apreciação das provas na esteira da exigência de que nesses casos a decisão indique "[...] as razões da formação de seu convencimento" (art. 371 do novo Código de Processo Civil).

As razões devem ser tais que também sejam percebidas e aceitas pelos demais indivíduos que compartilham a mesma realidade. Nesse sentido é que, além de todas as condicionantes para uma fundamentação democrática (arts. 10, 489, §§1º e 2º do Código de Processo Civil c/c 5º, LIV e LV da Constituição brasileira), a lógica *utens* deve ser tomada como critério geral de valoração probatória, na esteira da disposição do que já consta do Código de Processo Civil (art. 375).

As regras da experiência comum não permitem ao julgador considerar fatos não alegados ou provados pelas partes, não se confundem com a notoriedade de determinado fato, não constituem meio de prova e sim critério subsidiário no Código de Processo Civil de 1973, passando, no CPC de 2015, a critério geral de valoração das provas a condicionar o sistema de valoração de provas do convencimento motivado, no sentido de preceito para análise e sopesamento do grau de persuasão de cada prova, assim como de todo o conjunto probatório produzido no processo, respeitadas, por suposto, as presunções legais, as tarifações legais e demais normas pertinentes.

Nesse diapasão, tal critério a orientar o sistema de valoração de provas servirá, por exemplo, como parâmetro de consideração de atendimento ou não ao próprio ônus probatório. Equivale a dizer que aquele que argumenta tese conforme o que ordinariamente costuma acontecer terá desafio menor para atender ao próprio ônus probatório do que aquele que argumenta que os fatos se deram a excepcionar as regras da experiência.

Será de imprescindível relevância, portanto, quando houver provas a sustentar as teses de ambos os sujeitos processuais e as regras legais não permitam apontar qual linha probatória deve prevalecer.

Nesses casos, será obrigatório que se decline explicitamente qual regra da lógica espontânea se está a considerar como regra de experiência comum subministrada pela observação do que ordinariamente acontece, o que então permitirá ao vencido apontar eventual aporia na lógica espontânea considerada na fundamentação.

As *regras da experiência comum* não se confundem, tampouco, com os denominados *standards de prova*. No sistema jurídico de *civil law*, tais *standards* não são necessários como método de controle da formação do convencimento judicial, uma vez que os critérios de suficiência probatória já estão estabelecidos em lei para a prolação de decisões conforme sua especificidade, usualmente por conceitos jurídicos indeterminados, sendo que, para a prolação do provimento final, a questão se resolve em termos de preenchimento ou não do ônus probatório previsto em lei.

A partir da constituição da democracia como paradigma do sistema jurídico pátrio em 1988, da constitucionalização do direito processual e dos avanços teóricos alcançados na concepção do contraditório (e do processo), a legitimidade da fundamentação passou a depender não só da existência de exposição formal dos motivos que alicerçam a conclusão mas também da conexão entre estes e os argumentos das partes no espaço e tempos processuais, assim como com a Constituição e a lei de regência da matéria. A fundamentação não pode ser outra senão a que represente a "conclusão coextensiva da argumentação das partes".

A fundamentação, além disso, deve ser tal que permita às partes sindicalizar e efetivamente refutar, apontando aporias no percurso racional que se procede entre provas e argumentos jurídicos para a resolução da lide. Para tanto, a fundamentação da decisão jurídica será ilegítima e, portanto, inválida nos casos em que (I) desconsidere a reserva legal, não explicitando o suporte na lei e na Constituição; (II) se vale de argumentos não debatidos pelas partes no espaço processual, privadas, portanto de sobre eles manifestarem-se; (III) deixa de apreciar quaisquer dos argumentos da parte vencida ou (IV) se vale de linguagem hermética ou obscura (em regra linguagem natural ou metalinguagem aristotélica) que se explicita (decodifica) de forma insuficiente ou incoerente, na medida em que não permitem o controle do acerto e da legitimidade democrática da conclusão do juízo, blindando as partes, em todos os casos, do inafastável acesso à experiência e exercício de apontamento eficaz da aporia pelas partes – o que se realiza não só em relação ao discurso do *ex adverso*, mas também em relação ao discurso da autoridade estatal (art. 5º, XXXV da Constituição brasileira).

O novo Código de Processo Civil buscou encampar no texto normativo os avanços teóricos e paradigmáticos por que passaram o processo e os seus princípios institutivos, especialmente o contraditório. Como requisito de efetividade deste princípio, a fundamentação – ao menos no que tange às questões jurídicas – foi regulamentada de forma minuciosa, na tentativa de atacar o "problema do solipsismo decisório do magistrado".

Um dos maiores esforços nesse sentido foi o de exigir que se explicite na fundamentação da decisão jurídica a correlação entre os fundamentos de direito com os específicos fatos constatados no processo, seja para aplicar uma previsão normativa, seja para invocar ou afastar precedente, seja para relativizar a força normativa de determinada norma em colisão com outra e enunciar os critérios gerais da ponderação efetuada.

Tal explicitação consubstancia a própria garantia de que, até o grau em que isso for possível, o direito será apreciado de forma objetiva, ou pelo menos que a verdade objetiva servirá como ideal regulador do processo e da fundamentação. A valoração probatória não considerará, com as ressalvas das presunções e tarifações legais, uma lógica formal ou metodologia preestabelecida, mas sim a lógica espontânea, a partir da observação do que normalmente acontece.

A impossibilidade de se alcançar a "verdade material" ou a "absoluta certeza" não implica ser inalcançável a verdade objetiva no âmbito processual, a qual deve ser o ideal regulador da fundamentação, como exigência de rigorosa e isenta análise das provas dos autos. Por isso o fato de a decisão concluir sobre qual é a versão verdadeira dos eventos discutidos deve decorrer de fundamentos que exponham o percurso racional realizado ao apontamento de aporias em dois níveis.

No primeiro, tem-se que, embora nenhuma prova entregue certeza absoluta de que a versão é verdadeira, é possível que se prove que inequivocamente é falsa. Assim, a versão dos fatos que efetivamente prevalecerá não será aquela cuja veracidade foi provada, mas sim, aquela que, contando com provas que a sustentam e corroboram, não foi desconstituída pelas demais provas em sentido contrário no processo – observadas, é claro, as regras do ônus da prova, assim como presunções legais, provas tarifadas e demais normas pertinentes. No segundo, a decisão deve explicitar as regras de valoração probatória que conduziram à concatenação dos fundamentos e conexões lógicas procedidas pelo julgador de forma que à parte seja possível infirmá-los.

O processo e a fundamentação nesse quadrante se voltam à investigação e melhor reconstituição possível dos fatos, vinculando a conclusão sobre seu modo de ocorrência no mundo ao que houver sido demonstrado objetivamente sob o pálio do contraditório e valorizado pelos critérios da lógica *utens* (regras da experiência). Assim, afastam-se na maior extensão possível ideologias, preconcepções e solipsismos, abrindo a decisão para as possibilidades da verdade objetivamente considerada, demonstrada e não dirimida por provas contrárias, ao menos no tempo e espaço processuais, a partir de uma postura epistemológica do julgador de humildade intelectual, cujo convencimento será construído a partir do que se passar processualmente.

A verdade objetiva reguladora do processo e da fundamentação não é uma Verdade com V maiúsculo – como noção vaga e puramente metafísica, inerentemente inatingível – mas sim a verdade com v minúsculo, como correspondência entre enunciados e fatos, aquela que buscamos sabendo que nunca poderemos saber se efetivamente a encontramos.

Diante dessas constatações, considerada toda a lógica da fundamentação da decisão jurídica na democracia que buscamos delinear na presente tese, pode-se afirmar que, mais do que almejar a correção da interpretação do acervo probatório ou das questões jurídicas, a decisão deve objetivar explicitar da forma mais clara e sindicável (refutável) possível os critérios de que se valeu para chegar a determinada conclusão, uma vez que a verdade não propriamente decorrerá da confirmação da tese fática pelas provas, mas pela ausência de provas que refutem a versão prevalecente, consideradas, obviamente, as regras de ônus probatórios pertinentes.

A explicação do motivo concreto da incidência de determinado conceito jurídico indeterminado, cláusula geral, princípio, também deverá observar as exigências da lógica da fundamentação democrática. Nesse sentido, os critérios que referenciam o sistema semântico particular construído no espaço e tempo processuais devem ser explicitados, situando a terminologia da hipótese abstrata cujo significado se constitui no instante específico do processo em que considerada.

Para que a denotação de sentido se dê de forma democrática, é imprescindível também a precisão da linguagem utilizada, assim como o rigor terminológico. Com efeito, a atividade de subsunção não é dispensável ou de reduzida importância para a fundamentação da decisão jurídica na democracia. Vale frisar, não se prescinde de operações lógicas fundamentais de subsunção. Pelo contrário, trata-se de garantia da segurança jurídica e da isonomia interpretativa entre os sujeitos processuais.

Entre as exigências da lógica da fundamentação democrática, além da utilização de uma linguagem processual democrática (metalinguagem não aristotélica), é imprescindível também a observância de rigor terminológico, no sentido de que haja coincidência sintática entre o que dispõe a lei (discurso) que embasa a decisão e a fundamentação do provimento (texto), ao menos como exigência de clareza e estabilidade do significante cujo significado será objeto do debate processual e que delimitará o universo de suas possibilidades semânticas.

Assim, na esteira do que buscamos expor, é certo que nenhuma decisão jurídica poderá prescindir da lógica clássica para estruturar formalmente o encaminhamento das operações racionais que realiza nem, por outro lado, poderá contar exclusivamente com ela para completar o percurso de atribuição de sentido ao discurso jurídico-normativo, a partir do código que o informa. É imprescindível que o texto logicamente estruturado externe correção que extrapole a validade das operações mentais realizadas (na perspectiva da lógica clássica) e efetivamente resistas aos testes que a realidade lhe impõe.

O rigor na utilização da terminologia prescrita na norma cuja denotação é objeto de determinado processo não significa adoção de uma linguagem aristotélica no respectivo debate. Deveras, deve-se distinguir o princípio da identidade, pelo qual a palavra praticamente guardaria significado estático, imutável e universal, no sentido de permanência das propriedades de uma coisa e o princípio da tautologia, no sentido de permanência do significado de determinado significante, mantido o seu contexto semântico particular. A relatividade do princípio da identidade não implica o da tautologia.

Enquanto o rigor terminológico exige a permanência e coerência entre significantes do discurso e do texto dele decorrente, o princípio da tautologia exige que os significados utilizados ou alcançados na fundamentação se mantenham constantes ao longo do processo, não só de forma interna à fundamentação, mas entre argumentação das partes e a fundamentação do provimento, consubstanciando importante mecanismo de controle para a efetivação do texto ao código do discurso.

Nos limites do código do discurso, ou seja, do sustentado dentro do tempo e espaço do devido processo, caso haja discussão apenas acerca de como os fatos se deram, prevalecerá a atribuição de sentido ao significante subsumida na argumentação das partes, respeitada a integridade do direito. Quanto aos juízos fáticos, serão delineados e decididos conforme o regramento legal e o ônus da prova interpretada conforme as regras da experiência (lógica *utens*) como critério geral de valoração probatória.

Caso a discussão processual abarque também o significado que deve ter determinado princípio, conceito jurídico indeterminado, cláusula geral ou outro ato normativo ou instituto jurídico, os fatos provados no processo, sob o pálio do contraditório, desempenharão a função primordial de ordem prática de, como elemento primordial de um particular sistema semântico, contrastar e, sendo o caso, refutar (falseabilizar) aqueles referenciais práticos (elementos da experiência), teórico-científicos e normativos propostos pelas partes, como encruzilhada, para permitir atribuição de sentido ao conceito e, em última análise, elaboração do texto do discurso, como provimento jurídico resultante do devido processo.

Os fatos constatados no processo servirão para refutar (ou não) a proposição de pertinência da aplicação de determinada norma ou precedente ao caso concreto na medida em que se demonstre que a facticidade ou a teoria consideradas coordenadas referenciais para a constituição destes discursos são diversas e incompatíveis com a realidade do conflito de interesses deduzido no processo.

Enfim, equivale a dizer, pela lógica da fundamentação jurídica na democracia, que a denotação do discurso – o conceito jurídico indeterminado, o princípio, a cláusula geral enfim, a norma jurídica – deve ser interpretada como um instante de um sistema semântico particular constituído especialmente pelo contexto fático específico provado no processo e, uma vez delineado de forma criteriosa, colocado em encruzilhada com a integridade do direito, especialmente levados em conta como coordenadas de referência os precedentes jurisdicionais, a literatura científica e os elementos da experiência que originariamente conduziram a construção do conceito, tudo na extensão, conforme e desde que tenha sido sustentado pelas partes no específico processo que precedeu a decisão.

Efetivamente, na concepção de que o processo constitui mecanismo de legitimação democrática pelo contraditório, é possível afirmar que a fundamentação não possui como função precípua a de evidenciar o acerto do órgão jurisdicional sobre determinada questão, mas sim de explicitar mediante metalinguagem não aristotélica as operações lógico-racionais realizadas, de forma a permitir que as partes possam apontar com eficácia as aporias e inconsistências em que incidiu.

Nesse diapasão, a democraticidade seria o ideal regulador da fundamentação como norte para a constante busca de abertura das operações lógico-racionais e da metalinguagem que a encaminha para a experiência do apontamento eficaz da aporia pelos sujeitos processuais – ou seja, exposição efetiva da fundamentação à crítica –, ensejando simultaneamente maior participação na construção da decisão a ser proferida, maior previsibilidade da decisão e maior probabilidade de acerto.

REFERÊNCIAS

ABBAGNANO, Nicola. *Dicionário de filosofia*. São Paulo: Martins Fontes, 2007.

ALMEIDA, Andréa Alves de. *Espaço jurídico processual na discursividade metalinguística*. 1. ed. Curitiba: CRV, 2012.

ARAÚJO, Fabrício Simão da Cunha. *A lealdade na processualidade democrática*: escopos fundamentais do processo. Rio de Janeiro: Lumen Juris, 2014.

ARAÚJO, Fabrício Simão da Cunha. O dever de atuação processual discursiva no novo CPC: a substituição da lealdade pela boa-fé e outras inovações positivadas. *Revista Amagis Jurídica*, ano VII, v. II, n. 13, jul./dez. 2015.

ARAÚJO, Fabrício Simão da Cunha. O processo constitucional como elemento de proteção dos direitos fundamentais no Estado Democrático de Direito. *Revista Brasileira de Direito Processual – RBDPro*, Belo Horizonte, ano 20, n. 80, p. 71-97, out./dez. 2012.

ASSIS, Thiago Brega. Logos, pensamento cósmico e objetividade forte. *Empório do Direito – Revista Jurídica Eletrônica*, Florianópolis, 2018. Disponível em: http://emporiododireito. com.br/leitura/logos-pensamento-cosmico-e-objetividade-forte.

AUSIN, Txetxu. *Entre la logica y el derecho*: paradojas y conflictos normativos. Barcelona: Plaza y Valdes, 2013.

BACHELARD, Gaston. *A filosofia do não*. 6. ed. Lisboa: Presença, 2009.

BACHELARD, Gaston. *A formação do espírito científico*: contribuição para uma psicanálise do conhecimento. Tradução de Estela dos Santos Abreu. 9. reimpr. Rio de Janeiro: Contraponto, 1996.

BARNES, Jonathan. *Aristóteles*. 3. ed. São Paulo: Loyola, 2013.

BARROS, Flaviane de Magalhães. O modelo constitucional de processo e o processo penal: a necessidade de uma interpretação das reformas do processo penal a partir da Constituição. *In*: MACHADO, Felipe Daniel Amorim; OLIVEIRA, Marcelo Andrade Cattoni de (Coord.). *Constituição e processo*: a contribuição do processo ao constitucionalismo brasileiro. Belo Horizonte: Del Rey, 2009.

BRÊTAS, Ronaldo de Carvalho Dias. *Processo constitucional e Estado democrático de direito*. 4. ed. Belo Horizonte: Del Rey, 2018.

BUENO, Cassio Scarpinella. *Manual de direito processual civil*. São Paulo: Saraiva, 2015.

CARVALHO NETO, Menelick de; SCOTTI, Guilherme. *Os direitos fundamentais e a (in) certeza do direito*: a produtividade das tensões principiológicas e a superação do sistema de regras. Belo Horizonte: Fórum, 2011.

CASEY, John (Org.). *The first six books of the elements of Euclid*: and propositions I – XXI of book XI. 3. ed. Dublin: Hodges, Figgis & Co., 1885.

CASTAÑEDA, Hector-Neri. The paradoxes of deontic logic: the simplest solution to all of them in one fell swoop. *New Studies in Deontic Logic*, 1981.

CELLA, José. *Controle das decisões pela lógica paraconsistente*. Tese (Doutorado) – Centro de Ciências Jurídicas, Universidade Federal de Santa Catarina, Florianópolis, 2008.

CINTRA, Antônio Carlos de Araújo; GRINOVER, Ada Pellegrini; DINAMARCO, Cândido Rangel. *Teoria geral do processo*. São Paulo: Malheiros, 2013.

COSTA, Newton da; KRAUSE, Décio; ARENHART, Jonas. Um panorama da lógica atual. *In*: CARVALHO, Paulo de Barros (Coord.); BRITTO, Lucas Galvão (Org.). *Lógica e direito*. 1. ed. São Paulo: Noeses, 2016.

COSTA, Newton. *Ensaio sobre os fundamentos da lógica*. 2. ed. São Paulo: Hucitec, 1994.

CRUZ, Álvaro Ricardo Souza. *Jurisdição constitucional democrática*. Belo Horizonte: Del Rey, 2004.

DEL NEGRI, André. *Controle de constitucionalidade no processo legislativo*: teoria da legitimidade democrática. Belo Horizonte: Fórum, 2003.

DEL NEGRI, André. *Processo constitucional e decisão interna corporis*. Belo Horizonte: Fórum, 2011.

DIDIER JR., Fredie; BRAGA, Paula Sarno; OLIVEIRA, Rafael Alexandria de. *Curso de direito processual civil*. 8. ed. Salvador: JusPodivm, 2013. v. 2.

EINSTEIN, A. Geometria e experiência. Texto de Conferência proferida perante a Academia Prussiana de Ciências em 27 de janeiro de 1921. *Scientiae Studia*, São Paulo, v. 3, n. 4, out./dez. 2005. Disponível em: http://www.scielo.br/scielo.php?pid=S1678-31662005000400009&script=sci_arttext. Acesso em: 25 jan. 2018.

FERREIRA, William Santos. *Princípios fundamentais da prova cível*. São Paulo: Revista dos Tribunais, 2014.

FISCH, Max H.; MOORE, Edward C. *Writings of Charles Peirce*. A chronological edition – 1890-1892. Bloomington: Peirce Edition Project, 1993. v. 8.

FRANK, Jerome. Law and the modern mind. *In*: ACKERMAN, Bruce. Deadalus. *20th Century Classics Revisited*, v. 103, n. 1, p. 119-130, 1974. Disponível em: https://www.jstor.org/stable/20024194?newaccount=true&read-now=1&seq=3#page_scan_tab_contents. Acesso em: 23 mar. 2018.

GHIRARDI, Olsen. Motivación de la sentencia y controle de logicidad. *Revista La Ley*, Córdoba, 1990.

GONÇALVES, Aroldo Plínio. *Técnica processual e teoria do processo*. 2. ed. Belo Horizonte: Del Rey, 2012.

HAACK, S. On logic in the law: 'something but not all'. *Ratio Juris*, Oxford, v. 20, n. 1, p. 1-31, 2007.

HAACK, Susan. *Filosofia das lógicas*. São Paulo: Editora Unesp, 2002.

JOLIVET, Régis. *Curso de filosofia*. 11. ed. Rio de Janeiro: Livraria Agir Editora, 1972.

KANT, Immanuel. *Crítica da razão pura*. Tradução de Barni. [s.l.]: [s.n.], [s.d.]. t. I.

KELSEN, H.; KLUG, U. *Normas jurídicas y análisis lógico*. Madrid: Centro de Estudios Constitucionales, 2008.

KELSEN, Hans. *Teoria pura do direito*. 5. ed. Coimbra: Arménio Amado, 1979.

KIRCHER, Luis Felipe. *O convencimento judicial e os parâmetros de controle sobre o juízo de fato*: visão geral, direito comparado e o Tribunal Penal Internacional. Disponível em: https://independent.academia.edu/LuisFelipeKircher. Acesso em: 15 abr. 2018.

KNIJNIK, Danilo. Os "standards" do convencimento judicial: paradigmas para o seu possível controle. *Academia Brasileira de Direito Processual*. Disponível em: www.abdpc.org.br/artigos/artigo37.doc. Acesso em: 10 abr. 2018.

KORZYBSKI, Alfred. *Science and sanity*: an introduction to non-aristotelian systems and general semantics. 5. ed. New York: Institute of General Semantics, 1994.

LEAL, André Cordeiro. *A instrumentalidade do processo em crise*. Belo Horizonte: Mandamentos; Faculdade de Ciências Humanas – Fumec, 2008.

LEAL, André Cordeiro. *O contraditório e a fundamentação das decisões no direito processual democrático*. Belo Horizonte: Mandamentos, 2002.

LEAL, Rosemiro Pereira. O paradigma processual ante as sequelas míticas do poder constituinte originário. *Direito Público: Revista Jurídica da Advocacia-Geral do Estado de Minas Gerais*, Belo Horizonte, v. 1, n. 1, jul./dez. 2004.

LEAL, Rosemiro Pereira. *Processo como teoria da lei democrática*. Belo Horizonte: Fórum, 2010.

LEAL, Rosemiro Pereira. *Soberania e mercado mundial*: a crise jurídica das economias. Leme: Editora de Direito, 1999.

LEAL, Rosemiro Pereira. *Teoria geral do processo*: primeiros estudos. 13. ed. Belo Horizonte: Fórum, 2016.

LEAL, Rosemiro Pereira. *Teoria processual da decisão jurídica*. São Paulo: Landy, 2002.

LEWIS, Clive Staples. *A abolição do homem*. 1. ed. Rio de Janeiro: Thomas Nelson Brasil, 2017. Edição Kindle.

LIARD, Louis. *Lógica*. 8. ed. São Paulo: Companhia Editora Nacional, 1979.

LOPES, Edward. *Discurso, texto e significação*: uma teoria do interpretante. São Paulo: Cultrix, 1978.

LOPES, Edward. *Fundamentos da linguística contemporânea*. 20. ed. São Paulo: Cultrix, 2008.

MACÊDO, Lucas Buril de. *Precedentes judiciais e o direito processual civil*. Salvador: JusPodivm, 2015.

MACIEL JÚNIOR, Vicente de Paula. *Teoria das ações coletivas*: as ações coletivas como ações temáticas. São Paulo: LTr, 2006.

MAGALHÃES, Joseli Lima. O princípio da fundamentação das decisões jurisdicionais como direito fundamental à concretização da democracia e suas conexões com o princípio do contraditório. *Anais do XIX Encontro Nacional do Conpedi*, Fortaleza, 2010.

MAGALHÃES, Joseli Lima. Técnica normativa estrutural das decisões jurisdicionais no Estado democrático de direito. *Revista Brasileira de Direito Processual – RBDPro*, Belo Horizonte, ano 18, n. 71, jul./set. 2010.

MARINONI, Luiz Guilherme; ARENHART, Sérgio Cruz. *Prova e convicção*: de acordo com o CPC de 2015. 3. ed. São Paulo: Revista dos Tribunais, 2015.

MARTINS-COSTA, Judith. O direito privado como um "sistema em construção": as cláusulas gerais no projeto do Código Civil brasileiro. *Revista da Faculdade de Direito da UFRGS*, Porto Alegre, n. 15, p. 129-154, 1998.

MARTINS-COSTA, Judith; BRANCO, Gerson. *Diretrizes do novo Código Civil*. São Paulo: Saraiva, 2002.

MOREIRA, José Carlos Barbosa. *A linguagem forense*. Temas de direito processual. 7ª Série. São Paulo: Saraiva, 2001.

MOREIRA, José Carlos Barbosa. Provas atípicas. *Revista de Processo*, n. 76, p. 114-126, 1994.

NEVES, Daniel Amorim Assumpção. *Manual de direito processual civil*. 8. ed. Salvador: JusPodivm, 2016.

NUNES, Dierle José Coelho. *Processo jurisdicional democrático*. Curitiba: Juruá, 2011.

OLIVEIRA, Carlos Alberto Álvaro de. *Do formalismo no processo civil*. São Paulo: Saraiva, 1997.

OLIVEIRA, Marcelo Andrade Cattoni de. *Direito processual constitucional*. Belo Horizonte: Mandamentos, 2001.

OLIVEIRA, Marcelo Andrade Cattoni de. O processo constitucional como instrumento da jurisdição constitucional. *Revista da Faculdade Mineira de Direito*, Belo Horizonte, v. 3, n. 5-6, p. 161-169, 1º-2º sem. 2000.

OLIVEIRA, Marcelo Andrade Cattoni de. Teoria discursiva da argumentação jurídica de aplicação e garantia processual jurisdicional dos direitos fundamentais. *In*: OLIVEIRA, Marcelo Andrade Cattoni de. *Jurisdição e hermenêutica constitucional*. Belo Horizonte: Mandamentos, 2004.

ORTEGA Y GASSET, José. Apuntes sobre el pensamiento, su teurgia y demiurgia. Obras completas. *Revista de Occidente*, Madrid, 1947.

PETERSON, Jordan B. *12 rules for life*: an antidote to chaos. Toronto: Random House Canada, 2018.

POPPER, Karl Raimund. *Conhecimento objetivo*: uma abordagem evolucionária. Tradução de Milton Amado. Belo Horizonte: Itatiaia, 1999.

POPPER, Karl Raimund. *Lógica da pesquisa científica*. São Paulo: Edusp, 1985.

POPPER, Karl Raimund. Verdade e aproximação da verdade. *In*: MILLER, David. *Karl Popper*: textos escolhidos. Rio de Janeiro: Contraponto; Editora PUC-Rio, 2010.

QUINE, Willard Van Orman. Os Estados Unidos e o ressurgimento da lógica. *Scientia Studia*, São Paulo, v. 2, n. 2, p. 381-92, 2004.

QUINE, Willard Van Orman. *Philosophy of logic*. 2. ed. Cambridge: Harvard Un. Press, 1986.

REALE, Miguel. *Filosofia do direito*. 20. ed. São Paulo: Saraiva, 2002.

REALE, Miguel. *Lições preliminares de direito*. 25. ed. São Paulo: Saraiva, 2002.

ROVER, Aires José. *Informática no direito, inteligência artificial*: introdução aos sistemas especialistas legais. Curitiba: Juruá, 2001.

SANTOS, Moacyr Amaral. *Primeiras linhas de direito processual civil*. 9. ed. São Paulo: Saraiva, 1988.

SANTOS, Moacyr Amaral. *Prova judiciária no cível e comercial*. 4. ed. São Paulo: Max Limonad, 1970. v. I.

SANTOS, Moacyr Amaral. *Prova judiciária no cível e comercial*. São Paulo: Max Limonad, 1949. v. V.

SARBO, Janos; FARKAS, József. Logica Utens. *In*: GANTER, Bernhard; MOOR, Aldo de (Ed.). *11th International Conference on Conceptual Structures*: ICCS2003. Holanda: Shaker Verlag, 2003. Disponível em: http://www.cs.ru.nl/~janos/reas03.pdf. Acesso em: 25 abr. 2018.

SENADO FEDERAL. *Código de Processo Civil e normas correlatas*. 7. ed. Brasília: Coordenação de Edições Técnicas, 2015.

SILVA, Ricardo Tavares. Paradoxos da lógica deôntica: indícios de um equívoco. *Revista Kriterion*, Belo Horizonte, v. 58, n. 138, set./dez. 2017. Disponível em: http://www.scielo.br/scielo.php?script=sci_arttext&pid=S0100-512X2017000300673. Acesso em: 15 maio 2018.

SILVA, Virgílio Afonso da. O proporcional e o razoável. *Revista dos Tribunais*, São Paulo, ano 91, v. 798, p. 23-50, abr. 2002.

SOUZA FILHO, Danilo Marcondes. *Noûs vs. Logos*. Disponível em: https://www.academia.edu/13256074/Danilo_Marcondes_-_NO%C3%9BS_VS_L%C3%93GOS?auto=download. Acesso em: 5 maio 2018.

STEIN, Friedrich. *El conoscimiento privado del juez*. 2. ed. Tradução de Andrés de la Oliva Santos. Madrid: Editorial Centro de Estúdios Ramón Areces, 1990.

STRECK, Lenio Luiz. *Dicionário de hermenêutica*: quarenta temas fundamentais da teoria do direito à luz da crítica hermenêutica do direito. Belo Horizonte: Casa do Direito, 2017.

STRECK, Lenio Luiz. Hermenêutica, Constituição e processo ou de "como discricionariedade não combina com democracia": o contraponto da resposta correta. *In*: MACHADO, Felipe Daniel Amorim; OLIVEIRA, Marcelo Andrade Cattoni de (Coord.). *Constituição e processo*: a contribuição do processo ao constitucionalismo brasileiro. Belo Horizonte: Del Rey, 2009.

STRECK, Lenio Luiz. Uma análise crítica dos avanços trazidos pelo NCPC. *Revista de Estudos Institucionais*, Rio de Janeiro, v. 2, n. 1, 2016.

STUCKY, Thales. Há limites na busca da verdade material? A restrição na juntada de provas após a impugnação na visão da CSRF. *Jota*, 12 dez. 2017. Disponível em: https://www.jota.info/opiniao-e-analise/colunas/coluna-do-carf/ha-limites-na-busca-pela-verdade-material-12122017. Acesso em: 20 maio 2018.

TARUFFO, Michele. Funzione dela prova: la funzione demonstrativa. *In*: TARUFFO, Michele. *Sui confini* – Scritti della giustizia civile. Bologna: Il Mulino, 2002.

THEDORO JÚNIOR, Humberto; NUNES, Dierle; BAHIA, Alexandre Melo Franco; PEDRON, Flávio Quinaud. *Novo CPC* – Fundamentos e sistematização. 3. ed. rev., atual. e ampl. Rio de Janeiro: Forense, 2016.

THEODORO JÚNIOR, Humberto. Constituição e processo: desafios constitucionais da reforma do processo civil no Brasil. *In*: MACHADO, Felipe Daniel Amorim; OLIVEIRA, Marcelo Andrade Cattoni de (Coord.). *Constituição e processo*: a contribuição do processo ao constitucionalismo brasileiro. Belo Horizonte: Del Rey, 2009.

VIANA, Antônio Aurélio de Souza; NUNES, Dierle. *Precedentes*: a mutação do ônus argumentativo. Rio de Janeiro: Forense, 2018.

VON WRIGHT, G. H. ¿Hay una lógica de las normas? *Doxa*, Alicante, n. 26, p. 31-52, 2003.

VON WRIGHT, G. H. Norm and action: a logical inquiry. *International Library of Philosophy and Scientific Method*. Disponível em: http://www.giffordlectures.org/Browse.asp?PubID =TPNORM&Volume=0&Issue=0&ArticleID=2.

WAMBIER, Teresa Arruda Alvim. *Nulidades do processo e da sentença*. 6. ed. São Paulo: Revista dos Tribunais, 2007.

WARAT, Luis Alberto. *Introdução geral ao direito II*: a epistemologia jurídica da modernidade. Porto Alegre: Sergio Antonio Fabris, 1995.

WROBLÉWSKI, Jerzy. *Sentido y hecho en el derecho*. Tradução de Iguartúa Salaverria. México: Fontamara, 2003.

Esta obra foi composta em fonte Palatino Linotype, corpo 10
e impressa em papel Offset 75g (miolo) e Supremo 250g (capa)
pela Laser Plus Gráfica, em Belo Horizonte/MG.